기독교문서선교회 (Christian Literature Center: 약칭 CLC)는 1941년 영국 콜체스터에서 켄 아담스에 의해 시작되었으며 국제 본부는 미국 필라델피아에 있습니다.
국제 CLC는 약 650여 명의 선교사들이 59개 나라에서 180개의 서점을 운영하며 이동 도서 차량 40대를 이용하여 문서 보급에 힘쓰고 있으며 이메일 주문을 통해 130여 국으로 책을 공급하고 있는 국제적 문서선교 기관입니다.

추천사 1

신 승 욱 목사
경향교회 담임목사, 제네바신학대학원대학교 특임교수

몇 해 전, 본서를 우리 교회 대학부 학생들과 청년들에게 읽히고 싶은 마음에 최성희 전도사님에게 지나가는 말로 번역을 권유해 보았는데, 이렇게 귀한 출판물로 나오게 되어 기쁘게 생각합니다.

누구에게나 대학 시절은 인생에서 매우 중요한 시기일 것입니다. 대학을 통해 학문을 배울 뿐만 아니라, 대학의 캠퍼스 생활만이 제공하는 갖가지 문화를 통해서도 성장합니다. 그러나 동시에 그리스도인들이 대학에 들어가서 그들의 기독교 세계관에 대한 도전에 직면하기도 합니다.

도전은 분명 성숙의 기회이지만 안타깝게도 적지 않은 기독 학생들이 신앙의 퇴보를 겪고 심지어 신앙을 저버리기까지 합니다. 이런 현상은 대학이 주는 학문적이고 문화적인 새로움의 폭은 넓은데, 기독 학생들이 가지고 있는 기독교 세계관의 폭은 좁기 때문이기도 할 것입니다. 게다가 배워서 알고 있는 신앙의 내용을 대학생활에 어떻게 접목하고 적용해야 할지에 대한 어려움을 겪는 학생들이 많은 것 또한 사실입니다.

알렉스 체디악(Alex Chediak)이 저술한 본서는 이런 현실에서 신앙을 지키는 것을 넘어 대학생활을 하나님을 즐거워하며 영화롭게 하는 기회로 삼을 수 있는 통찰력을 제공합니다. 저자는 성실한 신앙인으로 대학생활을 했고, 현직 교수로 누구보다 대학의 환경과 기독 학생들의 고충을 잘 알고 있습니다. 그런 까닭에 본서는 매우 실제적입니다. 근본적 사안들부터 대인관계, 시간 관리, 학문과 관련된 사안들 등에 이르기까지 폭넓은 이슈들을 다루면서 원리와 적용 방법(how-to)을 제시해 주고 있습니다. 더욱이 학생들이 대학에 다니는 동안 신앙인으로서 구체적인 신앙 목표를 세우는 일에도 많은 도움을 줍니다. 본서는 많은 기독 학생의 대학생활을 영적으로, 관계적으로, 그리고 학문적으로 더욱 풍성하게 만들어 주리라 믿어 의심치 않습니다.

오랜 기간 대학부와 교회 교육 부서에서의 사역 경험자로서 독서광이기도 하신 최성희 전도사님과 김혜남 권사님이 함께 잘 번역한 책이 기독교문서선교회(CLC)를 통해 우리나라에 소개되어 기쁩니다. 모쪼록 본서를 통해 많은 기독 학생이 크나큰 유익을 얻게 되기를 소망합니다.

추천사 2

알렉스 & 브레트 해리스
The Rebelution.com 공동설립자
『어려운 일에 도전하라』(*Do Hard Things*), 『여기서 시작하라』(*Start Here*)의
공동저자

대학은 멋지고도 위험한 장소가 될 수 있습니다. 우리 중 어떤 사람들은 학교에서 성장하고 자신의 정체성을 발견하는가 하면, 또 다른 사람들은 길을 완전히 잃거나 스스로 파괴하는 것을 봐 왔습니다.

대학에서의 경험은 본질상 어떤 사람들에게는 좋고, 또 다른 사람들에게는 정반대로 나쁜 걸까요?

아니면 또 다른 가능성, 즉 각각의 결과는 우리가 선택할 수 있는 행로일까요?

이 대단한 책에서 과거 대학생이었고 현재는 대학 교수인 알렉스 체디악은 "그렇다"고 답합니다. 우리도 전폭적으로 그의 말에 동의합니다.

오늘날 고등학교 졸업자 대부분에게 대학 진학은 기본입니다. 그 결과 십 대 대다수는 분명한 계획 없이 고등학교에서 대학으로 발을 들여놓습니다. 부모님을 행복하게 하려거나 어떤 곳이나 사람에게서 벗어나기 위해, 또는 대학이 재미있고 새로운 경험을 하는 곳으로 보여서 대학에 들어가는지도 모릅니다.

동기가 무엇이든지 간에 목적 의식 없이 대학에 들어가는 것은 위험합니다.

왜냐고요?

젊은이 대부분에게 대학은 그 어느 때보다 더 많은 자유와 책임을 한꺼번에 제공하기 때문입니다. 대학에서의 자유와 책임 중 어느 것에 초점을 맞추어 선택하느냐에 따라 여러분이 성장할 것인지 혹은 겨우 생존할 것인지가 결정될 것입니다.

대학에는 "성경을 읽어라", "숙제해라", "자라", "잘 먹어라", "빨래해라" 하는 부모가 없습니다. 대학, 심지어 기독교 대학에는 책벌레부터 파티광에 이르기까지 여러분이 선택한 어떤 생활 방식이든 지지할 '친구들'이 있습니다.

그래서 대학은 위기인 동시에 기회입니다. 위기는 학교생활에 부여된 '자유'가 일시적 즐거움으로 이끌지만, 결국에는 평생토록 후회할 수 있는 결과를 낳기 때문이며, 기회는 대학에 부여된 '책임'이 놀랄 만한 지성적, 영적, 사회적, 정서적, 신체적 성장의 결과를 가져올 수 있기 때문입니다.

대학에서 성장하는 학생, 대학 시절에 하나님을 찬미하는 학생은 대학 시절을 큰 책임이 동반하는 멋진 기회로 보는 학생입니다. 알렉스 체디악은 학생들이 하나님에게서 받은 잠재력을 최대한으로 발휘하도록 도우려는 마음과 경험이 있어 그 누구보다 이 점을 잘 이해하고 있습니다.

『대학에서 성장하기』(Thriving at College)는 여러분이 믿음, 관계, 학문, 과외 활동과 관련된 공통 함정을 해결해 나가는 데 도움이 될 것입니다. 이보다 더 좋은 대학 안내서는 없습니다.

추천사 3

랜디 알콘(Randy Alcorn)
『헤븐』(*Heaven*)의 저자

젊은 그리스도인들 대부분은 분명한 목적 없이 대학에 가고, 당면 과제에 대한 준비는 되어 있지 않습니다. 몇몇은 영적으로 잘 성장해 가고 있지만, 대부분은 경로에서 이탈하고, 놀랄 만큼 많은 이가 신앙을 저버리기까지 합니다. 알렉스는 대학 구성원들이 무엇을 기대해야 하는지, 어떻게 준비해야 하는지, 어떻게 해야 함정을 피할 수 있는지 알 수 있도록 통찰력 있고 유용한 책을 썼습니다.

제리 브릿지즈(Jerry Bridges) 박사
『거룩한 삶의 추구』(*The pursuit of Holiness*)의 저자

학생이었던, 현재 교수인 '내부자'(insider)가 쓴 본서는 학생들이 직면할 수 있는 모든 문제를 다룹니다. 모든 고 3을 위한 훌륭한 선물이 될 것입니다.

알버트 몰러(R.Albert Mohler Jr.) 박사
The Southern Baptist Theological Seminary 총장

대학은 젊은 그리스도인의 삶에서 가장 중요한 전환기 중 하나입니다. 본서에서 알렉스는 고등교육의 세계를 항해하는 동시에 충실한 그리스도인으로 성숙하려는 젊은 그리스도인들에게 충분한 지혜와 믿을 만하고 실용적인 조언을 제공합니다.

션 맥도웰(Sean Mcdowell)
Capistrano Valley Christian High School 교사

우리 학교 학생들은 『대학에서 성장하기』를 읽고 토론하는 것을 매우 즐겼습니다. 그 책은 읽기 쉽고 도전적이며 아주 실용적이었습니다. 고교 졸업생들에게 추천할 최고의 책입니다.

데이비드 도커리(David S. Dockery) 박사
Union University 총장

『대학에서 성장하기』는 대학 신입생과 그 가족이 대학에서 경험하는 수많은 변화에 대비하고 준비하도록 돕는 뜻깊은 입문서입니다.

밥 레파인(Bob Lepine)
라디오 프로그램 *FamilyLife Today*의 공동사회자

우리 세대 대다수는 캠퍼스에 있는 동안 좀 더 계획적이고 집중했었다면 좋았겠다고 생각하며 대학 시절을 후회하면서 회상합니다. 인생에서 4년과 수만 달러를 투자하기 전에 약간의 돈과 시간을 본서를 읽는 데 사용하세요.

마빈 올라스키(Marvin Olasky) 박사
World 편집장

시간 관리, 섹스, 성적, 부모와의 관계, 그리고 대부분 단순해 보이지만 드물게 그렇지 않은 그 밖의 것들과 관련된 열 가지 흔히 저지르는 실수에 대한 상식적인 접근법을 안내합니다.

리랜드 라이큰(Leland Ryken) 박사
Wheaton College 교수

알렉스의 목표는 대학의 구성원인 젊은이들이 아무 생각 없이 대학에 입학한 후 헤매지 않도록 하는 것입니다. 본서는 그 목표를 충족하기 위한 모든 적절한 요소를 갖추고 있습니다.

테드 트립(Tedd Tripp)
『마음을 다루면 자녀의 미래가 달라진다』(*Shepherding a Child's Heart*) 저자

내가 대학생들에게 말하는 모든 것이 여기에 있습니다. 즉, 신앙 지키기, 우정 발전시키기, 지혜롭게 관계 맺기, 성숙해 가기, 균형 찾기, 영적으로 성숙해지기, 기회를 놓치지 않고 붙잡기입니다. 본서는 대학에 진학하려거나 또는 진학한 젊은이를 위한 필독서입니다.

마이클 호튼(Michael Horton) 박사
Westminster Seminary 조직신학 교수

알렉스가 말하는 『대학에서 성장하기』는 경험을 바탕으로 합니다. 그는 대학생 시절부터 교수에 이르기까지 캠퍼스에서 아주 많은 시간을 보냈습니다. 그 모든 것을 종합하면, 그는 성경에 대한 폭넓은 지식과 함께 정말 도움이 되는 책의 이상적인 저자입니다.

밴 패티슨(Ben Patterson) 목사
Westmont College 교목

나는 지난 17년 동안 대학에서 교목으로 있었고, 그리스도인 학생들이 진정한 그리스도인 학생이 되려면 어떻게 열심히 해야 하는지에 대한 훌륭한 책을 많이 봐 왔습니다. 체디악의 책은 내가 본 책 중 최고입니다.

진 비스(Gene Veith) 박사
Patrick Henry College 학장

대학 지망 학생을 위한 지혜로 가득한 실용적인 안내서이며, 입학을 앞둔 모든 신입생을 위한 여름 필독서입니다.

리사 앤더슨(Lisa Anderson)
라디오 프로그램 *The Boundless Show* 사회자

알렉스는 여러분이 알아야 할 것을 정확하게 말하기 위해 무의미한 말들을 줄였습니다. 즉, 대학은 엄청난 가능성이 있는 시기이지만, 성장하기 위해서는 '당장' 분명한 단계를 밟아야 합니다. 『대학에서 성장하기』는 시험 참고용 쪽지, 계획 수립의 시간, 격려 연설을 하나로 통합한 것입니다.

마크 코스그로브(Mark Cosgrove) 박사
Taylor University 교수

『대학에서 성장하기』보다 대학 신입생을 위한 더 좋은 책을 찾기 어려울 것입니다.

대학에서 성장하기

'훌륭한 친구들'을 만들고, '신앙'을 간직하며, 현실 세계를 '준비하라'!

Thriving at College: Make Great Friends, Keep Your Faith, and Get Ready for the Real World!
Written by Alex Chediak
Translated by Heh Nam Kim, Sung Hee Choi

Copyright © 2011 by Juan Alexander Chediak
Originally published in English under the title
Thriving at College: Make Great Friends, Keep Your Faith, and Get Ready for the Real World!
by Tyndale House Publishers,
351 Executive Drive, Carol Stream, Illinois 60188, USA

All rights reserved.

Translated and printed by permission of Tyndale House Publishers
Korean Edition Copyright © 2025 by Christian Literature Center, Seoul, Korea.

대학에서 성장하기

'훌륭한 친구들'을 만들고, '신앙'을 간직하며, 현실 세계를 '준비하라'!

2025년 9월 30일 초판 발행

지 은 이 | 알렉스 체디악
옮 긴 이 | 김혜남, 최성희

편　　집 | 전희정
디 자 인 | 소신애
펴 낸 곳 | (사)기독교문서선교회
등　　록 | 제16-25호(1980.1.18.)
주　　소 | 서울특별시 동대문구 천호대로71길 39
전　　화 | 02-586-8761~3(본사) 031-942-8761(영업부)
팩　　스 | 02-523-0131(본사) 031-942-8763(영업부)
이 메 일 | clckor@gmail.com
홈페이지 | www.clcbook.com
송금계좌 | 기업은행 073-000308-04-020 (사)기독교문서선교회
일련번호 | 2025-74

ISBN 978-89-341-2863-2(03230)

이 한국어판 출판권은 Tyndale House Publishers와 독점 계약한 (사)기독교문서선교회가 소유합니다. 신저작권법에 의하여 한국 내에서 보호를 받는 저작물이므로 무단 전재와 무단 복제를 금합니다.

대학에서 성장하기

알렉스 체디악 지음
김혜남, 최성희 옮김

CLC

목차

추천사 1	신 승 욱 목사 ǀ 경향교회 담임목사, 제네바신학대학원대학교 특임교수	1
추천사 2	알렉스 & 브레트 해리스 ǀ The Rebelution.com 공동설립자	3
추천사 3	랜디 알콘(Randy Alcorn) ǀ 『헤븐』(*Heaven*)의 저자	
	외 13명	5
감사의 글	알렉스 체디악 박사 ǀ California Baptist University 공학·물리학 교수	17
저자 서문	알렉스 체디악 박사 ǀ California Baptist University 공학·물리학 교수	21
역자 서문	김 혜 남 권사(전 한서대학교 교양학부 부교수)	
	최 성 희 전도사(전 경향교회 전도사)	29
서론	생존이냐 성장이냐? 대학 시절을 (지금까지) 인생 최고의 시기로 만들기	31

제1부 대학 문제들   52

제1장	흔히 저지르는 실수 #1: 신앙을 팽개치는 것	53
제2장	흔히 저지르는 실수 #2: 대학을 마치 고등학교처럼 대하는 것	81

제2부 인간관계 문제   110

제1장	흔히 저지르는 실수 #3: 계획적이지 않은 경우	111
제2장	흔히 저지르는 실수 #4: 왜곡된 데이트와 연애	137
제3장	흔히 저지르는 실수 #5: 성인이 되기를 거부하는 것	163

제3부　성격 문제들　193

제1장　흔히 저지르는 실수 #6: 약속을 잘 깨는 경우　194
제2장　흔히 저지르는 실수 #7: 균형을 잃어버린 생활　219

제4부　학업 문제　242

제1장　흔히 저지르는 실수 #8: 너무 소극적이거나 너무 나서거나　243
제2장　흔히 저지르는 실수 #9: 성적을 위해 사는 것　269
제3장　흔히 저지르는 실수 #10: 기회 허비　302

결론　대학 시절을 허비하지 말고, 현실 세계를 준비하라　327
부록 1　대학 선택 과정　340
부록 2　여러분은 자신만의 기독교 신앙이 있는가?　351

대학생들에게
여러분의 마음이 확고하고,
하나님을 신뢰하며,
착한 일을 갈망하고,
다른 사람들에게
예수님을 훌륭하게 보여 주도록
경건하고 순전하며
열매 맺고
생산적인 삶을
살기를 바랍니다.

감사의 글

알렉스 체디악(Alex Chediak) 박사
California Baptist University 공학·물리학 교수

지난 5년간 교수직을 수행할 수 있는 특권이 없었다면 본서를 쓸 수 없었을 것입니다. 저에게 이런 기회를 준 분들과 한 단원에 대해 유익한 피드백을 준 토드 베이츠(Todd Bates), 크리스 모건(Chris Morgan) 등 캘리포니아 침례대학교의 훌륭한 동료들께 감사합니다.

밀레니얼 세대의 사고방식에 관한 연구 결과를 공유해 준 나탈리 윈터(Natalie Winter)와 친절하게 이 프로젝트에 대한 일반적인 관심을 표명해 준 존 몽고메리(John Montgomery), 댄 윌슨(Dan Wilson), 버니스 브루니우스(Berniece Bruinius), 앤서니 도널드슨(Anthony Donaldson) 등께 감사합니다.

이 주제에 대한 저의 관점은 아마도 저의 교수님들에 의해 처음으로 형성되었을 것입니다. 그리스도인으로 강인하나 공정했던 알프레드대학교(Alfred University)의 첫 조교님께 감사합니다. 그의 이름은 잊어버렸지만, 가르침은 잊지 않고 있습니다. 그리스도인들은 채점 기준에서 정의보다 자비를 베풀어야 한다는 저의 선입견을 없애 준 데 감사합니다.

또한, 제가 더욱 더 훌륭하게 사고하는 작가가 되도록 독려해 준 알프레드대학교의 폴 스트롱(Paul Strong)과 빌 디브렐(Bill Dibrel)께 감사합니다. 제게 나쁘지 않은(낮은!) 성적을 주고 나서 더 나은 성적을 거둘 수 있도록 도와주어 감사합니다.

그리고 부모님께 감사합니다. 부모님이 안 계셨다면 대학에 다닐 수 없었을 것입니다.

인생의 한 시절을 배움과 준비에 바칠 수 있다는 것은 얼마나 놀라운 특권인지요!

감사합니다!

본서에 대한 저의 첫 번째 제안을 살펴보고 격려를 표해 준 알렉스 해리스에게 감사합니다. 그의 친절한 관심 덕분에 계속 나아갈 수 있는 자신감이 생겼습니다.

최종본을 읽고 지지해 준 케네스 보아(Kenneth Boa), 콜린 크릴(Colin Creel), 데이비드 도커리(David Dockery), 릭 홀랜드(Rick Holland), 샐리 로이드 존스(Sally Lloyd-Jones), 러셀 무어(Russell Moore), 버크 파슨스(Burk Parsons), 레이 프리차드(Ray Pritchard), 알렉산더 스트라우치(Alexander Strauch), 샘 스톰스(Sam Storms), 브루스 웨어(Bruce Ware)에게 말로 표현할 수 없을 정도로 감사합니다. 그들의 친절한 말에 정말 감사합니다. 그리고 시간을 내 본서를 검토하고 다른 사람들에게 추천해 준 모든 분께 감사합니다.

나의 저술 대리인으로서 일을 잘 해 주고 책을 내는 계획을 정리하며 집중해서 추진하는 데 놀라운 도움이 있을 뿐만 아니라 책을 '보급'해 준 에릭 볼게무트(Erik Wolgemuth)에게 정말 감사합니다. 그 과정에서 드러난 많은 문제에 대한 최고 수준의 피드백과 지원에도 감사합니다.

원고의 내용, 범위, 형태에 대한 탁월한 제안과 개선 사항을 다수 제공하며 뛰어난 자문 역할을 해 준, 에머슨대학(Emerson College)의 케이트 콜드웰(Kate Caldwell), 켈밥티스트대학교(Calbaptist University) 동문인 조슈아 해리스(Joshua Harris), 버클리 캘리포니아대학교(University of California, Berkeley, 내 다른 모교, 힘내 베어스!)의 알리사 첸(Alyssa Chen), 켈밥티스트대학교의 잭키 콕스(Jacqui Cox), 마이애미대학교(Miami University)의 그레이스 퍼킨스(Grace Perkins), 콜로라도크리스천대학교(Colorado Christian University)의 루크 잭슨(Luke Jackson), 퍼시픽루터교대학교(Pacific Lutheran University)의 켈빈 아담스(Kelvin Adams) 등 학생평가단 여러분에게 진심으로 감사합니다. 캘빈 루(Calvin Lu)는 전에 저의 제자였던 브렌든 킹(Brendan King)과 키트 주스(Kit Joos)처럼 소통할 수 있는 책의 주제들을 상당량 제공해 주었습니다.

젊은 그리스도인 부모와 소통하게 해 준 짐 뉴하이저(Jim Newheiser)에게 감사합니다. 신앙을 가진 '교회 아이들'을 주제로 연락을 주고받은 칼 그로스타인(Karl Graustien)과 브라이언 보그먼(Brian Borgman)에게 감사합니다. 그리고 책 표지와 제목에 대해 소통해 주고 전반적인 격려와 지지를 해 준 친구 앨빈(Alvin)과 킴 데이비스(Kim Davis)에게 감사합니다.

수년 동안 때로는 힘든 글쓰기 작업에서 나를 격려해 준 브렌트 파커(Brent Parker), 에릭(Eric), 조슬린 치(Jocelyn Chi) 같은 친구들에게 감사합니다. 지난 3년간 글을 게재할 수 있게 해 준 테드 슬레이터(Ted Slater)와 버크 파슨스(Burk Parsons)에게 특별한 감사의 인사를 전하며, 이 과정이 내 글을 다듬는 데 도움이 되었습니다.

틴데일(Tyndale)출판사에서는 이 프로젝트의 모든 측면에서 훌륭한 편집상의 기여를 해 준 스테파니 보일랜드(Stephanie Voiland), 에린 마샬(Erin Marshell), 에린 기네스(Erin Gwynne), 존 파라(Jon Farrar)에게 감사합니다. 본서의 내용과 스타일은 여러분의 훌륭한 작업 덕분에 훨씬 더 매력적입니다. 또한, 마케팅 및 홍보 측면에서 지원해 준 에이프릴 키무라 앤더슨(April Kimura-Anderson)과 비키 린치(Vicky Lynch)에게도 감사합니다. 여러분이 해 준 모든 것에 감사합니다.

내 업무 일정을 안내해 주고, 본서의 초안을 읽고 또 읽어 주고, 본서에 대한 많은 대화로 격려해 준 아내 마르니를 비롯한 가족에게 감사하고 싶습니다. 또한, 내 자녀 카리스(Karis)와 조나단(Jonathan), 그리고 초안을 제출한 지 일주일 만에 태어난 아기 아비게일(Abigail)에게도 감사합니다. 집에서 일할 수 있게 해 주고, 저녁 식사가 언제 준비되었는지 상기시켜 주고, 수영하러 가고 싶을 때 알려 줘서 고맙습니다.

  무엇보다도 저를 구원하사 거룩한 소명으로 부르심은 저의 일 때문이 아니요 오직 저의 뜻과 은혜대로 하시는 이인 예수 그리스도께 감사합니다(딤후 1:9).

  시련과 긴 시간에도 불구하고 책을 쓰는 것이 주목받는 세상 앞에서 규칙적으로 경건하고 모범적인 삶을 살기보다 훨씬 쉽습니다. 전자는 끝났지만, 후자는 아직 노력 중입니다.

  저는 하나님의 은혜로 제 삶과 본서가 그리스도인들이 대학에서 성장하고, 하나님이 주신 잠재력을 극대화하며, 뚜렷한 성숙함에 이르고, 자신의 재능을 충실히 계발하며, 자신보다 훨씬 더 큰 대의를 위해 살면서 하나님의 세계에서 소금과 빛으로서 자신의 자리를 차지할 수 있도록 작은 방법으로나마 하나님께 쓰임 받기를 기도합니다.

  오직 하나님께 영광!(*Soli Deo gloria!*)

저자 서문

알렉스 체디악(Alex Chediak) 박사
California Baptist University 공학·물리학 교수

나는 거의 어쩌다 대학에 가기로 했다.

고등학교 졸업 후 대학 말고 달리 무엇을 해야 했을까?

나는 상당히 괜찮은 학생이었지만 적극적이고 현명한 자세로 진짜 굉장한 결정을 할 만큼 성숙하지는 못했다. 솔직히 대학생활은 더 나을 수도 있었다. 요즘, 대학 시절의 젊은 나 자신을 돌아보면 그와 커피 한 잔 하고 싶다. 그에게 고생하며 얻은 조언을 해 주었으면 좋겠다.

그것이 본서를 쓴 이유다. 나는 젊은 시절의 나 자신을 데리고 커피 마시러 나갈 수 없다. 그것을 위한 타임머신이 없다. 그러나 대학 교수로 있는 요즘, 학생들이 어떻게 삶을 살고 있는지 관찰할 기회가 있다. 그러면서 얼마나 많은 것이 나의 과거 모습을 떠올리게 하는지 놀라울 따름이다.

본서는 여러분을 스타벅스로 데리고 나가 대학 시절에 대해 내가 배운 것들을, 그리고 무엇보다도 어떻게 하면 여러분의 대학 시절을 (지금까지) 인생 최고의 시기로 만들지를 말해 주려는 것이 핵심이다.

내가 대학에 있을 때 누군가가 이런 것들을 나에게 말해 주었더라면 얼마나 좋았을까!

우리 문화에는 대학생활은 이런 것이라고 말하는 뚜렷한 관점이 있다. 만약 여러분이 계속해서 비디오 게임에 몰두하거나 쇼핑몰에 드나들거나 영화를 보면서 대체로 책임을 미루다 보면 여러분의 멋진 날들을 낭비하

게 될 것이다. 사람들은 여러분에게 대학은 놀면서 보내는 것이라고 말할 것이다. 그리고 졸업했다고 반드시 성인이 될 필요는 없다고 말할 것이다.

지난해 졸업한 다섯 중 넷은 엄마, 아빠 집으로 들어갔다. 열에 일곱은 10만 달러와 인생의 20퍼센트를 써 버렸지만 정작 졸업하고도 직업을 갖지 못했다. 사실 이런 원인 중 몇몇은 침체된 경제의 영향이다. 그러나 사실은 우리의 문화가 청년기를 연장하려는 생각을 조장하고 있다는 것을 의미한다.

최근에 고등학교를 졸업했는가?

다음엔 무엇을 해야 할지 확실히 알 수 없는가?

여러분은 혼자가 아니다. 나도 거기에 있었다. 그것은 여러분이 해 본 적 없는 가장 큰 결정 중 하나다. 그러나 고등학교 졸업은 뭔가 다른 곳으로 향하는 이정표와 같다. 엄마와 아빠에게서 기능적인 독립을 향한 발걸음, 큰 발걸음이다. 부모님이 여러분을 사랑한다면, 그분들은 가정에 규칙을 만들었을 것이다. 그러나 장담컨대, 대부분 대학에서는 언제 자러 가야 할지, 언제 일어나야 할지, 언제 숙제를 해야 할지, 언제 게임기를 꺼야 할지, 언제 심야에 야식이나 영화를 거절해야 할지를 아무도 말해 주지 않을 것이다.

졸업하면 무엇이 되고 싶은가?

무엇을 '하고' 싶은지가 아니라 무엇이 '되고' 싶은지를 묻고 있다. 오늘날 일반적으로 22세는 불안정하고, 자신이 없으며 현실적이지 못하다. 나 또한 얼마 전까지 그랬다. 대학생들은 무엇을 하고 싶은지는 백만 가지 생각을 하고 있으면서도 거기에 어떻게 도달할지, 심지어 그것을 잘하는지에 대한 생각은 하지 않는다.

우리 사회는 사람들이 삶을 너무 '긍정적으로' 느끼게 만들어서 어떤 성과로 증명되는 역량, 재능, 기술을 확인하는 데 있어서 올바르고 객관적인 기준을 잃어버리게 하는 경향이 있다. 대신 저마다 어린이 야구리그 우승 정도를 가지고 과시하려 든다. 이렇게 늘 자신이 특별하고 재능이 있다고 여기는 사람일수록 실제 망상의 무대에서 쫓겨날 때 〈아메리칸 아이돌〉(*American Idol*) 경연에서 실패한 사람들처럼 충격을 받는다.

그런 식으로 될 필요는 없다. 어떠한 뚜렷한 목적 없이 파티부터 벼락치기 수업을 하면서까지 매주 대학생활을 낭비할 필요는 없다. 여러분은 '시작부터 실패'를 경험할 필요가 없다. 여러분은 어린 나이에 생산적이고 유익하며 경건한 성인이 될 수 있다.

여러분은 "[여러분이] 마땅히 [스스로] 생각할 그 이상의 생각[하는 것]"을 피하고, 대신에 스스로 "지혜롭게 [현실적으로]" 생각할 수 있다(롬 12:3). 그리고 여러분이 그리스도인이라면 유익한 복종의 삶, 선한 일에 힘쓰는 삶은 오직 하나님이 여러분에게 베풀어 주시는 것에 대한 감사의 응답일 뿐이다(딛 3:8). 예를 들어 보겠다.

1924년, 존이라는 어린 소년은 막 고등학교에 입학했을 무렵 가족과 함께 인디애나(Indiana)주 마틴즈빌(Martinsville)로 이사했다. 존은 아버지의 영향을 강하게 받았는데, 아버지는 그를 학교와 농장에서 열심히 일하도록 키웠으며 "투덜대지 말라, 우는소리 하지 말라, 변명하지 말라"라는 좌우명을 주셨다.

존은 허드렛일과 숙제가 끝났을 때 (그리고 오직 그때만), 농구 연습, 곧 자신이 속한 팀을 3년 연속 주 선수권대회 결승에 진출하도록 이끌기 위해 연습할 시간을 가졌다.

그런데 존의 아버지는 농구에 전혀 관심이 없었다. 아들의 개성에 훨씬 더 관심이 있었다. 그는 아들이 교실, 농장, 경기장에서 하나님이 주신 잠재력과 최대한의 노력을 기울여 성장을 멈추지 않고 최대한 발전하기를 원했다. 이를테면, 인내와 성실을 가르쳤다.

한 예로, 아버지는 어떤 전염병이 가축들 사이에 퍼져서 가축들이 죽었기 때문에 가족들의 농장을 잃어버린 일이 있었다. 심지어 은행원이 소유지를 압류할 때도 불평하거나 투덜대지 않았다.

오늘날 재정 지원 혜택을 바라는 사고방식과 얼마나 다른가!

존은 한 대학을 거쳐 퍼듀대학교(Purdue University)에 이르기까지 일하며 보냈다. 그는 나중에 영어를 가르쳤지만, 영어를 공부하는 한편 농구도 병행하여 자신이 속한 팀이 1932년 국가선수권대회에서 우승하도록 도왔다.

그해 말 대공황 때문에 존은 고등학교 시절부터 연인이었던 넬(Nell)과 결혼을 일주일도 채 남지 않았을 때 평생 모은 돈을 잃었다. 아버지처럼 존도 역시 투덜대거나 우는 소리를 내거나 변명하지 않았다. 가족의 한 친구가 존의 손실에 대해 듣고 약간의 돈을 빌려주었다. 결혼식 다음 날 존은 1주일간 일을 하러 마을을 떠났다. 그는 각종 비용 지급과 빌린 돈을 갚기 시작해야만 했다.

1932년에 존의 나이는?

22세였다. 존은 22세였지만 오늘날 32세의 젊은이들 대부분보다 더 성숙하고 성실하며, 책임감이 있었다.

어째서?

존은 모든 일에 최선을 다하는 것이 '그저 정상적인 것'으로 생각했다. 나중에 대학 과정에서 코치로 일했고 선수들에게 황금같이 귀한 가르침을 주었다.

- "다른 누구보다 잘하려고 애쓰지 말라. 그러나 할 수 있는 한 최고가 되려는 노력을 멈추지 말라."
- "남을 탓하는 것은, 자신을 변명하려고 애쓰는 것이다."
- "기대 이상의 성적을 거두는 사람은 없다. 어떻게 자기 능력치를 뛰어넘을 수 있는가?

아니, 우리 모두는 자기 지능지수에 미치지 못한 학업성적을 거두기 마련이다. … 자신이 성취한 것으로 평가하지 말고, 자신의 능력으로 성취해야 할 것을 측정하라."
- "준비에 실패하는 것은 실패를 준비하는 것이다."

놀랄 것도 없이 이 사람은 로스앤젤레스 캘리포니아대학교(UCLA)에서 과거 22년 있었던 동안 국가선수권대회 열 번 우승한, 스포츠 역사상 가장 성공하고 가장 재능 있는 농구코치였다. 그의 이름은 존 로버트 우든(John Robert Wooden)으로 그는 100번째 생일을 불과 두 달 앞둔 시점인 2010년 여름에 세상을 떠났다.

그러나 농구가 존의 삶 전부는 아니었고 승리가 가장 중요한 것도 아니었다. 존은 다른 이들에게 "진정으로 승리하는 삶은 오직 한 가지뿐으로 구주를 신뢰하는 삶이다"[1]라고 말했다.

그는 철저히 겸손한 사람이었고, 주목받는 것을 피했으며 심지어 그의 마지막 날까지 수입보다 검소하게 살았다. 존은 인격적이었고 원칙이 있었으며 젊은 시절에도 나이보다 현명했다. 그는 1940년대 선수권대회 출전 기회를 몰수당했는데, 흑인선수들이 국가선수권을 놓고 경쟁하는 것이 허락되지 않았기 때문이다(그러나 그의 팀은 당시에 이미 인종 차별을 철폐했다).

여러모로 존이 다른 누구보다도 그리스도인이었다는 것을 알 수 있다. 기독교 신앙은 그에게 놀랄 만큼 열매 맺고 생산적인 삶을 살며 오랜 무책임한 삶을 겪지 않고 성년을 받아들일 수 있는 토대와 관점을 제공했다.

존은 단지 옛날의 어떤 사람이 아니다. 존 우든과 같은 이들은 우리 시대에도 있다. 어떤 이유인지 팔과 다리가 없이 태어나 단지 한 발로만 운

---

[1] Jack Tobin, *They Call Me Coach* (New York McGraw-Hill, 1988), 95.

전할 수 있는 젊은이, 닉 부이치(Nick Vujicic)를 만나보라.

여러분이 그보다 불행하다고 생각하는가?

그가 학교에서 얼마나 무자비하게 놀림과 협박을 당했을지 여러분은 상상만 할 수 있을 뿐이다. 그는 8세 때 자살 충동을 느끼기 시작했다. 그러나 그리스도가 죄와 절망에서 놀라운 자유를 주시고 천국과 이생에서 놀라운 소망을 주신 것을 알게 되면서 결국 예수 그리스도의 복음 안에서 소망을 찾았다. 닉은 한 사람이 날 때부터 맹인된 것은 바로 그에게서 하나님의 영광을 나타내려 함이라는 요한복음 9장과 같은 구절에서 위안을 얻었다.

닉은 하나님이 자신을 향한 계획이 있으시며 그리스도께 대한 믿음을 통해 어떤 역경 속에서도 승리할 수 있다는 것을 알게 되었다. 17세가 되었을 때 닉은 성경 공부 모임에서 간증을 나누기 시작했다. 그는 한 사람에게 초청을 받았고, 또 다른 사람, 그리고 또 다른 사람, 그렇게 많은 사람이 그의 이야기에 깊이 영향을 받았다.

이미 닉은 호주 로건(Logan)의 그리피스대학교(Griffith University)에서 회계와 재무계획 분야 복수 학위를 취득했으며, 23세 때 '수족 없는 삶'(Life Without Limbs)이라는 자선 단체를 설립했다.

2011년 현재, 닉은 28세이고 전 세계를 돌아다니며 다른 이들에게 동기 부여를 하고 그리스도를 나누고 있다. 또한, 오랜 꿈대로 독립하여 살아갈 수 있었다. 혼자서 등불을 켜고 머리를 빗고 이를 닦기 위한 독창적인 방법을 만들어 내는 수준으로 발전했다. 심지어 대학 전공을 살려 부동산과 다른 산업에 투자하는 일을 했다.

여러분은 어떤가?
여러분의 꿈은 무엇인가?
여러분은 어떻게 달라지고 싶은가?

여러분 대부분은 시간을 허비하며 몰려다니는 삶이 만족스럽지 못하다는 것을 본능적으로 알고 있다. 또한, 자기중심적이고 일 중독적인 전문성이 자신을 만족하게 할 수 없다는 것도 알기 바란다. 돈과 명성을 좇아가는 것은 헛수고다. 그 즐거움은 순식간에 사라지고 공허함을 남기며 더한 갈망이 괴롭힌다.

아니, 여러분은 위대한 일의 한 부분을 감당하고 싶어 한다. 대학은 여러분이 다른 이들에게 축복이 되기 위하여 여러분의 계획에 하나님을 맞추는 것이 아니라 하나님 안에서 여러분이 자리를 찾도록 해 줄 것이다. 그것이 바로 본서, 『대학에서 성장하기』에서 다루려는 것이다.

본서는 그것을 성취해 가는 방법, 도중에 산만해지는 것을 피하는 방법, 멋지게 시작하는 방법, 최고로 영향력 있는 삶을 사는 방법, 여러분이 스스로 찾은 작은 구석에서 세상을 바꿀 방법에 관한 것이다. 본서는 여러분의 대학 시절을 여러분이 지금까지 누려 본 적이 없는 최고로 만드는 것과 책임감 있는 성숙한 그리스도인에게 어울리는 출발점에 대한 것이다.

아마도 여러분은 이미 얼마간 대학생활을 경험했을 것이다. 경험한 대학생활이 좋았다고 하더라도 여러분은 남은 대학생활이 훌륭하기를 원할 것이다. 여러분은 졸업 전 남은 학기를 최대한 활용하기를 원할 것이다. 하나님과 여러분이 대학에 갈 수 있도록 도와준 모든 사람에게 영광을 돌리는 식으로 대학을 떠나고 싶어 할 것이다. 만약 여러분이 그런 사람이면 여기에 맞춰라. 나는 본서가 새로운 시작의 도화선이 되기를 기도한다.

나는 대학이 고등학교와 다른 점에 대해, 여러분의 정신과 개성을 발전시키는 것의 중요성에 대해, 여러분의 경쟁자들, 교수님들, 목사님들, 스승들을 포함한 다른 유형의 사람들과의 관계의 중요성에 대해 말하겠다. 동성과 이성 둘 다와 올바른 우정을 맺는 것의 가치에 대해 말하겠다. 그리고 독립하여 밖에 나가 있지만, 여전히 부모님의 돈을 받는 이 중간 단계에서 부모님과의 관계에 대해 말하겠다.

　나는 그리스도인 학생 여러분이 대학에서 겨우 생존하는 정도가 아니라, 대학에서 성장하기를 기도한다.

　그것은 여러분이 단지 신앙을 지키는 정도가 아니라, 여러분이 이전에 생각했던 것보다 신앙이 더 깊어지도록 하는 것이다.

　그것은 여러분이 단지 학문적 추구를 선택하는 정도가 아니라, 여러분의 소명을 발견하는 것이다.

　그것은 여러분이 단지 친구들과 즐겁게 지내는 정도가 아니라, 여러분이 하나님을 경외하고 사랑하며 유치함을 벗어 버리고 현명한 선택을 하며 "하나님께 위대한 일을 기대하라, 하나님을 위한 위대한 일을 시도하라"[2]라고 윌리엄 캐리(William Carey) 선교사가 말했던 것처럼, 여러분이 하나님을 신뢰하고 사랑하도록 한 사람들과 본질적 관계를 평생토록 가꾸는 것이다.

　나는 여러분이 사실과 수치만 외우는 것이 아니라, 온 마음과 정신으로 더욱더 하나님을 사랑하며 학문 세계에서 어울리는 진리들과 진리의 하나님과의 연결을 보고, 온 세상을 하나님의 영광을 보여 주는 극장으로 볼 수 있기를 기도한다.

　준비되었는가?

　그것을 쟁취하라.

---

[2] 원래 영국 노샘프턴에서 열린 침례교 협회 회의에서 설교한 내용. the Baptist Association meeting in Northampton, England (May 30, 1792), http://www.wmcarey.edu/carey/expect/expect.htm

역자 서문

김 혜 남 권사(전 한서대학교 교양학부 부교수)
최 성 희 전도사(전 경향교회 전도사)

　그리스도인 대학생들에게 도움이 될 만한 신앙서적을 소개할 때마다 젊은 그리스도인의 신앙생활과 교회생활, 직장생활을 위한 책들은 많이 있었지만 대학생활을 다룬 마땅한 책은 거의 없다는 것을 발견한다.
　특히, 그리스도인 대학 신입생들을 위한 대학생활 가이드북 같은 것이 있었으면 하는 바람이 있었는데, 그 점에서 『대학에서 성장하기』는 꼭 필요한 책이다. 대학생뿐만 아니라 대학 진학을 앞둔 고등학생들에게는 제4부 제1장의 전공 선택 부분과 부록 1의 대학 선택 과정이 도움이 될 것이다.
　저자 알렉스 체디악은 대학 교수님답게 마치 전공 서적처럼(역자에게는 고역이었지만) 수많은 각주를 통한 풍부한 설명으로 독자들의 이해를 돕고 있다. 또한, 본서는 대학생활의 다양한 주제를 빠짐없이 다루고 있는데 "감사의 글"을 보면 저자가 본서를 위해 많은 자료 조사와 각 분야의 전문가들에게 자문을 구했던 것을 알 수 있다.
　특히, 제2부 제1장의 "훌륭한 친구와 멘토를 찾아라"의 내용에 가장 공감을 하게 된다. 그리스도인 대학생들 중에는 간혹 신앙생활이나 교회활동에는 아무 문제가 없고 열심이지만 대학에서 친구들을 사귀는 데 어려움을 겪거나 아예 그것의 중요성을 못 느끼고 교수님들과도 잘 못 지내는 친구들이 있는 것을 보곤 한다. 바로 이 부분이 그 해답이 될 수 있겠다.

저자는 이 일이 "우수하고 뜻이 맞으며 연마된 철 같은 우정에서 오는 행복"과 "하나님의 영광을 위해 유익하고 생산적인 그리스도인의 삶을 살며 자신의 기술과 하나님이 주신 재능을 가장 효과적으로 사용하는 데 도움이 될 지원"이기 때문에 계획적으로 접근할 것을 말하고 있다.

단지 자신에게 도움이 되도록 대학생활을 잘하기 위해서가 아니더라도 '친구 전도'를 위해서도 대학 친구들을 사귀는 것이 중요하고, 교수님들과 좋은 관계를 맺는 것도 앞으로의 사회생활을 위해 필요한 일이다.

제3부 제1장에서 다루는 "약속을 지키는 것"은 너무 당연한 것이지만, 저자는 그것이 성인이 갖춰야 할 책임감 있는 행동이라는 것을 강조하고 있다. 대학생들의 흔한 무리한 약속 잡기가 자신의 능력에 대한 비현실적인 기대에 근본적인 원인이 있다는 것을 콕 집어 지적함으로 정말 가까이에서 대학생들의 행동을 자세히 관찰하고 쓴 책이라는 것을 알 수 있다.

그 외에도 저자는 학업외 활동 기회를 활용하는 것에 대해서도 지나칠 만큼 자세하게 대학생들에게 안내하고 소개하는 수고를 아끼지 않고 있다.

미국과 한국의 상황은 차이가 있지만, 독자들이 본서를 통해 이런 문제들에 대해 다시 한번 자신의 생활을 점검해 보는 시간을 가질 수 있기를 바란다. 또한, 본서를 통해 이 땅의 그리스도인 학생들이 주님이 주신 구원에 감사하는 데 그치지 않고 '구원받은 우리가 어떻게 대학생활을 해 나갈 것인가'를 고민하며 주님께 받은 시간을 선용하는 청지기로 살아가기를 기도한다.

서론

생존이냐 성장이냐?
대학 시절을 (지금까지) 인생 최고의 시기로 만들기

마이크와 크리스는 기독교 대학의 신입생이었다. 그들은 대개 무작위로 룸메이트 배정을 받았으며 서로 아는 사이가 아니었다.

마이크가 그 학교에 간 것은 그곳이 그의 부모가 등록금을 낼 수 있는 유일한 학교였기 때문이다. 그는 대학에 진학하는 것이 고등학교를 졸업하고 일을 하거나 집에 머무르는 것보다 낫다고 생각했다. 게다가 집을 떠나면 (이미 그의 눈길을 끈 캠퍼스 맞은편 기숙사 여학생들을 언급하지 않더라도) 자유는 늘어나고, 집안일은 줄며, 다양하고도 새로운 기분 전환 기회를 얻게 될 것이라고 보았다. 그러나 마이크는 그의 룸메이트 크리스는 좀 다르다는 것을 알았다.

크리스는 오리엔테이션 날에 캠퍼스의 공동체 느낌에서부터 개성 있는 교수에 관한 관심에 이르기까지 정말로 모든 것을 즐겼다. 그는 특히 그가 연구하려고 계획했던 분야인 인문과학 학부의 교수와 이야기하는 것을 즐겼다. 사실 그가 만났던 그 교수들은 교실 바깥의 일에 매우 흥미를 느끼기도 했는데 그들 중 한 사람은 크리스가 시도해 볼 계획이었던 토론팀의 코치였다. 그는 대학 오리엔테이션 동안 그 팀의 몇몇과 만났고 그들과 어울리는 것을 즐겼다.

크리스는 또한 이글 스카우트(Eagle Scout, 21개 이상의 공훈 배지를 받은 보이 스카우트 단원)였고 지난 여름 야영 여행을 주도했다. 페이스북을 통해 그는 교내 야영동아리 구성원 중 몇몇과 연락이 닿아 앞으로 그들을 더욱 잘 알아 가기를 기대하고 있다.

반면 고등학교 때 마이크의 과외 활동은 근처 식료품점에서 식료품을 산다든지, 친구들과 운동을 하거나 비디오 게임을 하는 것이었다.

마이크와 크리스는 이사하는 동안 서로에 대해 알아 가기 시작하면서 그들이 대학에 대한 관점이 전혀 다르다는 것을 깨닫게 되었다. 마이크는 기숙사에서 누가 최신 엑스박스(Xbox, 비디오게임기)를 갖고 있으며 어디서 들키지 않고 주말 파티가 열렸는지 알아냈다.

내가 그 여학생들을 언급했던가?

아주 머리 회전이 빠른 마이크는 페이스북에서 그들 중 대다수를 이미 알아냈다.

그동안 크리스는 그의 생활 환경이 그의 수업을 놓치지 않게 하려고 책상과 책들을 정돈했다.

책들?

그렇다. 크리스는 '이미' 그의 교과서를 사고 나서 노트북과 프린터를 설치했고 가을 학기 학업 계획표를 엑셀로 인쇄했다. 그는 심지어 수업 시간 사이에 할 공부 시간과 도서관 이용 시간도 계획에 (이것을) 집어넣었다. (걱정할까 봐 말인데, 크리스는 저녁 식사 휴식을 위해 2시간을 배정했고 새로운 친구들과 연락하려고 주말에는 시간을 늘렸다) 마이크와 잡담을 나누는 동안 그는 책상 위에 계획표 1부를 고정하고 잠자리에 들었다.

마이크는 그의 불운을 믿을 수 없었다. 그는 계획광에게 대학생활의 훌륭한 부분에 대해 교육하는 것이 얼마나 골치가 아플지 생각해 보았다.

1. 비전 경쟁

우리는 모두 세계관, 즉 가정이나 신앙의 한 세트인 현실의 '정신적 지도'를 하나씩 가지고 있다.[1] 여러분의 부모님도 하나 갖고 있으며, 여러분의 친구들도, 나도 하나 갖고 있다. 그리고 여러분도 하나 갖고 있다. 정신적 지도는 고등학교와 대학, 친구들, 남자, 여자, 교회, 운동, 주말, 그 밖의 모든 것에 대한 기대를 알려 준다. 그것은 다른 사람이 아닌 바로 나 자신에게 무엇을 기대할 것인지 알려 준다.

그러면 이 모든 정보를 알려 주는 정신적 지도란 무엇인가?

여러분의 생각과 마음을 형성하는 부모님, 가치, 목사님, 친구들, 아이팟으로 듣는 것, 트위터로 팔로우하는 것, 영화, 쇼, 잡지 등 그 밖의 모든 것 즉 무엇이든 이에 해당한다.

> 그러면 이 모든 정보를 알려 주는 정신적 지도란 무엇인가?
> 여러분의 생각과 마음을 형성하는 무엇이든 이에 해당한다.

> 여러분의 정신적 지도는 여러분이 청년일 때 무엇을 말해 주는가? 여러분은 아직 자신이 어떤 사람인지 알기 위해 애쓰고 있으므로 대단한 일을 할 수 없는 '단지' 십 대 혹은 이십 대 초반의 청년인가? 목표를 높게 세우고 그것을 향해 노력하기보다, 혹시 건강한 개성을 억누르는 건 아닌지, 뭔가 놓치지는 않는지 해서 그 순간 마음이 끌리는 것을 경험하려고 하는지?

---

[1] 우리의 세계관은 우리의 종교적 관점인 하나님에 대한 신앙, 영적 세계, 그리고 (만약 있다면) 윤리와 죄, 심판, 은혜, 사후에 일어날 일들에 대한 근거 등에 따라서도 정해진다. 기독교 세계관과 무신론적 세계관의 주요 차이점에 대해서는 다음 장에서 잠시 알아보겠다.

또는 여러분은 하나님에게서 빌린 재능과 힘, 활력으로 뜻깊고 중요한 목표를 위해 꾸준한 노력을 하며 만족을 위한 행위를 거부하는 청년인가?
여러분은 스스로가 심지어 지금 선행을 하고 하나님께 영광을 돌리면서도, 장래의 (직장, 결혼, 가정, 목회) 더 큰 책임을 받아들일 수 있는 남성 또는 여성이 되기 위한 부지런한 준비의 시기에 있다고 보는가?

대체로 21세기 젊은 남성 혹은 여성 마음에는 경쟁하는 두 가지 비전이 있다.

한 관점에 따르면, 학교는 대개 부모를 행복하게 해 주면서 고된 수업 사이에 '여러분의' 시간을 즐기며 그럭저럭 살아가는 곳이다.

다른 관점에 따르면, 대학은 대개 주중의 모든 면에서 하나님을 영화롭게 하고 온 마음으로 그를 사랑하며 하나님이 당신을 위해 예비하신 선한 일들을 위해 열심히 훈련하는 곳이며(엡 2:10), 동시에 신념을 강화하고 하나님을 향한 방향으로 밀고 나갈 관계를 발전시킬 곳이다. 그리고 계획적인 휴식 시간이 있을 수 있지만 '여러분의 시간'이 아니다. 여러분은 하나님이 여러분에게 위임하신 시간, 능력, 재능들을 돌보는 사람이다.

2. 청년 문화

요즘 연예와 레저 산업은 여러분에게 청년 문화의 비전을 적극적으로 홍보하고 있다. 그렇다. 많은 사람이 젊음은 즐거움과 파티, 그리고 가능한 한 오래 인생의 책임을 어느 정도 무시하는 것이라고 여러분이 믿도록 만드는 기득권을 가지고 있다. 그것은 낮은 기대와 끝없는 재미의 문화이다.

예전에는 사람들이 관련된 책임과 약속이 없이 오랫동안 어른 같은 자유와 기회를 거치지 않고 유년에서 어른으로 바로 옮겨 갔다.

『어려운 일에 도전하라』(Do Hard Things, 생명의말씀사 刊)의 저자인 청년 알렉스 해리스와 브레트 해리스는 그들의 블로그에서 10세에 전함 '엣세스'(Essex)호에서 훈련생이 되었던 미 해군 최초의 제독인 데이비드 패러것(David Farragut)에 대해 말했다. 그는 12세에 그의 첫 번째 배에서 명령을 받았다.

미합중국 초대 대통령이었던 조지 워싱턴(George Washington)은 약 12세 무렵에 기하학, 삼각법, 측량법을 통달했지만, 당시 사람들은 그를 특별히 총명하다고 여기지 않았다. 그는 16세에 버지니아(Virginia)주 컬페퍼(Culpepper)시의 공식 측량사로 임명되었고 3년 임기 동안 매년 오늘날의 10만 달러에 상당하는 연봉을 받게 되었다.

이런 예를 인용한 후, 해리 형제는 다음과 같이 썼다.

> 이런 예들은 현재를 사는 우리를 깜짝 놀라게 하지만, 이것은 100년 전에만 해도 남성과 여성의 '청년기'를 완전히 다르게 간주한 특별한 사회적 범주를 통해 삶을 보았기 때문이다. 1,800년대 후반 이전에는 유년기, 장년기, 노년기 등 나이에 따라 세 가지로만 구분했다.
>
> 청년기라는 새로운 범주가 만들어지게 된 것은 의무교육법을 포함하여, 아동노동금지법과 함께 초기 노동 운동의 대두에서 비롯되었다. 종종 미국 심리학의 대부로 불리는 스탠리 홀(G. Stanley Hall)이 만든 '청년기'란 말은, 어린 시절은 끝났으나 직업에 종사하거나 소득을 얻는 일자리를 갖는 것같이 성인으로서의 정상적 책임을 지는 것을 법으로 금지하는, 어린이와 성인 중간의 어정쩡한 단계를 말한다. 따라서 결혼과 가정을 꾸리는 것도 연기되어야 했고, 그래서 우리는 성인의 모든 갈망과 능력을 갖췄지만, 자유나 책임은 전혀 없는 '십 대'라는 불행한 존재를 만들었다.

십 대 생활은 '고등학교'로 알려진 초등교육과 상대적으로 느슨한 4년 과정이 되었다(이 4년은 나중에 대학 초반 2년간 반복될 것이다). 필요 이상으로 길게 어린아이로 있는 시간을 할애할 수 없도록 하였던 패러것 같은 젊은이들과 워싱턴 같은 젊은이들을 법으로 금지하였다. 대신 만들어진 것이 오늘날 우리가 알고 있는 문화로 젊은이들은 필요 이상으로 아주 길게 준어린이로 남아 있도록 허락되고 권함 받으며 심지어 강요받고 있다.[2]

그것이 여러분을 위한 고등학교였는가?
A, B 학점을 받기는 했지만 아주 열심히 노력할 필요는 없었나?
만약 그렇다면 결국은 그렇게 좋은 거래는 아니었을 것이다. 아마도 여러분의 학문적인 능력을 더욱 최대한으로 발전시킬 필요조건인 '기회'를 빼앗겼을 것이다.
여러분은 대학도 그렇게 쉬울 것으로 생각하는가?
그렇게 본다면, 맙소사, 특히 여러분이 내 수업 학생 중 하나라면 놀랍지 않은가!
그게 당신이라면 계속해서 맞춰 나가라. 왜냐하면, 여러분의 태도가 변하지 않으면 대학에서 쫓겨날지도 모른다.
하나님은 여러분의 대학 시절에 대해 완전한 다른 생각을 가지고 계시며 그것을 성경 여러 곳에서 계시하고 있다.

> 누구든지 네 연소함을 업신여기지 못하게 하고 오직 말과 행실과 사랑과 믿음과 정절에 있어서 믿는 자에게 본이 되어(딤전 4:12).

---

[2] Alex Harris and Brett Harris, "The Myth of Adolescence (Part 1)," *The Rebelution* (blog), August 19, 2005, http://www.therebelution.com/blog/2005/08/myth-of-adolescence-part-1.

네 손이 일을 얻는 대로 힘을 다하여 할지어다(전 9:10).

무슨 일을 하든지 마음을 다하여 주께 하듯 하고 사람에게 하듯 하지 말라(골 3:23).

그런즉 너희가 먹든지 마시든지 무엇을 하든지 다 하나님의 영광을 위하여 하라(고전 10:31).

네 마음을 다하며 목숨을 다하며 힘을 다하며 뜻을 다하여 주 너의 하나님을 사랑하고(눅 10:27, 강조 추가됨).

그리고 우리 과거의 죄가 우리를 뒤에서 유혹하거나 죄책감으로 괴롭힐 때 주님은 대답하신다.

> 이러므로 우리에게 구름 같이 둘러싼 허다한 증인이 있으니 모든 무거운 것과 얽매이기 쉬운 죄를 벗어버리고 인내로써 우리 앞에 당한 경주를 하며 믿음의 주요 또 온전케 하시는 이인 예수를 바라보자(히 12:1-2, 참고, 빌 3:13-14).

> 우리 과거의 죄가 우리를 뒤에서 유혹하거나 죄책감으로 괴롭힐 때 주님은 대답하신다. "이러므로 우리에게 구름 같이 둘러싼 허다한 증인이 있으니 모든 무거운 것과 얽매이기 쉬운 죄를 벗어버리고 인내로써 우리 앞에 당한 경주를 하며 믿음의 주요 또 온전케 하시는 이인 예수를 바라보자"(히 12:1-2).

우리는 또한 바벨론의 '대학'에 가서 "뜻을 정하여 (하나님의 명령에 불복종함으로) 자기를 더럽히지 아니하리라" 하고 3년을 마쳤을 때 "모든 일을 묻는 중에 그 지혜와 총명"이 그의 동급생들보다 "십 배나 나은" 다니엘과 같은 사람들에게서도 그 예를 볼 수 있다(단 1:8, 18-20).

우리는 상당히 힘든 시간을 보냈음에도 여전히 속이지 않았고 포기하지 않았으며 하나님을 배반하지 않았던 청년 요셉에게서 그것을 볼 수 있다. 그는 부지런했기 때문에 보디발의 집에서 그의 책임이 커졌다(창 39:2-4). 성적으로 부도덕한 유혹을 받았을 때 요셉은 "내가 어찌 이 큰 악을 행하여 하나님께 죄를 지으리이까" 하며 거절했다. 가까이 가는 대신 요셉은 의식적으로 위험에서 물러났다(창 39:9-10).

그 후 그런 순종은 감옥생활을 통해 보상을 받았는데 요셉은 고용된 사람의 본에서 죄수의 본이 되었다(창 39:21-23). 비록 죄수였지만 그의 책임과 권한은 늘어났고 그의 상관들은 그의 비상한 능력과 성실함을 인정하지 않을 수 없었다.

'그것이' 여러분이 생각하는 청년 삶의 비전인가?

마이크와 크리스는 어떻게 될 것인가?

증거는 시간이 지나면 나올 것이다. 그러나 지금은 이것을 알아야 한다. 마이크와 크리스가 대학에 가려고 짐을 쌀 때 그들이 가져온 가장 의미 있는 것은 그들의 짐에 꼭 끼워 넣을 필요가 없었다. 그것은 눈에 보이지 않기 때문에 끼워 넣을 필요가 없었다. 보이지 않으나 모든 것을 제어하는 바로 그것을 말이다. 마이크와 크리스는 대조적인 세계관을 갖고 왔으며 그런 세계관은 그들이 캠퍼스에 도착했을 때 그들의 태도와 행동에 영향을 주고 있었다.

사실 마이크와 크리스 둘 다 대학에 가지고 온 눈에 보이지 않는 두 번째 친구가 있는데 바로 그들의 '성격'이다. '성격'은 단순히 '개성'을 의미한다고 보지 않는다. 하나님께 받은 개성 차이들은 우리가 알다시피 본래 선하거나 악한 것이 아닌, '도덕과는 관계없는' 것이다. 반면에 성격은 도덕적 등급이 있다. 성격은 정직 또는 부정직, 근면 또는 게으름, 책임 또는 무책임, 친절함 또는 방자함, 경솔함 또는 자제 등과 같은 자질에 따라 측정된다.

간단히 말해서, 마이크와 크리스 같은 종류의 사람들은 (세계관을 비롯하여) 삶의 환경에 대한 그들의 결정과 반응을 통해 지속적 태도와 행동을 형성하게 될 것이다. 그들의 성격 차이는 마이크가 여자아이들을 찾기 위해 페이스북을 하지만 그가 필요로 하는 책이 무엇인지, 교실이 어딘지도 알지 못하는 이유를 설명하는 데 도움을 주며, 크리스가 다음 주까지 수업이 시작하지 않아도 그의 일정을 인쇄한 이유를 설명해 준다. 여기 원칙이 있다.

세계관 & 성격 → 태도 & 행동

다시 말해 우리의 세계관(우리가 생각하는 방식)과 성격(우리가 누구인가)은 우리의 태도(우리가 생각하는 것)와 행동(우리가 하는 것)에 영향을 준다. 우리는 세계관(우리가 생각하는 방식)을 살펴보았다. 이제 성격(우리가 누구인가)으로 주의를 돌려보자.

성격에 대한 주제를 공부하기 위해서 잠언을 공부하는 것보다 더 좋은 것은 없다. 거기서 우리는 세 가지 흥미로운 성격, 즉 미련한 자, 게으른 자, 지혜로운 자를 만난다. 우리 모두 세 가지 성격을 조금씩은 갖고 있을 것이다. 그러나 우리는 지혜로운 특성을 넘어서 지혜를 이해하는 쪽에 집중해야 할 것이다.

3. 미련한 자, 게으른 자, 지혜로운 자

잠언에서 "미련한 자"의 첫 번째 특성은 "어리석음"이다. 어리석음은 "걱정하지 말고 행복하세요" 하면서 이 땅에서 기식한다는 의미가 아니다. 아니, 그 단어는 '속임', 도덕적 무책임, (잘 살기 위한 지식인) '분별력' 부족을 말한다.

> 어리석은 자들아 너희는 명철할지니라 미련한 자들아 너희는 마음이 밝을지니라 (잠 8:5).

"어리석은 자"는 분별력이 부족하다. 그들이 아는 것이 무엇이든지 그들은 그 지식을 좋은 판단력을 보여 주는 선택 능력으로 바꾼 적이 없다. 그들은 또한 잘 속는다.

> 어리석은 자는 온갖 말을 믿으나 슬기로운 자는 자기의 행동을 삼가느니라 (잠 14:15).

다시 한번 어리석음은 슬기로움과 대조된다. 그러나 어리석은 자는 또한 제멋대로이고 무책임하다.

> 슬기로운 자는 재앙을 보면 숨어 피하여도 어리석은 자는 나가다가 해를 받느니라 (잠 22:3; 27:12).

그들은 도덕적으로 의심스럽다.
미련한 자의 세 번째 특성은 '둔함' 또는 '완고함'이다. 그는 이미 그가 바른길을 가고 있다고 여겨 권고를 들으려고 하지 않고(잠 12:15), 그는 미련한 것을 전파하느라 너무 바쁘다(잠 10:8; 12:23). 그는 지혜와 교훈을 멸시하고(잠 1:7) 심지어 야단을 맞을 때도 배우는 것이 없다(잠 17:10). 대신 그는 비록 그것이 그의 멸망으로 이어지더라도(잠 1:32), 미련한 것으로 돌아간다(잠 26:11).

좋아, 다음은 "게으른 자!"

여러분은 이들을 대학 다닐 때 많이 만나게 될 것이니까 조심하라. "게으름"이라는 단어는 흥미롭게도 영어표준성경(ESV)에 단지 14회 나오는데 모두 잠언에 있다. 게으른 자는 나태하다. 그들은 자신의 책임에 주의를 기울이지 않기 때문에 나태함에 압도당한다(잠 6:9-11). 게으른 자는 포부, 욕망이 없는 것이 아니라 그것을 실현하도록 하는 단련이 부족한 것이다.

그들은 나태함을 합리화하고(잠 20:4), 대체로 오만하며 근거 없는 자신의 견해를 가지고 있다(잠 26:16). 그들은 자신이 이미 멋지다고 생각하기 때문에 배우고 성장하는 것이 어렵다. 그들은 부지런함이 부족하므로 직원으로서 악몽 같은 존재다.

> 게으른 자는 그 부리는 사람에게 마치 이에 식초 같고 눈에 연기 같으니라 (잠 10:26).

이 사람들은 그냥 일을 끝내지 못하고 터무니없는 핑계만 늘어놓는다(잠 26:13).

학생으로 게으른 자들은 열심히 하지 않으면서 잘되기를 바란다. 시험 전에 공부하는데 많은 시간을 보내지 않았을지라도 자신만만하다. 이미 다 알고 있는데 왜 신경을 쓰겠는가. 다른 근면한 학생들은 이미 이해한 90퍼센트에 만족하지 않고 앞뒤로 아직 완전히 익히지 못한 몇몇 개념에 대해 고민하며 공부하는 데 시간을 보낸다. 오, 이 학생들은 스스로에 대해 훨씬 적게 만족하기 때문에 좀 더 괴로울 수 있다. 그들은 나아지기 위해 노력하느라 너무 바쁘다.

그러나 시험이 끝나면 반대다. 자신감이 부족했던 사람들은 이제 힘을 얻고 있다. 그리고 자신만만 '했던' 사람들은 어떻게 자신이 그렇게 오해할 수 있었는지 놀라면서 이제 절망에 빠져 있다. 그러나 어떤 이들의 자기기만은 계속된다. 즉, 자신들은 내용을 '잘 알고' 있는데 '시험'이 (또는 교수가) 부당하다는 것이다. 힌트, 그러지 말라. 선생님의 시험과 과제가 자신이 생각하는 것보다 여러분의 진정한 능력을 더 잘 보여 줄 가능성이 있다.

마지막으로, "지혜로운 자!"

이들은 단지 수업뿐만 아니라 인생에서도 '적극적'이고 '힘차게' 교육에 임하는 사람들이다. 지혜는 여호와를 경외하고 그에게서 배우고자 하는 갈망에서 시작된다(잠 1:7). 지혜는 원하는 사람은 누구나 찾을 수 있지만(잠 1:20, 23), 얻기는 어렵다(잠 2:1-4).

> 지혜는 원하는 사람은 누구나 찾을 수 있다.

심지어 꾸지람, 징계의 수용이 필요하다(잠 3:11-12). 그것은 단순히 머리로만 아는 지식이 아닌 마음의 지식을 생기게 하는 것으로서 마음속으로 옳고 그름의 차이를 알고 있음을 뜻한다. 그리고 그들은 선한 길을 선택할 수 있는 신중함과 분별력을 가지고 있다(잠 2:9-11, 20).

여러분은 지혜로운 자를 어떻게 아는가?

그들은 열심히 듣는 사람이다(약 1:19). 그들은 그 의견을 나누는 것을 천천히 하고 상황을 이해하는 것을 우선하는 쪽을 좋아한다(잠언 18:13, 17). 그리고 그들은 겸손하여서 다른 사람에게 감동을 주고 싶은 욕망으로 무지한 것에 대해 잘난 체하거나 지킬 수 없는 약속을 하려 하지 않는다. 지혜로운 자는 노하기를 조심한다(잠 16:32). 그들은 절제되어 있다. 그들은 최고의 즐거움이 정해진 시간, 적당하고 제한된 시간에 온다는 것을 알고 만족하는 것을 늦출 수 있다.

그래서 그들은 즐기는 것을 '할 수는 있지만', 즐기고 싶은 욕망 때문에 '지배되지는' 않는다. 그리고 그들은 사랑하는 것이 하나님께 대한 사랑의 자연스러운 표현이라는 것을 알고 이웃에 대해 마음을 쏟다(눅 10:27). 지혜는 여러분이 알고 있는 사실이나 수치보다 삶의 성향과 더 관련이 있다.

대학 시절 동안 여러분은 지혜롭게 성장하기를 바랄 것이다. 그러려면 지혜가 하나님에게서 온다는 것을 인정하며 규칙적으로 기도할 필요가 있다. 그리고 그것이 하나님에게서 오는 방법은 두 가지인데, 성경에서 구절과 성경 전체적으로 관통하는 주제에 따라 직접 나타나는 방법과 또 한 가지는 매일매일 삶의 고난에서 온다.

데릭 키드너(Derek Kidner)가 잠언 주석에서 어떻게 말했는지 들어 보라.

> 만일 우리가 성숙을 향한 경건한 특성을 강화하는 영향들을 분석할 수 있다면 우리가 자연 작용들이라고 칭하는 것들이 우리가 초자연적 작용들이라고 부르는 것들보다 엄청나게 중하다는 것을 발견할 것이다. 잠언서는 우리 자신을 하나님의 은혜의 효과에 대한 심사숙고가 아니라고 (비록 사실은 그런데도) 우리에게 확인시킨다. 왜냐하면, 우리를 사소한 일로 괴롭히는 삶의 어려운 요소들이 하나님의 요소들이며 하나님의 정하신 인격 학교이기 때문이다. 이 요소들은 하나님의 은혜의 대안이 아니라 수단이다. 왜냐하면, 모든 일이 아는 능력에서 순종하는 능력에 이르게 하는 은혜에 속하기 때문이다.[3]

---

3 Derek Kidner, Tyndale Old Testament Commentaries, vol. 17, *Proverbs* (Downers Grove, IL: IVP Academic, 2008; 『잠언: 틴데일 구약주석 시리즈 12』, CLC 刊).

그 외에 지혜가 성장하려면 지혜로운 자와 동행하는 것이 필요하다(잠 13:20). 우리는 제2부 제1장에서 좋은 친구의 중요성에 대해 말하려고 한다. 간단히 말해서, 지혜롭게 성장하느냐 마느냐 하는 것은 여러분이 대학에서 '성장'하느냐 아니면 겨우 '생존'하느냐에 큰 영향을 미칠 것이다.

4. 생존이냐 성장이냐

여러분이 생존하는지 성장하는지는 전부 여러분이 대학에 가져오는 세계관과 성격에 전적으로 관련된다. 이것들은 (마이크와 크리스에게서 보았던 것처럼) 여러분의 태도와 행동을 결정하고 곧 '습관'이 생기도록 할 것이다. 우리는 뿌린 대로 거둔다(갈 6:7). 시간이 지난 후 우리의 습관은 우리의 운명을 결정한다.

세계관 & 성격 → 태도 & 행동 → 습관 & 운명

대학에서 처음 한 달 이내 마이크와 크리스는 습관이 생기는데 어떤 것은 좋고 어떤 것은 나쁜 것이다. 나쁜 습관은 자연스럽게 생긴다. 사교생활 전에 여러분의 숙제를 끝내는 것과 같은 좋은 습관은 여러분이 극도로 예민해 해치워 버리고야 마는 성격이 아닌 한 의도적으로 개발해야 할 것이다. 우리 대부분은 그것이 자연스럽게 생기지 않는다. 따라서 몇 가지 중요한 습관을 파악한 후 적극적으로 이를 일상화하여 기본 반응이 '되도록' 해야 한다.

그러나 여러분은 이렇게 생각할지 모른다.

'이런, 대학에서 노는 게 뭐가 문제야?

만약 크리스가 공부만 한다면 그는 정말 기회를 놓치는 거야.'

우리는 다음 장에서 이에 대해 더 자세히 다룰 것이다. 우선은 6학년 선생님의 지혜를 생각해 보라. 우리가 횡설수설 말할 때마다 (맞아, 내가 보통 잘못했을 때) 그녀는 "알렉스, 모든 일에는 때와 장소가 있어"라고 말하곤 했다. 그때 그것은 진부하게 들렸다.

나는 전도서의 저자가 우리에게 비슷한 관점을 힘있게 전한다는 것을 그때 알지 못했다(전 3:1-8). 요약해서 말하면, 건강하게 여가를 즐기는 것과 관계를 형성하는 것은 잘못된 것이 아니다. 하나님은 이런 것들이 우리의 매일의 소임 중에 도움이 되는 회복을 가져오도록 했다.

그러나 마이크의 문제는 그가 그의 삶을 오락에 맞춰 머지않아 그의 행보에 삶의 부담으로 쏟아져 내리는 결과를 가져올 것처럼 보인다는 것이다(잠 24:33-34). 크리스는 자신을 생산적으로 만들어 나중에 오락과 우정을 즐길 뿐만 아니라 그것에서 큰 힘을 얻게 될 것이다.

세계관과 성격은 (각각 그것만을 다룬 책이 있을 만큼) 큰 주제이지만 대학에서의 성장과 관련된 구체적 영역 즉 책임을 '맡는 것'에 얼마간 시간을 보내자. 이런 속성은 대부분 부모님의 조심스러운 보호와 보살핌의 우산에서 벗어나 첫발을 내딛는 것이기 때문에 대학 시절에 매우 중요하다.

엄격한 사관학교가 아닌 이상, 여러분에게 언제 자야 하는지, 언제 플레이스테이션(PlayStation)을 꺼야 하는지. 또는 언제 페이스북 채팅을 그만해야 하는지 아무도 말해 주지 않을 것이다. 그래서 여러분은 영광스럽고 결정적으로 중대한 중간 단계에 사는 것이다. 즉, 어떤 아이 또는 십대의 모습으로 여기까지 왔더라도 여러분이 어떤 성인이 될지는 지켜봐야 한다.

여러분이 대학에서 성장할지 아니면 겨우 생존할지는 여러분이 '책임을 맡는' 정도에 따라 크게 좌우될 것이다.

5. 책임 맡기

첫 번째 단어 '맡는다'부터 시작하자. 무엇이든 "맡는다"라는 것은 처음부터 그것을 주어진 권리로 여기는 것이다.

신입생 때 나의 첫 학기 실습 과정은 세라믹공학 분야 개론이었는데 우리는 모든 종류의 세라믹 사발, 접시, 컵을 만들었을 뿐만 아니라 그 생산품의 바탕이 되는 과학도 공부했다.

나는 내가 알고 있는 그리스도인 대학원생의 평가 기준이 더 느슨할 수도 있다고 생각해서 그를 나의 교육 조교(TA)로 선택했다. (교육 조교들은 대학에서의 평가 중 많은 부분, 특히 실험 과정을 담당한다).

어쨌든 그리스도인들은 사랑이 많고 자비롭기로 되어 있지 않은가?

나는 나의 많은 실험 리포트 중 첫 번째 것을 쓰던 걸 기억한다. 나는 그녀에게 그것이 괜찮은지 물어보려고 초안을 보냈다(힌트: 교수님이나 교육 조교가 요청하지 않는 한 절대로 이렇게 하지 말라). 나는 그녀가 그것을 읽을 여분의 시간이 있을 것으로 생각했고, 게다가 관심을 기울이는 게 그녀의 일이라고 생각했다.

게다가 내 리포트 내용 중 몇 가지는 자신이 없었는데도 교과서나 도서관에서 그 대답을 찾으려고 애쓰기보다(그녀가 모든 것을 알고 있으므로) 그녀에게 물어봐야겠다고만 생각했다. 나는 그녀에게 제출한 것의 맞춤법 검사도 신경 쓰지 않았다. 내가 몇몇 단어의 철자를 틀려도 그녀가 취지를 파악할 줄 알았다.

그녀의 대답은 간결했다.

"당신 스스로 연구하라. 맞춤법 검사도 스스로 하라. 그렇게 하지 않으면 당신의 평가에 부정적인 영향을 미칠 것이다."

그렇다!

그녀는 내가 원했던 도움의 방법을 아무것도 주지 않았다. 그렇게 그리스도인의 자비 속에 학기를 보냈다.[4]

> **흥미로운 사실**
>
> 여러분은 대학에서의 전형적인 평점 평균, 특히 대학 1, 2학년생들이 흔히 선택하는 일반 과정에서 공통으로 얻는 평점 평균(GPA)이 2.65/4.00(대략 B 학점)이라는 것을 아는가?
> 그리고 그런 수업의 약 30퍼센트에서 40퍼센트가 C+ 또는 그 이하를 받는 것은 흔한 일이다.[5] 그러나 학기 초에 설문 조사를 했을 때 약 90퍼센트의 학생들이 자신이 B나 A를 받을 것으로 생각한다. 더러는 실망하겠지.

그러나 그녀가 나에게 '주었던' 것은 책임을 맡는 것으로, 값을 매길 수가 없었다. 나는 그녀에게서 과제의 내용이 사실인지 확인하는 것이 '나의 일'이라는 것을 배웠다. 맞춤법과 문법적 잘못을 검사하는 것도 '나의 일'이었다. (나쁜 성적을 받으면 그녀를 탓할 수 있도록) 내 숙제를 여러 번에 걸쳐 평가하는 것은 그녀의 일이 '아니었다'.

시간이 좀 걸렸지만 나는 교과서와 도서관에서 답을 찾고 질문을 해야 할 때 윗사람의 시간을 고려하는 등의 수완을 배웠다. 그건 그렇고, 이것을 하는 훌륭한 방법은 (여러분이 강의 요강에 밑줄 그은) 예정된 업무 시간에

---

[4] 나는 나의 태도가 보기 드문 일이 아니라는 것을 나중에 성경에서 읽었다. 디모데에게 보내는 편지에서 바울은 그리스도인 상전을 섬기는 종에 대해 말했다. 그 당시의 종은 지금의 종업원이나 관리처럼 많은 종류가 있었다. 그는 말했다.
[딤전 6:2] "믿는 상전이 있는 자들은 그 상전을 형제라고 가볍게 여기지 말고 더 잘 섬기게 하라 이는 유익을 받는 자들이 믿는 자요 사랑을 받는 자임이라."
바꾸어 말하면, 단지 주인이 그리스도인이라고 해서 게으름 피우지 말라.

[5] 주립대학교의 대규모 수업에서 흔히 '무리하게 종 모양'으로 평점이 분포되도록 하고 있어 사실상 이런 결과를 초래한다.

이 방법으로 교수님들께 다가가는 것이다.

"스미스 박사님, 저는 부과된 독서를 했고 중요한 내용에 밑줄을 쳤으며 메모도 했습니다.

몇 가지 질문을 해도 될까요?"

책임을 맡는 것은 과제가 무엇이든지 간에 그것이 '나의 것이고 다른 누구의 것도 아니다'라고 인정하는 데서 시작한다. '나'는 그냥 받아들인다. 나를 위해 그것을 하는 것은 다른 누구의 일이 아니다. 이 의미는 예를 들어 질문 전에 강의 요강이나 각자의 과제를 읽는 것으로 이미 대답을 얻었을 수도 있다는 뜻이다.

여러분이 강의 계획표를 가지고 있다면 여러분은 이미 교수님이 어느 과정에 들어갈 것을 알고 수업을 준비할 수 있다. 여러분은 심지어 각각의 시험에 어느 부분이 나올 것도 알 수 있을 것이다.

그러나 책임을 맡는 것은 단지 수완이 좋은 것만은 아니다. 그것은 여러분이 자신의 결정은 자신의 것이라는 사실을 기본적으로 인정하는 것이다. 다른 사람들은 여러분만이 할 수 있고 해야 하는 일에 책임지지 않는다. 숙제가 있다면 끝내라. 리포트를 써야 한다면 도서관에 가서 필요한 배경 자료를 얻어라. 여러분은 하나님이 주신 진취적인 능력과 일을 이루어낼 책임이 있다.

하나님은 여러분에게 책임이 있다고 판결하실 것이다. 내가 앞서 말한 대로 여러분은 무엇으로 심든지 그대로 거두게 '될' 것이며, 이 원칙을 피할 수는 없다(갈 6:7).

여러분이 책임을 맡는다면, 자신의 재능을 발전시키고 자신의 가능성을 움직이기 위한 마음가짐에다 안성맞춤이다. 이는 여러분이 고등학교 졸업 후에 대학을 가든지 또 다른 길을 택하든지 진리다. 그러나 대학에서 성장하려면 책임을 맡는 것보다 좀 더 많은 것을 필요로 한다. 대학의 목적을 알고 있는 것이 필요하다.

6. 대학의 목적

대학은 엄격하고 균형 잡힌 교육을 제공하는 것 외에 책임감 있는 성인 그리스도인에 어울리는 모든 것의 발판이 되어야 한다. 여러분 대부분이 부모님의 돌봄과 경제적인 지원으로 대학에 갈 것이다. 그러나 여러분은 상호 의존적인 사회와 특정 지역 교회에서 성인 역할을 맡을 남성 또는 여성으로 졸업할 것이다.

> **흥미로운 사실**
>
> 몬스터(Monster)가 2009년에 발표한 「연간 초급 일자리 전망」(*Annual Entry-Level Job Outlook*)에 따르면 2008년 졸업생 중 40퍼센트가 여전히 그들의 부모와 함께 살고 있다는 것을 알고 있는가?
> 그리고 2006년 졸업생 중 42퍼센트가 아직 부모 집에서 살고 있다고 조사에서 답했다.[6]

적어도 여러분은 '그래야만' 한다. 22세에서 34세의 셋 중 하나가 여전히 엄마, 아빠 집에서 함께 살고 있다는 것은 부끄러운 일이다.[7] 해당 통계에 함께 하지 말라. 성인이 되어 당장 그 숙명을 피하라. 우리는 앞으로 다룰 장들에서 이에 대해 더 이야기할 것이다. 그리고 잠깐, 만약 여러분이 가족이나 친척들과 함께 살고 있다면 다른 집주인에게 하듯이 집세를

---

[6] "Adult Children Moving Back Home: Don't Let 'Boomerang Kids' Derail Your Goals," *New York Life*, http://www.newyorklife.com/nyl/v/index.jsp?vgnextoid=d0bd47bb-939d2210a2b3019d221024301cacRCRD.

[7] Leonard Sax, "What's Happening to Boys?" *The Washington Post*, March 31, 2006, http://www.washingtonpost.com/wp-dyn/content/article/2006/03/30/AR2006033001341.html.

내라. 그렇게 하면 여러분은 올바른 방향으로 갈 수 있을 것이다.

비록 여러분이 정상에 올랐다고 느낄 때도 여러분 중 대부분은 아직 세상에 자신을 보여 주지 못한 것이다. 집에서 차를 타고 학교에 간 적이 있다면, 대학은 아마도 한 번에 집을 떠나 본 것 중 가장 긴 거리일 것이다. 여러분은 시험을 거치게 되고 노력하게 될 것이다. 여러분이 어떻게 대응하느냐에 따라 어떤 종류의 남성 또는 여성이 되는지가 결정될 것이다.

본서에서 나는 다음과 같이 분류할 것이다.

제1부: 대학에서의 목표와 기회, 기초적 문제
제2부: 의미 있는 관계(친구와 스승, 남자와 여자, 그리고 엄마와 아빠)
제3부: 성격에 관한 문제
제4부: 학문에 관한 문제

> 여러분은 책임 있는 성인 그리스도인에게 따르는 모든 일에 착수할 준비가 되었는가?
> 여러분은 대학 시절이 (지금까지) 여러분 인생에서 최고의 시기가 되기를 원하는가?
> 여러분은 변함없는 의미의 관계를 발전시킬 준비가 되었는가?
> 여러분은 미련한 자, 게으른 자의 길을 떠나, 지혜로운 자로 자라길 바라는가?
> 여러분은 하나님이 자신에게 준 재능을 강하고 쓸모 있는 기술로 갈고 닦으면서 학문적인 자질을 개발할 준비가 되었는가?

그러면 이제 시작하자.

토론

1. 여러분은 왜 대학에 가기로 했나?
   여러분의 동기는 무엇이었나?
   여러분의 목표는?

2. 여러분의 세계관에 관해 말하라.
   여러분의 세계관에 가장 큰 영향을 미친 것은 무엇이라고 생각하나?

3. 가까운 친구들이 말하는 자신 성격의 강점과 약점은 무엇인가?

4. 여러분이 더욱 지혜롭기 위해 실제로 필요한 것들은 무엇인가?

5. 현재 책임을 맡는 방식 두 가지를 나열하라.
   여러분이 내세울 만한 분야가 있는가?

제1부
대학 문제들

- **제1장**
  흔히 저지르는 실수 #1: 신앙을 팽개치는 것

- **제2장**
  흔히 저지르는 실수 #2: 대학을 마치 고등학교처럼 대하는 것

제1장

흔히 저지르는 실수 #1: 신앙을 팽개치는 것

》 성장의 원칙: 하나님께 가까이 다가가라

대학에 입학하기 전, 여러분은 부모님 집에 있는 아이였다. 그러나 바라건대 여러분은 자신의 삶과 선택, 그리고 그 선택의 결과를 완전히 소유하는 '어른'이 되어 대학을 떠나게 될 것이다. 만약 여러분이 그리스도인으로 대학생활을 시작했다면, 아마도 그랬을 것이다. 왜냐하면, 여러분의 부모님이 기독교 가정에서 여러분을 기르셨기 때문이다. 여러분이 아는 것보다 더 많은 도움이 되었을 여러 기회의 축복에 하나님께 감사할 일이다.

그러나 대학 시절은 여러분이 자신의 신앙에 대해 소유자가 될 수 있고 또 되어야 할 시기다. 여러분은 물려받은 신앙으로는 그리스도인의 삶을 진정으로 성장시킬 수 없으며, 학생 대부분은 대학 시절이 기독교 신앙을 시험하는 시기라는 것을 알게 된다.

심지어 기독교 대학에서도, 여러분은 자신을 하나님에게서 떼어 놓을 수 있는 어떤 영향력을 경험하게 될 것이다. 비기독교 대학에서는 예수 그리스도에게서 떨어져 나가게 되는 경우를 사방에서 맞게 되며 또 그 시도는 상당히 끈질길 수 있다.

그래서 첫 번째 실수는 기독교 신앙을 저버리는 것이다. 사실 오늘날 실천하지 않는 기독교에는 내일이 없으므로, 심지어 여러분

> 오늘날 실천하지 않는 기독교에는 내일이 없다.

의 기독교 신앙을 '소홀히 하는 것'도 첫 번째 실수를 범하는 것이다. 대학에서 성장하기 위해서는 기독교 신앙의 확고한 토대 '에서' 여러분의 날개를 펼칠 필요가 있을 것이다. 여러분이 하고 싶지 않은 (신앙을 버리거나 소홀히 하는) 일과 하고 싶은 (하나님께 가까이 다가가는) 일을 분석 해 보자.

1. 기독 신앙에 대한 지적 도전

기본적으로 대학에서 여러분의 기독 신앙이 맞닥뜨릴 공격에는 두 가지가 있다. 지적 공격과 도덕적 공격, 한 번에 한 가지씩 살펴보자. 특히, 여러분이 비기독교 캠퍼스에 있다면, 다음과 같은 말을 들을 수 있다.

- "성경은 신화다."
- "기독교는 유일한 길이라고 주장해서 편협하다."
- "도덕은 상대적이며 절대적인 것이 아니다."
- "진리는 주관적이다. 당신에게 진리인 것이 나에게도 진리일 필요는 없다."
- "예수는 위대한 도덕 선생, 그 이상도 그 이하도 아니다."
- "우리는 하나님 없이도 선한 사람이 될 수 있다."
- "조직화한 종교는 분열과 전쟁을 일으킨다."
- "이 세상에는 죄악이 너무 많으므로 선하신 하나님은 있을 수 없다."
- "진화론은 '하나님'이 우주의 기원과 아무런 관계가 없다는 것을 입증했다."
- "관대한 사람이 되려면, 여러분은 도덕적 절대자를 믿으면 안 된다."[1]

---

[1] 이런 흔한 비판을 다루는 데 도움이 되는 요즘 책으로는 Tim Keller, *The Reason for God:*

질문: 교수님은 교실 환경에서 자신의 신앙을 드러내 보이는 것을 추천하시나요?

저는 지금까지 비웃음거리가 되고 싶지 않았기 때문에 사회학 수업에서 토론에 참여할 때 다소 저 자신을 경시하거나 억제해 왔다는 것을 알았습니다.

- 문예창작학과 1학년 케이트

대답: 신중한 것은 현명합니다. 교실에서 공평한 생각의 교환이 허용되는 정도는 주로 교수에게 달려 있습니다. 교수들은 대화의 규칙과 어느 정도까지 신념이 무시되거나 조롱을 받는지를 정합니다. 가장 좋은 접근법은 겸손하고 정중한 어조로 간결하고 적합한 질문을 함으로 다른 사람들의 견해를 이해하려는 것이죠.

학생의 질문은 다른 사람과 논쟁하면서 약점, 결함 또는 모순을 드러낼 수 있습니다. 다음과 같은 질문을 하면서 많은 것을 배울 수 있죠.

"어떻게 그런 결론에 도달했는가?"
"어떻게 ___이 설명되었는가?"
"당신의 견해에서 무엇이 가장 큰 약점으로 보였는가?" 등.

이런 방식으로 많은 것을 배울 수 있으며 다른 이들 심지어 교수님과의 사적 대화의 문을 열어 놓아 자신의 기독교관을 매력적으로 전달할 방법을 배울 수 있습니다.

Belief in an Age of Skepticism (New York: Penguin Group, 2008; 『하나님을 말하다: 하나님에 대한 오해와 진실』, 두란노서원 刊)이 있다.

교수 중 다수는 공공연하게 반기독교인일 것이다. 믿기 힘들겠지만, 사실이다. 미국 전체 인구의 4퍼센트가 무신론자이거나 불가지론자이다. 그 비율은 '대학 교수들 사이에서' 24퍼센트에서 37퍼센트로 달라진다. 그것은 대학의 엘리트들에서는 더 많이 증가한다.[2]

내 아내 마니(Marni)는 스탠퍼드대학교(Stanford University)에 다녔는데, 생물학 수업의 첫 2주 중 다음과 같은 들었다.

"여러분 중 몇몇은 아마도 하나님이 세상을 창조했다고 믿을 것이다. 그건 좋다. 그러나 여러분의 신앙은 개인적인 것이고 이 수업에서는 설 자리가 없다."

그 교수는 마치 기독교가 기분을 좋게 만드는 따뜻한 요정 이야기로서 절대로 사실일 수 없게 취급해, 내 아내의 신앙을 '사적인 영역으로 만들기'를 원했던 것이다.

여러분에게 만약 이런 일이 일어나면 어떻게 해야 할까?

여러분이 혼자가 아닌 것을 기억하라. 다른 그리스도인들이 여러분과 함께해 왔으며, 바로 지금도 함께하고 '있으며', 심지어 여러분의 학교에서도 여러분이 제대로 살펴본다면 그들을 찾을 수 있을 것이다. 또 다른 의미에서도 여러분은 혼자가 아니다. 이런 문제와 씨름하는 것은 전혀 새로운 게 아니다. 모든 도서관에는 내가 열거한 각각의 비판에 효과적이고 상세하게 답하는, 지적이고 학구적이고 신실한 그리스도인들의 책들로 채워져 있다. 나는 제1부 제1장에서 몇몇을 언급할 것이고, 여러분의 목사님이나 부모님은 다른 이들에 대해 알지도 모른다.

그리스도인들이 어떻게 교실 환경을 포함하여 그들 삶의 모든 면에서 굳건히 설 수 있을 뿐만 아니라 그리스도인의 믿음으로 담대하게 살 수 있는

---

[2] Neil Gross and Solon Simmons, "How Religious Are America's College and University Professors?" (working paper, October 5, 2006) and *U.S. Religious Landscape Survey*, The Pew Forum on Religion & Public Life, February 2008.

지 기본적인 특징을 열거해 보자. 지식 문제와 관련하여 우리는 그것들을 두 가지 범주로 나눌 수 있다. 우선 기독 신앙의 '증거'나 '신뢰성'을 다룬다.

> 수천 년 전에 다양한 사람에 의해서 여러 해 동안 기록된 성경은 정말로 오늘날에도 유효할까?
> 그리고 예수 그리스도가 정말로 죽음에서 부활하실 수 있었을까?
> 이제 우리는 기적이 불가능하다는 것을 알고 있지 않은가?

2. 성경은 신뢰할 만하고 정확하다

만약 여러분이 역사가가 어떤 고서를 분석하는 것처럼 구약과 신약을 분석한다면, 다른 어떤 고서보다도 더욱 성경 66권에 대해 뒷받침하는 증거들을 발견할 수 있을 것이다. 어떤 책도 근접할 수 없다.[3] 그것은 오늘날 우리가 가지고 있는 성경이 초기 그리스도인들이 가지고 있었던 것과 같은 성경이라는 것에 대해 매우 확신할 수 있다는 것을 의미한다.

그러나 그것은 우리 성경이 '정확하다'라는 것을 의미할까?

기독교인이나 비기독교인에 의해서 쓰인 다른 어떤 역사책도 역사적 문제에 관해 전혀 그것을 반박하는 데 성공하지 못했다. 그것은 결코 반

---

3 현재 구약성경의 고대 사본은 1만 2천 권 이상, 신약성경의 사본은 1만 5천 권 이상이 남아 있다. 이런 사본들은 서로 압도적으로 일치하며, 오늘날 우리가 가지고 있는 성경이 본질적인 변화 없이 우리에게 전해졌다는 것을 확증한다. 예를 들어, F. F. Bruce, *The New Testament Documents: Are They Reliable?*, 6th ed. (Downers Grove, IL: InterVarsity Press, 1981; 『신약성경은 신뢰할 만한가?』, 좋은씨앗 刊), Walter C. Kaiser Jr., *The Old Testament Documents: Are They Reliable & Relevant?* (Downers Grove, IL: InterVarsity Press, 2001; 『구약성서 다큐먼트: 구약성서의 신뢰성과 적합성』, 세움과비움 刊)를 보라. 또한 Stand to Reason의 그레그 쿠클(Greg Koukl)이 쓴 이 논제에 관한 도움이 될 만한 몇 개의 짧은 글도 있다.

증 된 적이 없다. 사실 지난 50년에 걸친 고고학적인 발견들은 성경의 역사적인 신뢰성에 관한 주장을 약하게 한 것이 아니라 '강화해' 왔다.

그러나 예수님은?

성경 말씀을 받아들이는 데 있어 양자택일을 생각해 보라.

유일신교 신앙을 가진 유대인 무리가 단지 '하나의' 신이 아니라 온 우주를 만드신 '하나뿐인' 하나님을 주장하는 사람에 관한 이야기를 정말로 꾸며 낼 수 있었을까?

그리고 이 남자는 끔찍하게 죽임을 당했고, 그 후에 그는 죽음에서 부활했다?

그리고 이 작품을 만드는 사람들은 그것을 너무 확신해서 그것을 위해 기꺼이 목숨을 바친다고?

그런 근거 없는 이야기를 액면 그대로 받아들이는 것보다 지어낼 수 있다고 생각하는 것이 더 많은 믿음이 필요하다!

예수님은 지금까지 살아온 그 어떤 사람보다 놀라운 분이셨다. 대부분은 그분을 엄청나게 지혜로운 도덕 선생으로 여긴다. 그러나 그들이 간과하고 있는 것은 그 또한 반복해서, 그리고 그의 죽음으로, 그 자신이 온 우주를 만드신 하나뿐인 하나님의 성육신이라고 주장했다는 것이다. 그런 종류의 주장은 미친 짓이거나 가장 정교한 거짓말이거나 아니면 완전한 진실이다.[4]

다시 또 어떤 설명이 더 믿음이 있어야 하는가?

---

4 구주, 거짓말쟁이, 미치광이의 이런 세 가지 가능성에 대해 C. S. Lewis, *Mere Christianity* (New York: HarperOne, 1976; 『순전한 기독교』, 홍성사 刊)에서 다루었다.

자, 물론 '만약 하나님이 없다면' 예수님을 믿는 것이 속은 것이거나 또는 부활을 믿는 것보다 거짓말쟁이를 믿기가 쉽다. 제자들은 로마 경비병들을 피해서 예수님의 시신을 훔친 다음 그분이 죽음에서 부활하셨다고 세상에 설득했을 수도 있다. 그들은 죽은 후에 그분을 보았다고 생각했을 때 (어떤 희망적 해석의 현상인) 일련의 집단 환각을 경험했을 수도 있다. 또는 그들이 전체 이야기를 꾸며 냈고, 나사렛의 예수는 살았던 적이 없을 수도 있다. 사람이 죽음에서 부활하는 것보다 많은 기이한 일이 차라리 가능성이 있는데, 왜냐하면 사람이 죽음에서 부활하는 것은 '하나님이 아니라면' '불가능하기' 때문이다.

그러나 그게 바로 요점이다. 기독교의 신용을 떨어뜨리려는 사람들은 일반적으로 기적적인 일은 불가능하다고 '가정해' 왔다. 마치 여러분의 비기독교인 친구들이 여러분의 가정을 문제 삼는 것처럼, 자유롭게 그들의 가정을 조사하라. 우리는 어떤 관점이나 가정이 현실을 더 잘 이해하도록 하는지 비교할 필요가 있다.

기적이 가능하다고 믿는 것과 불가능하다고 믿는 것 중 어느 쪽이 더 '열린 마음'인가?

3. 기독 신앙은 합리적이다

이것은 기독교에 대한 지적 반대의 두 번째 범주인 '일관성'으로 연결된다.

다시 말해, 기독교는 앞뒤가 맞는가?

그것이 우리가 세상에서 보는 것을 설명하고 이해할 수 있게 하는가?

내가 의도하는 것을 여러분에게 제시해 주겠다.

1) 그리스도인의 견해

기독교는 남자와 여자가 도덕적이고 지적인 힘, 추상적 사고와 의식을 견지하는 능력을 갖춘 하나님의 형상으로 창조되었다고 가르친다. 우주가 존재한다는 사실은 어떤 것 또는 누군가가 반드시 항상 존재했다는 것을 의미한다. 즉, 창조된 질서가 하나님이 실재한다고 절규한다(시 19:1-6, 롬 1:19-20).[5]

인간으로서 우리는 모두 타락한 세상에 태어나고, 개별적으로 타락한다. 성경이 "죄"라고 부르는 것이 우리 삶의 모든 면에 영향을 끼친다. 우리는 흔히 악한 생각을 하며 악한 행동을 한다. 왜냐하면, 우리 본성 자체가 부패했기 때문이다. 세상에는 죄악이 있고 '우리 안에도' 죄악이 있다(결국, 세상은 단지 수십억 배 "우리"의 한 떼일 뿐이다).

그러나 하나님은 여전히 한없이 선하고 순전하시다. 그리고 우리는 하나님의 형상으로 만들어졌기 때문에, 우리의 양심에 내재한 옳고 그름에 대한 선천적 감각이 있다. 하나님은 선하시기 때문에, 우리를 포함해 죄

---

[5] 신학자들과 철학자들은 이것을 하나님의 존재에 대한 "우주론적 논쟁의 기본 방식"이라고 부른다. 스프로울의 말처럼 "지금 무언가가 존재한다면 그것은 그 자체로 존재할 수 있는 힘을 가지고 있어야 한다. 즉, 필연적 존재를 지녀야 한다"(R. C. Sproul, *The Consequences of Ideas*, Wheaton, IL: Crossway Books, 2000, 73; 『R. C. 스프로울의 서양 철학 이야기』, 생명의말씀사 刊). 극소수의 과학자는 세상이 단지 환상일 뿐이거나 또는 항상 현재의 형태로 존재해 왔다고 주장한다. 어떤 무신론자들은 물질이 항상 존재하지만, 본질에서 물질은 매우 중요한 것으로 생각하며, 존재의 문제를 평이하게 밀고 나가는 견해를 취해 왔다.

즉, 어떻게 물질은 물질로서 그 자체 안에 존재의 힘을 가지고 있는가?
물질은 살아 있는가?
삶과 성격은 어디에서 오는가?

가장 합리적인 결론은 살아 있는 것과 죽은 것 모두 원래 자존하는 뭔가(즉, 지적 존재, 하나님)에 의해서 창조되었다는 것이다. 예를 들어, R. C. Sproul, John Gerstner, and Arthur Lindsley, *Classical Apologetics* (Grand Rapids, MI: Zondervan, 1984)를 보라.

악에 대립하지 않을 수 없다.

'정의'는 선하심의 한 부분으로서, '즉시' 사악함을 벌하는 것이다. 형벌은 (영원한) 육체적, 정신적 죽음이다. 그것은 가혹해 보일지 모르지만, 만약 우리가 하나님이 우리의 순종을 무한히 받을 만하시다고 여긴다면, 우리가 그를 무시하는 것은 무한한 죄악이다. 따라서 형벌은 범죄에 알맞다. 이생에서 하나님의 정당한 통치를 거부하는 것은, 내세에서 그의 거부를 부르는 것이다.

그러나 하나님은 또한 자비로우시므로, 놀라울 정도로 친절한 일을 하셨다. 즉, 그는 우리 중 하나가 되기로 하셨고, 사람으로서 우리가 실패한 곳에서 성공하셨다. 우리(인간)는 시험에 실패했고 하나님께 불순종했으며 타락했지만, 예수님은 시험에 이기셨고, 하나님께 순종하셨으며, 지극히 높아지셨다(빌 2:6-9).

예수님으로서 그런 순종은 예수님을 믿고 사랑하고 말씀대로 따르는 모든 사람을 대신하여 하나님의 형벌을 받는 것을 포함한다. 모든 그리스도인에게는 '이중 교환'이 있다.

예수님은 우리의 모든 부패(우리의 죄)를 떠맡아 전부 속죄하며, 하나님께 순종하신 그의 완전한 기록은 우리 앞으로 계산되어 옮겨진다. 그런 다음에, 하나님은 우리가 그에게 불순종하여 타락한 우리 형상을 다시 그의 형상으로 만드는 일을 시작하신다. 사실 그분은 우리를 공동체(교회)에 들어가게 하시는데, 그것은 그분께 불순종한 사람들에 대해 속죄(또는 다시 획득)하는 데 있어서 하나님 은혜의 영광이 반영된 것으로 여겨진다.

세상의 모든 죄악은 결국 의롭고 자비로우며 전지전능하신 하나님의 벌을 받을 것이다.

2) 무신론자의 견해

무신론자의 견해는 세상을 창조한 하나님은 존재하지 않는다는 주장이다. 세상은 시간과 우연의 결과로서 동시에 생긴 하나의 뜻밖의 사건이다.[6]

인간이란 존재는 단지 복합적인 분자 집합체일 뿐이다. 우리의 뇌는 어떤 지적 설계 형태의 산물이 아니며, '설계자'도 없었다. 따라서 인생은 어떤 초월적 의미도 가질 수 없다. 역사 밖에 서서 우리 삶의 사건에 목적을 갖게 하거나 옳고 그름에 대해 우리의 본성에 근거를 주는 '사람'은 없다. 그렇긴 하지만, 우리 각자는 자신의 가치를 결정하고 추구함으로써 만족을 얻는 삶을 통해 스스로 '의미'를 창조할 수 있다.

우리는 우리 자신이 인류를 구성하고 있으므로 인류의 공통 관심사가 무엇인지 추구할 수 있고 또 해야 한다. 그리고 정확히 말해서, 올바른 행동을 강제하고 영원한 상을 주거나 잘못된 행동을 처벌한 하나님이 없기 '때문에', 옳은 일을 하는 것은 우리가 단지 어떤 신에게서 상을 받기 위해 선을 행하는 것보다 더욱더 고결하다.[7]

3) '영적이지만 종교적이지 않은' 견해

이 견해는 사람들이 기독교, 불교, 힌두교, 유대교, 이슬람교, 뉴에이지 등 여러분이 이름을 대는 다양한 종교에서 믿고 싶은 것을 신중히 가려내

---

6 여러분은 자신에게 '우연'이 무엇인지 자문해 본 적이 있는가?
우연은 실재하지 않는 것이다. 그것은 존재론적 실재가 없다. 우연은 우리가 있을 법한 일들을 기술하는 한 가지 방법일 뿐이다. 그것은 세상을 창조하는 것과 같은 것을 이룰 수는 없다. 동전을 튕기면, 뒷면을 얻을 확률이 50퍼센트이지만, 우연이 동전이 던져지는 것은 아니다. 내가 던진다.

7 예를 들어, 무신론 작가 크리스토퍼 히친스(Christopher Hitchens)가 이 논거를 주창했다.

는 절충적이고 뒤섞여진 샐러드이다. 아니면 그들은 인기 있는 자기 계발이나 심리학책들로 자신의 원칙을 만든다. 이 사람에게는 일련의 뚜렷한 신념은 없지만, 몇 가지 공통적 맥락은 있다.

그들은 진리는 절대적인 것이 아니라 상대적인 것이며, 세상의 모든 종교인은 기본적으로 '선한' 사람이 되도록 가르치기 때문에 그것이 무엇을 의미하든 간에 뭔가 가치 있는 것을 제공한다고 믿는 경향이 있다. 그들은 그들이 죽을 때 신이 자신의 종교적 믿음에 특별히 신경 쓰지 않으리라고 생각한다.

진리의 더 높은 힘은 기독교, 이슬람교, 유대교의 종족적 '신들'과 우리가 어리석게도 나누고 싸우는 다른 모든 '-주의' 보다 훨씬 더 크다. 내부적으로도 조직화한 종교는 권력, 자만, 돈을 둘러싼 싸움으로 전락할 수밖에 없으므로 갈등을 불러일으킨다. 이는 '스타워즈', '아바타' 그리고 내가 예전에 들었던 심리학 수업에서 의무적 명상을 위해 들려준 노래인 존 레넌(John Lennon)의 〈이매진〉(Imagine)도 종교인 것이다. 성실한 존재가 되고 선한 일을 하려고 노력하는 것이 중요하다. 안녕히.

4. 비교해 보자

자, 그럼 이 세 견해 중 어떤 것이 가장 현실감을 주는가?

그리스도인의 견해야말로 유일하게 도덕이나 인간 자체에 어떤 의미를 부여한다는 점에 주목하라. 무신론자의 계획에서는, 여러분과 나는 단지 우연히 생긴 분자 덩어리일 뿐이다. 서로를 죽이는 것은 나쁘다고 우리에게 말하는 것은 무의미하다.

재미있는 것은 오늘날 (크리스토퍼 히친스와 같은) 많은 무신론자가 세상의 정의에 깊은 관심이 있다는 것이다. 그러나 그들이 일관성이 있다면,

도덕은 단지 인간의 구성 개념이기 때문에 도저히 어떤 진정한 정의란 있을 수 없다는 것을 알게 될 것이다. 그들의 관점에서 볼 때, 우리 밖에서 오는 정확하고 보편적인 선의 기준이 없으므로 '객관적인 선'은 있을 수 없다. 오직 하나님만이 그것을 줄 수 있다.

아돌프 히틀러(Adolf Hitler)에게 영향을 준 니체(Nietzsche)와 같은 오랜 무신론자들은 적어도 일관성이 있었다. 히친스와는 달리, 그들은 인종학살과 같은 잔악 행위에 대해 도덕적인 분개를 나타내지 않았다. 비록 많은 사람이 그런 행동들을 극악무도하다고 생각할지라도, 그들은 그들의 관점에서 그런 행동들을 비판할 수 있는 확고한 도덕적 기준이 없다는 것을 깨달았다. (각자가 스스로 정의한 주관적인 아름다움이나 의미일 뿐) 뛰어난 아름다움이나 의미에 대한 근거도 없었다. 결론적으로, 장 폴 사르트르(Jean Paul Sartre)와 알베르 카뮈(Albert Camus)와 같은 사람들의 글은 근본적으로 우울하다.[8]

우리의 도덕적 핵심인 양심은 기독교 세계관 안에서 가장 잘 이해할 수 있다. 이 세계관에서는, 우리의 부패가 그것을 아무리 왜곡한다 할지라도, 하나님의 형상을 가진 자로서 우리 안에 내재하여 있는 하나님의 본성이 이 세계관 안에 반영되어 있다는 것을 알 수 있다.[9]

---

8 디네시 도우자(Dinesh D'Souza)의 심원한 사상을 담은, 『기독교가 왜 그리 대단한가』 (What's So Great about Christianity)에는 무신론의 직접적 영향 아래 인류 역사를 통해 살해된 수백만 명의 사람에 대해 상세히 기록한 챕터가 있다. 여러분은 "기독교 하나님의 이름으로" 많은 사람이 죽임을 당했다는 것을 들어본 적이 있을 것이다. 몇몇 비참한 사건들(예를 들어, 세일럼 마녀 재판[the Salem witch trials])이 있었지만, 무신론적 사고의 범람으로 행해진 잔혹 행위에 비교하면 그리 큰일로 보이지는 않는다. 히틀러는 유대인들이 어떤 존엄성을 가졌다고 믿을 이유가 없었다.
도대체 인간 생명이 무슨 가치가 있었기에, 스탈린(Stalin)과 마오쩌둥(Mao)은 수천만 명을 죽일 수 있었는가?
기독교는 인간이 누구나 거룩하고 정의로운 하나님의 형상을 가진 자로서 엄청난 가치를 가지고 있다고 가르친다. 사실 하나님은 인류의 모든 구성원에게 나타나는 그의 형상에 높은 가치를 두었기 때문에 성경에 사형을 제정했다(창 9:6).
9 이런 추론에 대한 자세한 내용은 고전인 C. S. 루이스의 『순전한 기독교』나 공통 주제

이 주제에 대해 말할 수 있는 것이 많이 있지만, 본질상 기독교에 관한 이야기는 '지적으로 믿을 만하다'는 것이다. 그러나 무엇보다도 '매우 만족스럽다'라는 점이다. C. S. 루이스는 다음과 같이 말한 적이 있다.

> 저는 태양이 떠오른 것을 믿듯 기독교를 믿습니다. 그것을 보기 때문만이 아니라 그것에 의해서 다른 모든 것을 보기 때문입니다.[10]

(생물학이나 물리학의 학문적 추구조차도) 생명은 다른 어떤 대체의 틀보다 기독교의 틀에서 더 이치에 맞는다.

특히, 일반 대학에서는 여러분이 시대의 흐름에 역행하게 될 것이라는 사실에 맞서라. 대부분 학문에서 공개적으로 공격당하지는 않는다 할지라도 여러분의 신앙을 문제 삼을 수 있다.[11]

기독교가 여러분을 충돌에서 구해 줄 수는 없지만, 여러분이 그 신앙이 있다는 것은 보장해 줄 것이다. 그러나 '여러분의' 신앙은 현실과 계속 맞춰 나가려 할 것이다. 세상을 이해하고 도덕적 틀을 세우려는 여러분의 비기독교인 친구야말로 부딪쳐야 할 사람들이다. 그리스도에 대한 깊은 신앙을 견지하고, 진리와 생명에 대한 말씀을 그들에게 전하라.

기독교 대학에서 여러분은 학부 교수들 사이에 신학적 다양성의 척도가 있을 수 있다는 것을 알고 싶어 할 것이다. 그들 중 일부는 성경의 권

에 관한 세 권의 위대한 작품으로 구성된 프란시스 쉐퍼(Francis Schaeffer)의 3부작, *The God Who Is There* (『거기 계시는 하나님』, 생명의말씀사 刊), *Escape from Reason* (『이성에서의 도피』, 생명의말씀사 刊), *He Is There and He Is Not Silent* (『거기 계시며 말씀하시는 하나님』, 생명의말씀사 刊)을 참고하라.

10 C. S. Lewis, *The Weight of Glory* (New York: HarperOne, 1976), 140.(『영광의 무게』, 홍성사 刊)
11 응용전문가 과정을 가능한 제외하고 공대 교수들은 생물학, 화학, 물리학, 지질학 교수들보다는 무신론자나 불가지론자일 가능성이 분명히 더 작다. 인문학 쪽에서도 상당히 강경할 수 있다.

위나 그리스도의 유일성을 미묘하게 훼손할지도 모른다. 새로운 사고를 타개해 나가는 데 도움을 받을 수 있도록 여러분의 부모님, 청년부 목사님, 또는 그 밖의 멘토들과 관계를 유지하는 것이 현명하다. 대학 시절은 여러분이 무엇을 믿고 왜 그것을 믿는지 진정으로 검토할 수 있는 중요한 시간이다. 그러나 체스터턴(G. K. Chesterton)이 이렇게 말했던 것을 기억하라.

> 마음을 여는 목적은 마치 입을 여는 것처럼 단단한 무언가에 다시 닫는 것이다.[12]

'끊임없는' 불확실성은 미덕이 아니다. 그러나 정확히 말해서 그런 불확실성은 우리 시대에 '관용'을 가장하여 조장된다.

5. 관용 문제

도덕적 도전에 관해 이야기하기 전에, 우리 시대, 특히 대학 현장에서 큰 지적 도전인 '관용' 문제에 부딪혀 보자.

2007년 AP통신이 13세에서 24세 사이의 청소년들을 대상으로 벌인 여론 조사에서,[13] 약 68퍼센트가 "나는 나의 종교적, 영적 신념을 따르지만, 다른 종교적 신념도 또한 진리일 수 있다고 생각한다"라는 말에 동의했다. 오직 31퍼센트만이 "나는 나의 종교적 신념이 진리이고 보편적이며, 다른 종교적 신념은 옳지 않다고 강하게 믿는다"라는 말에 동의했다. 일

---

[12] G. K. Chesterton, *The Collected Works*, vol. 16 (San Francisco: Ignatius Press, 1988), 212.
[13] The poll was published at *Religion News Blog*, http://www.religionnewsblog.com/19142/religion-trends-3.

반적으로 말해서, 이들은 종교적인 사람이었다.

조사에 응한 사람 중 44퍼센트는 종교가 그들에게 "매우 중요하다"라고 말했고, 14퍼센트만이 종교가 그들에게 "아무 역할도 하지 않는다"라고 말했다. 다른 사람들은 그 중간 어딘가에 있었다.

여기 매우 종교적인 한 집단이 있는데 이들은 특정한 종교적 신념을 가진 사람으로서 이들 대부분이 다른 종교적 신념도 진리일 수 있다고 생각한다. 여러분은 아마 "당신에게 진리인 것은 당신에게 진리이지만, 나에게 진리인 것은 나에게 진리이다"라는 문구를 들어본 적이 있을 것이다.

그리고 이를테면 사회에서는 그 개념에 대한 동의가 '관용'을 행하기 위한 필수적 요소로 여겨지지 않을까?

그러나 그것이 진정으로 우리가 관용의 개념을 이해하는 방식일까?

『메리엄 웹스터 대학 사전』(Merriam-Webster's Collegiate Dictionary)은 '용인(toleration)을 "어떤 것을 허용하는 행위나 실행"으로, '관용'(tolerance)을 "자신과 다르거나 어긋나는 신념이나 실행에 대한 공감이나 관대"로 정의한다.

용인하는 것은 여러분이 동의하지 않는 것을 사람들이 믿거나 행동하는 것을 허용하는 것이다. 그러나 동의하는 데 가장 부족한 것은 '여러분이 그들이 틀렸다고 생각한다'는 바로 그 점을 의미한다. 그래서 누군가를 용인하기 위해서는, 여러분은 그들이 틀렸다고 생각하지만, 기꺼이 그들을 받아들이거나 그들이 제 뜻대로 되도록 인정할 필요가 있다. 한 가지 예가 도움이 될 것이다.

불가지론자인 내 친구 조쉬와 나는 항상 종교와 과학에 관해 토론했다. 비록 우리는 잘 지냈고 서로를 존중했지만, 물론 그는 내가 틀렸다고 생각했고, 나는 그가 틀렸다고 생각했다. 우리는 우리의 관점 사이가 먼 것에 개의치 않고 서로를 존중했다.

조쉬는 자기가 회개하고 예수님을 따르지 않으면 지옥에 갈 것이라고 내가 생각한다는 것을 알았다. 사실 그는 내가 확신하는 바를 그에게 표현하려는 나의 의지를 존중했는데, 나의 관점에서 볼 때, 그렇게 하는 것이 가장 애정이 어린 행동이라는 것을 그가 인식했기 때문이다. 나는 그를 친절과 존경으로 대했다. 나는 억지로 그가 나의 신앙과 행위에 따르게 하고 싶지 않았다.[14] 그도 똑같은 태도로 나를 대했다. 그것은 격렬한 의견 불일치가 우아한 태도와 존중, 친절과 결합한 진정한 관용이다.

오늘날의 감상적 '관용'은 관계상의 조화를 위해 진리가 상대적일 것을 요구하도록 제안한다. 즉, 나에게 진리인 것이 당신에게 진리일 필요는 없다는 것이다. 그래야만 우리가 잘 지낼 수 있다. 그러나 진정한 관용은 다른 사람을 친절과 존중으로 대하는 '동시에' 그들이 심각한 잘못에 처해 있다고 믿는 것을 의미한다.

결국, 많은 이른바 관대한 무신론자와 불가지론자는 우리 그리스도를 따르는 사람들이 예수 그리스도가 하나님께 이르는 유일한 길이라는 관점과 같은 종교적 절대성을 받아들이는 잘못에 빠져 있다고 생각하고 있지 않은가?

사실, 그들이 절대적으로 확신하고 있는 것 중 하나는 절대적인 것은 없다는 것이다. 그들은 그런 말 자체가 절대적 진리에 관한 주장이라는 것을 깨닫지 못하고 있다. 같은 이유로, 다른 누군가가 잘못하고 있다고 믿는다고 해서 싫어할 건 없다. 사실 기독교가 진리라면, 다른 사람들에

---

14 사실, 나는 그에게 이성의 분별을 통해 자발적으로 하는 경우는 몰라도 마음을 바꾸도록 강요당하지 않는 것이 무엇보다 중요하다고 말했다. 나는 이슬람교도, 힌두교도 그리고 무신론자들이 그들이 원한다면 계속해서 믿고자 하는 것을 믿을 어떠한 권리도 축소하는 것에 반대한다. 이것은 완전히 다른 주제이지만, 기독교인들이 (세상이 아니더라도) 미국을 점령하고 그 신앙을 다른 사람에게 강요하려 한다고 생각하는 사람들이 있다. 그건 말도 안 된다. 당연히 진정한 기독교는 개인이 자발적으로 예수 그리스도에 대한 충성을 선언해야 하므로 억지로 전파할 수 없다.

게 예수님이 필요하다고 말하는 것이 가장 사랑하는 일일 것이다. 심지어 조쉬도 그것에 동의했다.

그러므로 비기독교인 친구들과 진정한 관용을 실천하라. 여러분처럼 그들도 하나님의 공통된 은혜로 하나님의 형상으로 만들어졌고, 많은 놀라운 속성을 가지고 있다. 그들과 함께 식사하고, 운동하고, 공부하라. 기회가 주어졌을 때, 그들이 가진 세계관의 모순을 그들에게 알려 주어라. 비록 여러분이 이성과 논리로 그들의 마음에 호소하더라도, 여러분이 본 것을 볼 수 있도록 하나님이 눈을 뜨게 하셔야 한다는 인식을 유지하며(고후 4:3-6), 기독교 신앙에 관한 주장을 매력적으로 제시하라(고후 5:11; 행 26장의 바울의 예 참조).

6. 기독교에 대한 도덕적 도전

특히, 일반 대학에서는 부주의한 생활을 통해 여러분의 삶이 완전히 파괴될 수 있는 엄청난 가능성에 마음의 준비를 해야 한다. 나는 이점에 대해 아주 진지하게 말한다. 가장 중요한 것은 일반적으로 섹스와 술이며, 대학 캠퍼스에서 이 두 가지는 점점 더 함께 다닌다. 때로는 기독교 대학에서도 그렇다.

기독교 신앙은 여러분의 삶을 확립할 수 있을 만큼 강하다. 하나님의 말씀대로, 우리는 "경건 생활에 필요한 모든 것"을 받았다(벧후 1:3). 하나님이 결혼 전의 성적 순결에 대해 가르치신 것은 우리 자신의 이익과 장기적인 행복을 위한 것이다(살전 4:3-5). 하나님이 술 취함의 위험에 대해 가르치신 것은 우리 자신의 이익과 장기적인 행복을 위한 것이다(잠 23:31-35).

하나님은 이 세상의 모든 즐거움을 여러분에게서 빼앗으려는 대단한 우주적인 훼방꾼이 아니다. 그는 현재의 삶과 앞으로의 삶에서 여러분의 가장 깊은 행복을 극대화하기를 원하신다. 가장 깊은 기쁨 중 상당수는 단지 진정한 것을 즐기는 능력을 줄일 뿐인, 만족이 덜한 즐거움에 대해서는 아니라고 말할 것을 요구한다.

여러분이 가장 좋아하는 식당에서의 맛있는 식사를 상상해 보라.

내일 밤에 내가 여러분을 거기에 데려가 준다고 하면 어떻게 될까?

6시 30분 정각, 내가 운전하고 (가장 중요한) 내가 사겠다. 여러분의 여동생이 5시에 집에 와서 이렇게 말한다고 하자.

"있잖아, 배가 고파서 집에 오는 길에 버거킹에 갔었어. 감자튀김 좀 갖고 왔는데 먹을래?"

음, 맛있겠다. 먹고 싶을 것이다. 맛있을 '것이다'. 그러나 …머리가 잘 돌아가는 사람이라면 싫다고 말할 것이다.

왜?

'6시 30분에 더 좋은 일이 기다리고 있으니까.'

여러분은 더 큰 기쁨이 여러분을 기다리고 있다고 믿는다면 눈앞의 기쁨을 늦출 수 있다. '핵심은 그런 더 큰 기쁨을 기억하는 (그리고 믿는) 것이다.'

질문: 저는 비기독교인들로 둘러싸여 있을 때 어떻게 신앙생활을 해나가야 할지 고민합니다.
언제 무슨 말을 해야 하고, 언제 그대로 넘어갈지요?
언제 저의 신앙을 드러내야 하며, 아니면 언제 제 행동에서 제 능력이 빛을 발하게 해야 할까요?
- 금융학과 1학년 그레이스

> **대답:** 곤란한 질문들이네요. 우리 중 일부는 비기독교인 친구들에게 강요하고 공격적이어서 예수님에 대한 관심에서 도리어 멀어지게 하고 있습니다. 다른 사람들은 너무 조심해서 비기독교인 친구들이 예수님에 대해 전혀 듣지 못합니다.
>
> 상대방이 얼마나 들을 준비가 되어 있는지는 일반적으로 그들이 인생의 어디쯤 있는지, 그들과의 관계의 깊이, 그리고 특정한 대화의 맥락에 달려 있죠. 우리는 복음의 명확한 전달자일 뿐만 아니라 좋은 경청자가 되어야 합니다. 우리는 또한 거절에 대해 두려움과 싸울 필요가 있습니다. 만약 다른 사람들이 정말로 우리의 친구라면, 우리가 무엇을 믿는지 알고 싶어 할 것이며, 그들은 우리에게 관심을 가질 수밖에 없을 것입니다.
>
> 우리는 단지 대화 과제라는 것을 시사하지 않는 방법으로 우리의 신앙을 나타낼 수 있습니다(딤후 2:24-26). 단지 우리의 관점을 공유할 뿐이고, 의견 불일치가 있는 부분을 정중하게 살펴볼 수 있죠. 의견이 서로 다르더라도 그들에게 마음을 쓴다는 것을 알릴 수 있구요. 그것은 사실 그들이 예수님에 대해 알기를 바라기 때문입니다.

그것이 하나님의 명령이 작동하는 방식이다. 그것들 모두는 우리가 최고의 기쁨을 누릴 수 있는 능력을 파괴하는 것을 피하도록 돕기 위한 것이었다. 죄의 쾌락은 즉시 나타나지만, 그 후에는 관계적 거리, 불화, 외로움, 공허함, 심지어 육체적 질병과 같은 부정적 결과가 나타난다.

여러분은 그것을 하고 즐기지만, 육체적 또는 감정적 고통과 죄책감이 뒤따른다. 그 고통에서 결국 그 행위를 되풀이함으로써 벗어나려는 유혹이 생기고, 이런 주기는 반복된다. 그게 바로 서로 연계되는 장면이다. 사실 통증과 외로움을 무감각하게 하려고 폭음을 하는 경우가 많다. 그러나 그런 행동들은 여러분이 독점적이고 평생 가는 일부일처제 약속에서 신뢰와 친밀감을 쌓는 것을 더 어렵게 하는, 중독 양상을 만들어 낸다.

거기에 가지 않기로 '지금' 결심하라. 그러나 거절만 하지 말고 가끔은 더 좋은 것에 '예'라고 말하라. 좋은 시간에 대한 여러분의 생각을 공유할 동지들과 강한 우정을 형성하기로 지금 결심하라. (두통과 가슴 통증을 동반하는) 술과 가벼운 섹스로 야기되는 화학적, 정신 변화, 충동적 행동들을 경험하지 않아도, 대학에는 건강하고 신나는 오락이 아주 많다. 좋은 친구를 고르는 것의 중요성에 대해 제2장에서 더 이야기하겠다.

7. (호기심 많은) 조지의 안타까운 사례

우리는 그리스도인 학생들이 대학 특히 주립대학이나 다른 일반 대학에서 종종 만나게 될 지적 도전에 관해 이야기했다. 그리고 우리는 또한 대학에 따라 특히 놀랄 만큼 과대 평가될 수 있는 그릭(Greek, 학생 클럽) 또는 파티 장면의 도덕적 위험에 관해서도 이야기했다.

자, 이제 여러분을 불시에 사로잡을 둘 사이의 상호 작용을 생각해 보자. 때때로 기독교의 신앙과 관련된 '문제들'은 단지 다양한 도덕적 문제들에 대한 연막에 지나지 않는다. 사람들은 그들이 하나님의 도덕법에 어긋나는 것으로 알고 있는 행동을 합리화하려는 시도로 신앙에 대해 반대하고 있다. 이럴 경우, 문제는 머리'와' 마음에 있지만, 대부분은 마음에 있다.

내 오래된 친구 (그의 본명은 아닌) 조지가 생각난다. 조지는 라이스대학교(Rice University)에 다녔고, 나보다 2년 후배였다. 그는 스스로 그리스도인이라고 밝혔으며 좋은 기독교 배경 등을 갖춘 견실한 남자처럼 보였다. 조지와 같은 해에 라이스에 도착한 고향 여자 친구가 있었다.

우리는 몇 달이 지나지 않아 특히 신입생 한 쌍이 … 음, 서로에게 너무 빠져 있다는 것을 알아차렸다. 그들은 같은 전공을 선택했고, 같은 수업을 들었으며, 항상 함께 공부하고, 구내식당에 함께 오고 갔으며, 함께 교회에 다녔다. 그들은 겉으로 보기에는 떼어 놓을 수 없는 사이였다. 그들은 심지어 같은 기숙사 건물에 살고 있었다.

시간이 지남에 따라, 조지와 그의 여자 친구는 그리스도와의 관계를 발전시키거나, 교회에 다니거나, 또는 자신들의 신앙에 대한 그 밖의 통합된 표현에 관심을 덜 두게 되었다. 그들의 마음은 예수 그리스도에게서 멀어져 가고 전적으로 서로에게만 마음을 쏟았다. 불행히도, 뻔한 질문을 하기에는 너무 늦었다. 짐작했겠지만, 그들은 너무 많은 시간을 둘이서만 보내서 그들의 성적 순결은 희생되고 있었다.

어느 쪽도 공공연히 받아들이지는 않았지만, 자신들이 하는 일이 성경의 가르침에 반대된다는 것을 알고 있었다. 그래서 복잡미묘한 부분, 즉 기독교의 도덕적 '편협성'에 의문을 품기 시작한 것이다.

어떻게 그렇게 옳다고 느꼈던 것이 실제로 잘못되었을 수 있는가?

결국, 그들은 서로 사랑했고 언젠간 결혼할 계획을 세웠다.

그런데 왜 성가시게 하나님이 그것에 대해 뭐라고 말씀하시는지 알아내려고 애쓰거나 목사님 같은 다른 사람들에게 어떻게 생각하는지 물어봐야 하는가?

그들은 교회에 있는 사람들이 틀림없이 이해하지 못할 것으로 생각했다.

나는 졸업했고 몇 년 후 우연히 조지를 만났다. 그의 영적 상태는 나빠졌다. 성생활과 결혼에 대한 성경의 가르침에 의문을 품는 것 외에도, 조지는 성경을 더는 믿을 수 있는 기준으로 받아들일 수 없었고, 예수님만이 하나님으로 가는 유일한 길이라는 생각에 대해 화를 냈다. 기독교 신앙에 반한 그의 주장은, 결국 기독교가 더는 그에게 어떠한 의미나 관심의 대상이 되지 않을 때까지 그가 하고 싶은 것을 정당화하려는 시도에 지나지 않았다.

흥미로운 사실

여러분은 고등학교 학생 시절에 적어도 일 년 동안 개신교 교회를 규칙적으로 다녔던 젊은이의 70퍼센트가 18세에서 22세 사이 교회에 규칙적으로 다니는 것을 그만두리라는 것에 대해 알고 있었는가?[15]

---

8. 무관심은 우상 숭배의 조짐이다

여러분은 도덕성이 성경에 반하는 사람들도 많이 만날 수 있는데, 그들은 기독교에 대한 지적 반대 의견을 내는 데에 신경을 쓸 리가 없다. 그들은 아무 상관 하지 않는다. 일반 대학에서의 내 경험으로 볼 때, 비기독교 지인들 대다수는 기독교에 반대하는 상세하고, 철학적으로 정교한 주장을 하고 있지 않았다. 그들은 단지 자기들 방식대로 살고 싶었기 때문에 기독교가 진리인 것에 관심이 없었을 뿐이다. 이것이 바로 로마서 1장이 우리에게 경고하는 것이다.

> 하나님의 진노가 불의로 진리를 막는 사람들의 모든 경건하지 않음과 불의에 대하여 하늘로부터 나타나나니 이는 하나님을 알 만한 것이 그들 속에 보임이라 하나님께서 이를 그들에게 보이셨느니라 창세로부터 그의 보이지 아니하는 것들 곧 그

---

15 "LifeWay Research Uncovers Reasons 18 to 22 Year Olds Drop Out of Church," LifeWay Research, http://www.lifeway.com/article/165949/.

의 영원하신 능력과 신성이 그가 만드신 만물에 분명히 보여 알려졌나니 그러므로 그들이 핑계하지 못할지니라 하나님을 알되 하나님을 영화롭게도 아니하며 감사하지도 아니하고 오히려 그 생각이 허망하여지며 미련한 마음이 어두워졌나니 (롬 1:18-21).

조지처럼, 그들은 "불의로" 진리를 막으며 하나님을 밀어냈다. 그러므로 우리 대다수가 그렇듯이 여러분이 대학에서 지적인 의심의 단계를 거치려면 여러분의 양심을 깨끗하게 유지하는 것이 특히 중요하다. 그래야 정직한 질문들이 그리스도와의 관계에 더 깊이 빠져들게 하여 확신을 높일 수 있다(행 1:11의 베뢰아 사람들처럼). 그리고 여러분은 어떤 특정한 죄도 여러분에게 들러붙어 그리스도에게서 여러분을 밀어내도록 하지 않을 것이다.

9. 예수님을 여러분의 보화로 만들라

기독교는 단지 도리에 맞는 정도가 아니다. 기독교는 여러분의 대학 시절과 성인 생활 전체를 확립할 수 있는 굳건한 기초를 제공한다. 예수님은 이렇게 말씀하셨다.

> 누구든지 나의 이 말을 듣고 행하는 자는 그 집을 반석 위에 지은 지혜로운 사람 같으리니 비가 내리고 창수가 나고 바람이 불어 그 집에 부딪치되 무너지지 아니하나니 이는 주추를 반석 위에 놓은 까닭이요 나의 이 말을 듣고 행하지 아니하는 자는 그 집을 모래 위에 지은 어리석은 사람 같으리니 비가 내리고 창수가 나고 바람이 불어 그 집에 부딪치매 무너져 그 무너짐이 심하니라(마 7:24-27).

> 하나님의 말씀(예수님의 가르침 + 성경의 나머지 부분)을 중심으로 여러분의 삶을 확립하는 것은 '굳건한 토대' 위에 여러분의 삶을 확립하는 것이다.

하나님의 말씀(예수님의 가르침 + 성경의 나머지 부분)을 중심으로 여러분의 삶을 확립하는 것은 '굳건한 토대' 위에 여러분의 삶을 확립하는 것이다. 기독교는 세계관으로 그 '진리'는 여러분 삶의 모든 분야에 적용된다. 예수님을 한 부분으로 한정 짓는 것은 정말 있을 수 없는 일이다. 지적 의심이나 부도덕한 선택으로 탈선하게 되는 것을 피하는 방법을 넘어서서, 예수 그리스도의 진리 위에 여러분의 삶을 실질적으로 확립하는 방법과 그가 여러분을 위해 해 주신 일에 관해 얘기해 보자.

마태복음 13장에서, 예수님은 두 문장으로 된 흥미로운 비유를 연이어 가르치셨다.

> 천국은 마치 밭에 감추인 보화와 같으니 사람이 이를 발견한 후 숨겨 두고 기뻐하며 돌아가서 자기의 소유를 다 팔아 그 밭을 샀느니라. 또 천국은 마치 좋은 진주를 구하는 장사와 같으니 극히 값진 진주 하나를 발견하매 가서 자기의 소유를 다 팔아 그 진주를 사느니라(마 13:44-46).

예수님은 '천국'을 다른 모든 보화보다 더 가치 있는 보화, 다른 모든 것을 놓아줄 가치가 있는 보화에 비유하셨다.

그 보화와 진주는 그 사람과 장사가 소유했던 그 어떤 것보다도 더 값진 것이었다. 우리는 부유한 젊은 관리의 이야기에서 정반대의 가치 체계를 본다. 예수님은 그에게 "네게 아직도 한 가지 부족한 것이 있으니"(눅 18:22)라고 말씀하셨다. 바로 보화, 진주, 예수님이다. 그 관리는 자신의 손을 펴서, 돈을 놓아 주고, 예수님을 붙잡을 필요가 있었다. 그러나 그는 그렇게 하지 않았다. 왜냐하면, 예수님이 얼마나 값진 보화인지 깨닫지 못했기 때문이다.

우리 자신에게 물어야 할 질문은 이것이다.

하나님이 내 삶의 한 부분만 차지할 것인가, 아니면 그가 '중심'이 될 것인가?

하나님이 깔끔하고 안전한 곳에 계셔서 우리가 외롭거나 혼란스러울 때 우리를 위로해 주시고, 일이 우리 뜻대로 될 때는 우리를 간섭하지 않으시면 좋을 수도 있다. 그러나 그러면 그는 우리의 '주님'과 '보화'라기보다는 (자동차 범퍼스티커에 쓰여 있듯이) 단지 우리의 부조종사에 지나지 않는다. 그리고 그런 믿음은 허위의 겉치레일 뿐이지 진짜는 아니다.

예수님이 말씀하셨다.

> 나더러 주여 주여 하는 자마다 다 천국에 들어갈 것이 아니요 다만 하늘에 계신 내 아버지의 뜻대로 행하는 자라야 들어가리라(마 7:21).

예수님을 따르는 것은 그리스도인에게 선택사항이 아니며, 실천하지 않는 그리스도인이란 존재하지 않는다.

하나님은 여러분 삶 속에 한 '자리'만 원하시는 것이 아니라 여러분 삶의 '전체'를 원하신다. 만약 그가 모두의 주님이 아니라면, 그는 전혀 주님이 아니다. 하나님을 여러분의 계획에 쑤셔 넣지 말고, 그의 계획 속에서 여러분의 위치를 찾아라.

대학을 바르게 보라. 그곳은 단순히 여러분 인생에서 지적 도전을 하거나 일평생 가장 즐겁게 지내는 그런 장소가 아니다. 그곳은 단지 멋진 연사의 연설을 듣거나 놀랍고 유명한 교수들이 있는 장소가 아니다. 그곳은 단지 배우자를 찾거나 전문적 네트워크를 구축만 하는 곳이 아니다.

> 대학은 성인이 된 후의 시간 동안 하나님을 더 효과적으로 섬기기 위한 학문적 준비와 성장의 잠정적 시기다…
>
> 여러분이 대학에 다니는 더 큰 목적에 비추어 여러분이 하는 모든 약속, 여러분이 등록하는 모든 활동, 여러분이 선택하는 모든 수업을 고려하라.

'대학은 성인이 된 후의 시간 동안 하나님을 더 효과적으로 섬기기 위한 학문적 준비와 성장의 잠정적 시기다.' 만약 여러분이 대학에 가기로 선택했다면, '하나님의 계획은 대학이 책임감 있는 성인 그리스도인과 함께 가는 발판이 되게 하는 것이다.' 여러분이 대학에 다니는 더 큰 목적에 비추어, 하나님이 여러분에게 준 재능을 발전시켜 하나님의 나라에 최대한 영향을 미치는 삶을 살도록 여러분이 하는 모든 약속, 여러분이 등록하는 모든 활동, 여러분이 선택하는 모든 수업을 고려하라.

대학이 출발점, 즉 준비의 시기임을 아는 것은 여러분에게 사물을 정확하게 파악하는 눈과 우선순위를 정해 준다. 신실한 우선순위는 하나님이 여러분을 인도하시는 길에서 벗어나게 하는 것에 대해 아니라고 말하도록 도와줄 것이다. 그리고 나는 단지 부도덕한 것에 대해서만 아니라고 하는 것이 아니라, 여러분에게 맞지 않는 얼마간 '도움이 되는' 일에 대해서도 아니라고 하는 것을 말한다.

여러분은 매일, 매주, 그리고 학기 중에 시간이 많다. 분별력은 독특한 관심사, 재능, 기술 그리고 장기적 소망을 가진 그리스도인으로의 감각에서 나오며 하나님은 여러분이 그렇게 되도록 만드셨다. 이것들은 여러분이 어떤 수업을 듣고, 어떤 전공을 택하며, 어떤 동아리에 소속되어야 하는지, 어떤 친구들과 시간을 보내야 하는지 등, 많은 것에 대해 안내해 줄 것이다. 하나님은 이미 여러분이 해야 할 선한 일을 예비하셨으니(엡 2:10), 여러분이 그것을 준비해야 한다.

그러나 어떻게 해야 실제로 우선순위의 균형을 맞춰 나갈 수 있을까?

우리는 대학이 단지 고등학교 같다고 보는 잘못을 다룰 다음 장에서 이 문제에 부딪혀 보기로 하겠다.

10. 결론

많은 사람이 대학 시절은 그들의 기독교 신앙이 그 어느 때보다도 시험에 놓이는 기간이라는 것을 알게 된다. 여러분은 세속적인 안건을 가진 교수들과 부도덕한 결정을 하는 학우들의 영향 아래에 놓일 수 있다. 그러나 여러분은 이 결정적인 시간에 신앙을 팽개치지 말라. 대신 여러분의 신앙을 더 잘 이해하도록 힘쓰고 어떤 의심이 들더라도 정직하게 싸워 나감으로써 하나님께 더욱 가까워지도록 하라.

기독교 신앙은 역사적인 사건에 기초하고 있으며 신뢰할 수 있는 신·구약성경을 통해 우리에게 전해 내려왔다. 기독교는 또한 세상을 잘 이해하도록 해 주어 진리와 아름다움, 선에 대한 우리의 선천적인 열망에 충분하게 의미를 부여해 준다.

"당신에게 진리인 것은 당신에게 진리이다"라는 시시한 개념을 믿지 말라. 하나님의 계명은 여러분에게서 더 크고 깊고 만족스러운 기쁨을 빼앗아가려는 기만적 쾌락의 거짓말을 꿰뚫어 볼 수 있도록 도와주어 여러분의 장기적 행복을 증가시키고 강화하기 위해 만들어졌다는 것을 인식하라(시 16:11). 그리스도를 여러분의 보화로 삼고, 하나님의 말씀 안에 있는 진리 위에 여러분의 삶을 구축하라.

토론

1. 여러분은 기독교 신앙에 대해 어떤 지적 의심을 가진 적이 있는가(또는 여전히 가지고 있는가)?
여러분은 그 문제를 다루기 위해 무엇을 했는가(또는 하고 있는가)?

2. 여러분은 기독교인이 아닌 친구에게서 "편협하다"라는 말을 들은 적이 있는가?
그때 어떻게 대응했는가?
자신은 관대하지 않으면서 '관용'에 대해 말하는 사람들을 만나 본 적이 있는가?

3. 여러분은 "오늘날 실천하지 않는 기독교에는 내일이 없다"라는 말에 동의하는가?
어째서 또는 어째서 아닌가?

4. 여러분의 삶에서 도덕적 타협을 하는 부분이 있는가?

5. 기독교 신앙의 기초에서 어떠한 삶을 추구하는가?

제2장

흔히 저지르는 실수 #2: 대학을 마치 고등학교처럼 대하는 것

≫ 성장의 원칙: 건강한 습관과 경계를 유지하라

제1부 제1장에서 우리는 여러분이 저지르지 않았으면 하는 실수 중 첫 번째로 그리스도인의 신앙을 버리는 것을 살펴보았다. 그것보다 여러분은 하나님께 더 가까워지고 그의 무한한 가치의 빛 안에서 살기를 원할 것이다. 여러분이 저지르지 않았으면 하는 두 번째 실수는 대학을 마치 고등학교와 같다고 간주하는 것이다.

만약 여러분이 대학에서 성장하기를 원한다면, 여러분은 아마 바로잡을 필요가 있을 것이며, 이 장에서는 특히 여러분이 대학에 다니고 있을 경우를 가정해서 생각해 보고자 한다. 비록 대학에 입학한 지 몇 년이 되었더라도 여러분의 경력을 향상하기 위해 여러분이 할 수 있는 어떤 '변경'이 있을 수도 있으니 계속해서 읽도록 하라.

1. 우선순위의 균형을 잡아야 한다

대학생으로서 여러분은 인생의 다양한 활동 무대를 관리할 필요가 있다. 아마도 여러분은 이렇게 생각할 것이다.

'음, 그래. 그게 내가 고등학교에서 했던 것과 어떻게 다른가?'

나는 여러분 대부분이 대학에 가기 전에 적어도 한 명의 부모님과 함께 살았을 것으로 생각한다. 즉, (통금 시간, 친구를 방문하기 전에 어떤 일을 끝내야 한다는 규칙 등) 여러분을 위한 지침과 경계를 정할 만큼 충분히 신경을 쓴 부모 말이다. 어쩌면 여러분의 가족은 엄격했을 수도 있고, 어쩌면 그렇게 엄격하지 않았을 수도 있다.

그러나 여러분이 유난히 엄격한 사립대학에 다니지 않는 한, 여러분의 부모님은 거의 여러분의 기숙사 사감보다 분명 엄격했을 것이다. 대학에서 그들이 '부모의 역할'(*in loco parentis*, "부모의 자리에 앉는")을 대신한다고 생각하던 때가 있었다.

몇몇 드문 경우를 제외하고는, 그 개념은 더는 찾아볼 수 없다. 그것은 여러분이 언제나 책임감 있고 현명한 선택을 통해, 의사 결정 능력을 강화할 충분한 자유를 갖게 된다는 것을 의미한다. 여러분은 가치가 없는 것에 수만 달러를 낭비할 자유 또한 갖게 될 것이다. 나는 두 가지 경우를 다 봐 왔고, 여러분도 아마 보게 될 것이다.

여러분이 대학에서 만나게 될 학생들은 각자 생각하는 우선순위가 다르다. 장학금을 받는 운동선수들이 있을 것이고, 그들 중 일부에게는 학문보다 운동이 더 중요하다. 내 견해로는, 이것은 여러분이 특정 운동 분야로 생계를 유지할 수 있는 합리적 가능성이 있을 때만 맞는 말이다. 그러나 아이비리그에 속하지 않은 학교에서도 공부보다 운동을 우선시하는 학생들을 볼 수 있을 것이다.

여러분은 또한 인간관계와 영적으로 성장하는 데만 몰두하고 학과 수업에는 충분히 역점을 두지 않는 학생들도 볼 수 있을 것이다.[1] 또 다른 사람들은 너무 열심히 공부해서 창백하고, 아프며, 지치고 외로워할 것이

---

[1] 이것은 종종 세속적이거나 학문적인 공부를 제대로 평가하지 않는, 영적 삶에 대한 불완전하고 잘못된 관점에서 비롯된다. 이에 대해서는 나중에 더 얘기하자.

다. 그리고 관심사들은 다양하다.

명심해야 할 것은 이것이다. 가족과 함께 살고 있지 않기 때문에, '여러분'은 하나님이 여러분이 무엇을 하기를 바라시는가에 대한 타고난 감각과 이를 준비하는 데 있어서 대학이 하는 역할에 근거하여 스스로 경계를 정할 필요가 있는 사람이다.

제1부 제1장에서 언급했듯이, 대학은 앞으로 남은 성인으로의 삶 동안 하나님을 더 효과적으로 섬길 수 있도록 준비하고 성장하는 잠정적 시기로서 책임감 있는 성인 그리스도인에게 어울리는 모든 것에 대한 발판이 되어야 한다. 그것은 여러분에게 단지 '최상'은 아니더라도, 많은 '좋은' 일에 대해 거절할 자유와 규율을 준다는 것을 기억하라. 자신의 장점을 파악한다든지, 전공을 선택하는 것, 소명을 깨닫는 것에 관해 나중에 더 이야기하겠다.

제2장에서는 나는 우선 균형이 필요한 대학생활의 분야를 열거하고 나서 대학에서의 네 가지 독특한 과제를 고등학교와 비교하여 풀어 보겠다. 그것만이 전부는 아니지만, 내 경험에 비추어 그것들은 여러분에게 경험을 선사하거나, 망칠 수 있는 아주 중요한 것이다. 즉, 규칙적으로 자고, 공부할 때가 되면 공부를 하며, 대학 입학 전 생활을 점검하고, 가까운 친구들을 현명하게 선택하는 것을 말한다.

2. 대학생활의 구성 요소

대학생활을 다음과 같은 범주로 구분하자.

- 일: 수업, 실험, 숙제, 연구 과제, 보고서 작성, 파트타임 또는 풀타임 일자리 등

- 관계: 기숙사 생활, 어울려 시간 보내기, 사교적 활동, 교내 경기, 동아리 등
- 중요한 과외 활동: 운동팀, 음악 모임, 연극 모임 등
- 내가 '개인 유지 관리'라고 부르는 것: 수면, 균형 잡힌 식단, 운동, 성경 읽기, 교회 가기, 그리스도인의 책임감과 도움을 통해 몸과 영혼을 돌보는 것 등

즉, 여러분은 친구들과 영양가 있는 식사를 즐기려 할 것이다(식사와 사회 활동·휴식의 결합). 교회에 가는 것은 여러분의 영혼을 만족시키는 동시에 인간관계를 발전시키는 것이다. 위의 범주들은 종종 겹칠 것이다. 여러분은 내가 교내 경기와 동아리를, 공식적 팀 운동경기, 합창단, 뮤지컬, 연극과 구별하는 것을 알아차렸을 것이다.

(내가 가르치고 있는) 캘리포니아침례대학교(California Baptist University)에서는 교내 플래그 풋볼(flag football, 미식축구의 변형된 형태)이 인기가 있다. 남학생 리그와 여학생 리그가 있는데, 학생들은 교내 풋볼팀에 있을 수도 있지만, 수업이나 실습 때문에 경기 중 절반만 참석한다. 그러나 어떤 학생이 대학팀 대표선수라면, 그 학생은 수업에 결석하고 원정경기가 허용된다. 선수단 활동은 아주 중요하게 여겨진다. 사실 만약 그들이 경기를 위해 팀에 합류하지 '않는다면' 그들은 아마도 징계를 받을 것이다.

나는 동기 부여 요인이나 이익이 일반적으로 사회적인 것이기 때문에 교내 경기와 동아리를 관계의 범주에 두었다. 반대로 공식적 대학 선수단원이거나 정기적으로 연극에 참여하는 것은 때때로 수업에 참여하는 것보다 우선순위가 될 수 있는 중요한 '책임'일 수 있다. 사실 작은 대학과 큰 대학 모두에서, 운동, 음악, 연극 참여는 학생이 일부 혹은 전액 장학금을 받는 수단이 될 수도 있다.

그래서 '일, 관계, 중요한 과외 활동, 그리고 개인 유지 관리' 이것들이 균형을 유지해야 할 범주이다. 이런 점을 염두에 두고, 대학에서의 네 가지 독특한 과제, 즉 규칙적으로 자는 것, 공부할 때 공부하는 것, 대학 입학 전 생활을 점검하는 것, 그리고 가까운 친구들을 현명하게 선택하는 것에 관해 이야기해 보자.

3. 충분한 수면

우리의 첫 번째 과제인 충분히 잠자는 것은 '개인 유지 관리'의 범주에 해당한다. 여러분의 기숙사 생활은 의사들이 말하는 좋은 수면 건강을 증진하지는 않을지 모른다.

여러분 또래의 다른 남학생들이나 여학생들과 마지막으로 함께 지낸 게 언제인가?

생각해 보면, 여름 캠프장이나 고등학교 청소년 수련회, 또는 어떤 종류의 단기 교육 프로그램일 것이다. 거기서 여러분은 아마 엄격한 소등과 대화 금지 방침으로 잠을 자게 '되었을' 것이다. 아니면 여러분은 밤에 4시간에서 5시간 정도의 수면으로 주말을 보내고는 집에 돌아왔을 때 쓰러졌을지도 모른다.

일반적으로 대학 학기는 3일간의 주말보다 훨씬 긴 약 14주이다. 그것은 모두가 오락과 사회 활동에 계속 참여하는 청소년 단체 행사와 같은 쉼 없는 방학이 아니다. 그리고 만약 지배적이고 잘 훈련된 룸메이트가 곁에 없다면, 누군가가 여러분에게 불을 끄라고 강요할지는 의문이다. 그래서 만약 여러분이 계속 밤샘 파티 상태에 '있다면' 여러분은 '절대로' 숙면을 할 수 없다. 여러분의 몸은 회복력이 있지만, 계속 꿋꿋하게 버틸 수 없을 것이다. 여러분 자신을 위한 지침을 세우는 것이 지극히 중대하다.

우리는 수면 부족이 표준이 된 문화 속에 살고 있다. 나는 우리 학생들이 얼마나 바쁘고 또 얼마나 적게 자면서 그럭저럭해 나가고 있는지에 대해 자랑스레 말하는 것을 종종 듣는다.

그러나 연구에 따르면 매우 드문 경우를 제외하고는 평균적으로 매일 밤 적어도 8시간의 잠을 규칙적으로 자야 한다. 잠을 충분히 자지 못하면, 수업과 숙제에 제대로 집중할 수 없게 될 것이다. 사실 만약 여러분이 하룻밤에 7시간이라도 잔다면, 아마 하룻밤에 6시간을 자며 해내려고 하는 것보다 길게 볼 때 생산적일 것이다.

여러분이 규칙적인 수면 일정을 유지한다면 수면생활을 잘하고 있는 것이지만, 이에 대해 지나치게 엄격할 필요는 없다. 7일 즉 일주일, 매일 (60분에서 90분 범위 이내) 거의 같은 시간에 자고 일어나도록 노력하라. 이 습관은 언제 잠을 자고, 언제 일어날지에 대해 여러분의 몸을 단련시켜 준다.

흥미로운 사실

여러분은 학교와 삶에 대한 스트레스로 68퍼센트의 학생이 밤에 잠을 자지 못하며, 그들 중 20퍼센트의 학생이 적어도 일주일에 한 번은 잠을 자지 못한다는 것을 알고 있었는가?[2]

『청소년 건강 학술지』(*Journal of Adolescent Health*)가 1,125명의 학생을 대상으로 벌인 연구에서 사실 30퍼센트의 학생들만이 십 대 후반 청소년들에게 평균적으로 필요조건인 적어도 하룻밤에 8시간을 잔다는 것이 밝혀졌다.

---

[2] "Significant Sleep Deprivation and Stress Among College Students," *Medical News Today*, August 10, 2009, http://www.medicalnewstoday.com/articles/160265.php.

내 대학 친구 데이비드는 이 원칙의 전형적인 위반자였다. 그는 친구들과 늦게까지 이야기를 나누거나 공부를 하느라, 일요일부터 목요일까지 하루에 약 4시간 동안만 잠을 잤다. 그리고 금요일과 토요일 밤에는 하루에 11시간에서 12시간을 잤으며, 오후 1시에 잠옷 차림으로 구내식당을 서성거렸다.

그가 푹 쉬어서 월요일 아침에 부족한 잠을 만회했다고 보는가?

틀렸다. 그는 지치고 화를 잘 냈으며 겨우 자신을 추스를 수 있었다. 그는 주말 내내 일어날 필요가 없도록 몸을 길들였다. 월요일 아침이 되면, 그는 다음 4일 밤 동안 4~5시간만 자기 위해 몸을 '재단련'해야 했다. 그는 수업에서 좋은 성적을 거두었지만, 만약 그가 (학문 외의 활동에 더 많은 시간을 확보하면서) 필요한 수면을 더 철저히 관리했더라면 더 생산적이고 효율적일 수 있었을 것이다.

고려해야 할 또 다른 문제에는 소음과 빛과 같은 환경적 요인과 불안과 같은 심리적 요인이 있다. 밝은 불빛과 신나는 줄거리가 나의 뇌를 계속 활동하게 하는 것처럼 보이므로, 나는 밤에 자려고 생각하기 최소한 두 시간 전에 컴퓨터와 텔레비전을 끄는 것이 도움이 된다는 것을 발견했다.

또한, 여러분이 공부하는 곳 가까이에서 잔다면, 아마도 대학에서 피할 수 없겠지만, 그 경우 잠자기 전에 여러분의 학업 공간을 깨끗이 치우도록 하라. 산더미 같은 숙제와 노트를 보는 것은 여러분의 뇌가 휴식을 취하고 정지하는 것을 어렵게 할 수 있다.

나는 바로 푹 잠들지 못하면 일어나서 일하곤 했다. '나에게는 비생산적일 시간이 없다.' 그래서 나는 두어 시간 더 일했고, 그 덕분에 나는 다소 생산적인 불면증 환자가 될 수 있었다. 내 일이 잠자리에 들 때까지 끝나지 않았기 때문에, 다음날 나는 피곤하고, 더 예민해졌으며, 느려지고, 덜 생산적으로, 필시 그 경험을 반복하게 될 것이다. 이제 바로 푹 잠들지 않으면 자연스럽게 빠져들 때까지 하나님의 보호에 생각을 집중하려고 한다(시 3:5-6; 4:8; 121:4).

마음을 편안한 상태로 만들어, 뇌에 대한 자극이 줄어들면 자연스럽게 푹 잠든다. 여러분의 몸이 익숙해지므로 이것이 일상이 될수록, 지키기가 더 쉬워진다. 가능하다면 여러분이 잠에 대한 자신의 약속을 지킬 수 있도록 도와줄 룸메이트를 고르라.

질문: 대학 시절 식습관에 대해 제안하고 싶은 것이 있나요? 영양 문제는 대학 시절 전반적인 건강을 유지하는 데 매우 중요한 일면이라고 생각합니다. 이에 대해 우리에게 어떻게 조언해 줄 수 있나요?
- 문예창작학과 1학년 케이트

대답: 신입생들은 캠퍼스에서 먹고 사는 9개월 정도 동안 15파운드(약 6.8kg)가량 찌기 쉽다고 합니다. 식당에서는 풍부하고 다양한 음식이 제공됩니다. 구내식당 대부분에는 '매' 끼니에 피자와 버거뿐만 아니라 각종 영양가 높은 디저트와 아이스크림이 있습니다. 과식하기 쉬울 뿐만 아니라 아무도 여러분에게 과일과 채소를 먹으라고 말하지 않으니 피자나 버거, 디저트를 먹으며 살 수 있는 선택의 자유가 있습니다. 그리고 그곳에서는 늦은 밤에 공부하거나 친구들과 이야기하는 동안 간식을 먹거나 피자를 주문하거나 외식을 합니다. 무절제하고, 체중이 늘기 쉬우며, 여러분이 질병을 피하고 에너지를 얻고 명철하게 생각하는 데 필요한 건강한 음식을 자신에게 주지 않기 쉽습니다.

이 경우 지침이 도움이 됩니다. 예를 들어, 매끼 신선한 과일 한 쪽과 점심에는 샐러드, 저녁에 채소를 곁들이고, 단것의 양을 제한하는 것을 목표로 할 수 있습니다. 소량만 섭취하고, 추가로 더 먹기 전에 몇

분 기다리세요. 여러분이 생각하는 것만큼 배가 고프지 않을 수도 있습니다. 간식으로 무엇을 얼마나 먹을지 정해 두세요. 특히, 일상에서 쉽게 벗어 날 수 있는 늦은 밤에 그렇습니다. 그리고 운동할 시간을 내는 것을 잊지 마세요. 그것은 열량 소모와 휴식에 도움이 될 수 있습니다.

1) 바쁘다는 것은 부지런하거나, 성실하거나, 효과적이라는 것과는 다르다

대학의 학업에 대해 논의하기 전에, 나는 바쁜 것과 생산적인 것의 차이를 구별하고 싶다.

이것은 의아하게 보일 수도 있지만, 바쁘면서 게으른 것이 둘 다 동시에 가능하다는 것을 알고 있었는가?

나 자신이 시간 관리를 바라보는 방식이 완전히 바뀌었다는 점에 대해 여러분과 이야기해 보고자 한다.

나는 바쁜 것과 생산적인 것은 원래 같다고 생각했다. '내가 일을 하는 동안에는, 기분이 좋다.' 그러나 나는 나의 바쁜 것 중 일부는 꾸물거림과 게으름을 숨긴 것이라는 것을 깨달았다. 나는 해야 할 중요한 일보다는 이메일에 답장하는 것 같은 쉬운 일들을 많이 하고 있었다. 그 결과, 나는 그 중요한 일을 내내 미루다가 마감 전날 새벽 2시까지 일했다.

몇 주 전부터 그것을 조금씩 해야 했는데 그러지 못했다.

어째서?

나는 바빴기 때문이다. 그것은 내가 더 쉽고 덜 중요한 일을 하는 것으로 내 시간을 채우기로 선택했기 때문이다. 그러나 그 '큰 일'은 '아직 끝내지 못했는데' 하는 생각이 머릿속에 계속 남아 있게 된다.

이제 나는 '오늘은 무엇을 해야 할까' 하고 나 자신에게 물어보는 것으로 하루를 시작한다. 이 해야 할 일 목록 중에서, 나는 당장 내일까지 해야 하는 급한 일뿐만 아니라 열흘 안에만 하면 되어 하루 한 시간씩 하면 되는 덜 부담스러운 일이라도 중요한 것부터 우선해서 한다. 그렇게 함으로써, 나는 사실 그것들을 내야 하기 한참 전에 그것을 조금씩 하므로 결국 급해지는 일이 '줄어들게' 된다.

하나님이 내 삶에 두신 우선순위에 대한 판단력에 따라 그리 중요하지 않은 일을 하지 않을 때가 많다. (사람, 그리스도인, 남편, 아버지, 교수, 작가인) 나의 역할을 알아야, 나는 관련이 없는 일을 무시할 수 있다.

한 사람으로서, 나는 자고, 먹으며, 운동해야 한다. 그리스도인으로서, 나는 기도하고 성경을 읽으며 교회에서 활동함으로써 내 영혼을 돌볼 필요가 있다. 남편으로서, 나는 아내와 대화하고 우리의 관계가 돈독한 것을 확인하는 데 시간을 보내야 한다. 아버지로서, 나는 아이들과 시간을 보내야 한다. 교수로서, 나는 수업준비, 강의, 학생을 돕고 성적 매기기, 모임에 가기, 그리고 그 밖의 여러 가지 일을 해야 한다. 작가로서, 나는 읽고, 생각하며, 자판을 두들기고, 심사숙고하며, 편집하고, 고쳐 써야 한다.

나는 여러분이 사소하지만 긴급해 보이는 수많은 일로 자신을 바쁘게 하기보다는 이런 연습을 통해 우선순위를 정하도록 권한다. 대학 시절이란 여러분이 남은 성인으로의 삶 동안 하나님을 더 효과적으로 섬길 수 있도록 준비하고 성장하는 잠정적인 시기라는 것을 기억하라. 하나님의 계획은 대학이 책임감 있는 성인 그리스도인에게 따르는 모든 것에 대한 발판이 되어야 한다.

이제 두 번째 특별한 과제인 '공부할 때 공부하는 것'에 대해 논의할 준비가 되었다.

4. 공부할 때 공부하라

여러분이 대학 1학년 첫 시간표를 받았을 때, 맨 먼저 든 생각은 나와 비슷했을 것이다.

'야호! 고등학교 때는 7시 45분까지 학교에 도착해서 점심시간을 제외하고 3시 20분까지 수업을 받았는데, 이제는 화요일과 목요일엔 9시부터 정오까지 수업이 있고 그리곤 아무것도 없다는 것인가?

그렇다면 점심 먹고 나서 오후 내내 테니스, 축구, 탁구, 비디오 게임을 할 수 있다.

그리고 우리 부모님은 멀리 떨어져 있어서 어떻게 할지 말해 줄 수조차 없다고?

너무 재미있을 것 같다.'

그것은 올바른 학기 시작 방법이 '아니다'. 고등학교 때보다 대학교 때 수업 시간이 더 적은 건 사실이다. 그러나 그들은 고등학교 때보다 수업이 없는 시간에 여러분에게 훨씬 더 많은 것을 기대할 것이다. (기억하라, 본서는 내가 여러분을 데리고 커피 마시러 가서 누군가 나에게 말해 주었으면 좋았을 것을 여러분에게 말해 주는 데 가장 가까운 내용이다.)

우리의 두 번째 특별한 과제는 '공부'의 범주에 속한다. 원칙은 다음과 같다. 공부할 때 공부하되 '오로지' 공부만 한다. 여러분이 수업을 위해 필요한 시간이 얼마나 되는지 이 장의 뒷부분에서 이야기하겠다.

우리가 끝없는 주의 산만의 시대에 살고 있다는 것은 두말할 필요가 없다. 계속되는 페이스북과 트위터, 문자 메시지는 우리가 친구들, 가족들과 연결되도록 도와주지만, 오랜 시간 동안 집중하는 능력을 해친다. 예를 들어, 나는 페이스북 사용이 평점 평균을 (4.00 기준으로) 0.5에서 1.00까

지 감소시키는 상관관계가 있다는 연구 논문을 본 적이 있다.[3]
어이쿠!

흥미로운 사실

여러분은 일부 연구원들이 페이스북 사용이 낮은 평점 평균과 같이 간다는 것을 알아냈음을 알고 있었나?[4]

마찬가지로, 의사들과 심리학자들은 여러분 중 일부(대부분!)가 보내고 있는 엄청난 양의 문자가 불안과 학업에서의 주의 산만, 성적 하락, 반복적 스트레스로 인한 손상, 수면 부족으로 이어진다면서 우려하기 시작했다.[5]

심지어 학생들이 붐비는 길을 건너면서 문자를 보내는 것도 봤다!

그리고 비록 나는 개인적으로 매달 추가 비용을 낼 만한 가치가 없다고 보기 때문에 문자를 사용하지 않지만, 분명히 이 논의에는 나설 생각이다. 나는 본서를 다 끝내야 하는 원고 마감 시간 전에라도, 생산적으로 되기 위해 페이스북과 이메일 사용에 엄격한 규정을 두어야 했다.

---

3   이 연구는 오하이오 주립대학교(Ohio State University)의 아린 카핀스키(Aryn Karpinski)가 페이스북 사용자와 비사용자의 평점 평균 수치를 비교하여 수행했다. 또한, 카핀스키는 페이스북을 사용하는 학생의 79퍼센트가 "사이트에서 보내는 시간이 학업에 아무런 영향을 미치지 않는다고 믿는다"라고 답했다. 이 연구를 조나단 리크와 조지아 워렌이 2009년 4월 12일 자 『더 타임스』에서 "페이스북 사용자들은 시험을 더 못 본다"라고 보도한 바 있다. Jonathan Leake and Georgia Warren, "Facebook Fans Do Worse in Exams," *The Times*, April 12, 2009 http://timesonline.co.uk/tol/news/uk/education/article6078321.ece.

4   Jonathan Leake and Georgia Warren, "Facebook Fans Do Worse in Exams."

5   Katie Hafner, "Texting May Be Taking a Toll," *New York Times*, May 25, 2009. 불안감은 반복되는 생활에서 빠져나오고 싶지 않거나 친구에게 충분히 빨리 답장하지 못하는 것에 대한 두려움에서 비롯된다.

'멀티태스킹'의 개념에 대해 솔직하게 이야기해 보자. 왜냐하면, 많은 사람이 메신저 대화를 하면서 이메일을 확인하거나, TV 프로그램을 보면서 문자를 보내거나, 숙제하면서 웹서핑을 하는 경우가 흔하기 때문이다. 우리 대부분은 그것이 효율적이라고 생각한다.

그러나 멀티태스킹을 세밀히 조사 중인 스탠퍼드대학의 한 연구진들은 놀라운 사실을 발견했다. 즉, 정기적으로 여러 전자 정보의 공세를 받는 사람들은, 한 번에 한 가지 일을 끝내는 것을 선호하는 사람들에 비교해서, 주의를 기울이거나, 기억을 통제하거나, 한 작업에서 다른 작업으로 전환하지 않는다는 것이었다.[6]

그러나 여러분은 고등학교 때부터 이런 공세를 받아 왔었다.

대학은 무엇이 다른가?

엄마와 아빠가 숙제나 잡무 등을 하도록 지켜보거나 잔소리할 수가 없으므로 여러분이 스케줄을 정하는 데 있어서 더 혼자라는 사실이다. 심지어 여러분이 수업에 '갈지 말지는' 전적으로 여러분에게 달려 있다.

나는 학생이기도 했고 교수로서 6년 이상 학생들을 지켜보았으니까, 몇 가지 조언은 해도 되지 않을까?

1) 핸드폰을 끈 채로 수업에 참석하라

수업 시간 동안 내내 출석하고 완전히 참여하라. 이는 강의 위주로 진행되는 수업에서는, 교수님이 칠판에 맹렬하게 글을 쓰면서 개념을 설명하고, 중요한 정보를 토해 내는 것을 듣는다는 뜻이다. 토론 중심인 수업

---

[6] Adam Gorlick, "Media Multitaskers Pay Mental Price, Stanford Study Shows," *Stanford Report*, http://news.stanford.edu/news/2009/august24/multitask-research-study-082409.html. 또한, 이 주제로 Nicholas Carr, "Is Google Making Us Stupid?" *Atlantic*, July/August 2008.

에서는 다른 이들과 서로 소통해야 한다. 두 경우 다 수업 중에 문자를 받거나 보내는 것은 교수님과 다른 학생들의 정신을 산란하게 하고, 여러분은 뒤처질 것이다. 교수님이 바로 알아채지 못하더라도 그건 무례하다. 네 동급생을 네 자신같이 사랑하라(마 22:39).

그 노트북들도 조심하라. 빠르게 클릭하는 소리는 다른 사람들의 주의를 흐트러뜨릴 수 있고, 만약 여러분이 지루하거나 피곤하다면 페이스북을 확인하거나 컴퓨터 게임을 하고 싶은 유혹에 쉽게 빠질 수 있다. 여러분은 아마도 구식 펜이나 연필로 필기하는 것이 더욱 나을지도 모른다.

2) 가능한 한 빨리 숙제를 시작하고, 조용하면서 정신을 산란하게 하는 것에서 멀리 떨어진 곳에서 하라

자료에 대한 여러분 두뇌의 기억은 수업이 끝나는 순간 가장 선명하므로, 여러분은 바로 숙제를 시작하고 싶을 것이다. 그 후, 여러분은 방금 들었던 것의 일정 부분을 잊어버리기 시작한다. 여러분이 그 내용을 배운 후 바로 숙제를 시작함으로써, 여러분의 뇌는 개념을 포착하여 그것들을 단기 기억에서 장기 기억으로 이어지게 한다. 이 원칙은 그것이 수학이든 과학이든 영어든 역사든 모두 적용된다. 그것은 보편적이다. 우리는 방금 배운 것을 가장 많이 기억한다.

숙제를 바로 시작하는 것의 또 다른 장점은 교수님께 숙제하는 도중 계속 생길 수 있는 질문을 할 충분한 시간이 있다는 것이다. 여러분이 마지막까지 기다렸다가 숙제를 한다면 그런 기회는 없을 것이다. 또한, 어려운 개념은 완전히 이해되기 위해 여러 번 다뤄지고 '숙고 기간'이 필요할 수 있다. 완전히 이해하지 못하는 복잡한 개념도 3차나 4차 시도로 해결되는 것이 보통이다.[7] 일찍 시작함으로써 자신에게 그 기회를 주라.

캠퍼스에서 조용한 단골 공부 장소를 찾아보라. 항상 너무 많이 정신을 산란하게 하는 기숙사에서는 숙제하지 말라. (멀티태스킹은 효과가 없다는 것을 기억하라!) 도서관은 보통 좋은 장소인데, 특히 우리 대학처럼 개인 공부방이 있다면 더욱 그렇다. 거기(그곳에는 칠판도 있었다. 나는 옛날 사람)에 친구와 함께 들어가서 공부할 수도 있고 혼자 들어갈 수도 있었다. 어느 경우든, 그곳은 나의 단골 공부 장소가 되었다. 수업 사이에 한 시간이 비어 있으면 나는 기숙사로 돌아가는 대신 거기에 갔다.

3) 일정표를 잘 짠 다음, 그것을 지키기 위해 자신을 단련하라

그 남는 시간을 현명하게 사용하는 것에 대해 말하면, 일정표만큼 강력하고 생산성에 도움이 되는 것은 없다. 엑셀이나 개인 플래너를 사용하여 다음과 같은 것을 만들라.

---

[7] 말콤 글래드웰은 그의 인기 도서인 Malcolm Gladwell, *Outliers* (New York: Little, Brown and Company, 2008; 『아웃라이어』, 김영사 刊)에서 대수학의 기본 개념을 배우는 데 22분의 시간을 보내는 여성을 보여 주는 매력적인 용례를 들었다. 버클리 캘리포니아 대(University of California, Berkeley) 수학과 앨런 쇤펠드(Alan Schoenfeld) 교수가 녹화한 것에 따르면, 그 여성은 반복적으로 검토하고, 실수를 저지르며, 자신을 바로잡아야만 진전을 이룰 만큼 끈질기고 단호했다. 대조적으로 쇤펠드는 평균적으로 고등학생들이 수학 문제를 2분 안에 포기한다는 것을 발견했다.

16시간 수강 일정표							
시간	월	화	수	목	금	토	주
7:00-7:50	성경/아침식사	운동	성경/아침식사	운동	성경/아침식사	늦잠	성경/아침식사, 교회
8:00-8:50	영어 113	성경/아침식사	영어 113	성경/아침식사	영어 113		
9:00-9:50	역사 135	철학 200	역사 135	철학 200	역사 135	성경/아침식사	
10:00-10:50	도서관에서 공부		학교 예배		학교 예배	도서관에서 공부	
11:00-11:50	역사 185	도서관에서 공부	역사 185	도서관에서 공부	역사 185		
12:00-12:50	점심식사	점심식사	점심식사	점심식사	점심식사		친구들 가족들과 점심식사 어쩌면 낮잠
1:00-1:50	도서관에서 공부	도서관에서 공부	도서관에서 공부	도서관에서 공부	도서관에서 공부	점심식사	
2:00-2:50	수학 145		수학 145		수학 145		
3:00-3:50	자유시간		플래그 풋볼		도서관에서 공부	자유시간	운동 친구들 빨래 널기
4:00-4:50	합창연습	합창연습		합창연습	자유시간		
5:00-5:50	친구들과 저녁식사	친구들과 저녁식사	친구들과 저녁식사	친구들과 저녁식사	친구들과 저녁식사	친구들과 저녁식사	친구들과 저녁식사
6:00-6:50							
7:00-10:50	도서관에서 공부	기숙사 성경공부	도서관에서 공부	도서관에서 공부	자유시간	그룹 스터디 시간	자유시간
11:00	수면	수면	수면	수면		수면	수면
12:00 자정					수면		

이 일정표는 수업 주 16시간, 합창 연습 주 3시간, (기독교 대학의 표준 특징인) 예배 주 2시간, 운동 두어 시간, 매주 하는 플래그 풋볼 시간으로 구성되어 있다.[8] 이 표에 따르면 (매일 밤 약 8시간 자고 토요일 아침에 벌충하는 시간을 허용하는) 고정된 수면 시간과 주 32시간 공부를 하게 되어 있다. 내 말을 바로 들었다면. 일주일에 32시간 공부.

왜 이렇게 많냐고?

음, 일반적인 규칙은 수업 1시간을 위해 수업 외에 2시간을 공부하는 것이다. 그리고 그건 평균이다. 여러분은 몇몇 어려운 수업을 위해서는 그보다

> 일반적인 규칙은 수업 1시간을 준비하기 위해 수업 외에 2시간을 공부하는 것이다…
> 만약 여러분이 풀타임 학생이라면, 학교는 풀타임 직장인 셈이다.

더 많은 시간이 들 것이다. 따라서 만약 수업 시간과 예배 시간을 포함한 수업 외 시간을 더한다면, '학업' 시간은 주 50시간이 된다. 만약 여러분이 풀타임 학생이라면, 학교는 풀타임 직장인 셈이다. 거기에서 시간을 얼마나 쓰는지 보면 제대로 하는 게 좋을 것이다.

마찬가지로, 한 학기에 주당 55~60시간 이상 일정이 잡혀 있다면, 여러분에게 과도한 약속 일정일 것이다. 여기서 약속이란, 여러분이 꼭 해야 하는 활동(수업, 숙제, 일, 그리고 대학 스포츠팀, 오케스트라, 밴드 또는 연극 모임과 같은 공식적 의무)을 언급하는 것이다.

1년 중 실제 학업 비중은 보통 약 8개월(학기당 4개월)에 불과하므로 경제적으로 여유가 있다면, 나는 일반적으로 학생들이 대학 방학(성탄절, 봄방학, 여름방학 등)에만 돈을 벌기를 권한다. 탄탄한 학점을 쌓는 것은 졸업과 동시에 여러분을 더 시장성이 있도록 만들 것이기 때문에, 여러분의 미래를 위한 투자이다. 나는 (17~18시간의) 수업을 꽉 채워 들으면서, 일주

---

8 나는 제4부 제3장에서 파트타임이나 풀타임 일자리에 관해 이야기하겠다.

일에 15~20시간 동안 캠퍼스 밖에서 일하는 재주를 부리는 학생들이 그들의 두뇌가 너무 많은 것을 감당하기 때문에 종종 학문적으로 어려움을 겪는 것을 자주 봐 왔다.[9]

나는 자유 시간을 나타내기 위해 빈칸을 그대로 두었다. 여러분은 친구들과 어울리거나, 운동하거나, 좋은 책을 읽을, 휴식 시간이 여전히 꽤 있다는 것을 알 수 있을 것이다. 주일 아침 교회 가는 것을 제외하고는 금요일 밤과 거의 모든 주말이 비어 있다. 그리고 기숙사 성경 공부는 4시간이 채 안 걸릴 것이다.

핵심은 일정표를 '지키는' 것인데, 이는 방해를 제한하는 것을 말한다. 예를 들어, 여러분은 수업과 수업 사이 10분 동안 문자 메시지를 빨리 보내거나, 점심 시간이나 저녁 식사 시간을 이용하여 이메일을 확인할 수 있을 것이다. 그러나 페이스북 게시물에 전부 답하느라 공부할 시간 40분을 허비하지 말라.

내가 학생이었을 때, 매일 오후 5시는 운동하거나 쉬는 시간이었다. 나는 5시까지 공부하고 나서, 친구들을 만나 테니스를 치거나 달리기를 하러 갔다가 샤워장, 구내식당으로 향했고, 저녁 활동을 오후 7시쯤에 했다. 계획을 잘 세워 활용하면 정말 시간이 많다.

공부할 시간에 공부하고, 놀 시간이 되면 놀아라. '여러분이 무엇을 하든, 그것에 완전히 참여하라.' 공부를 문자 메시지나 페이스북과 뒤섞으려고 하는 유혹을 떨쳐 버려라. 효율적인 것처럼 여겨지지만, 그렇지 않다.

> 여러분이 무엇을 하든, 그것에 완전히 참여하라.

---

9 그렇긴 하지만, 예외적으로 특별히 가치 있는 독특한 유급의 학문 기회들이 있다. 우리는 이것들에 대해 제4부 제3장에서 논의할 것이다.

4) 공부할 때는 한 번에 한 가지씩, 가장 중요한 것부터 먼저 하라

이미 멀티태스킹의 위험에 대해 언급한 바 있다. 그것은 효율적이라는 느낌을 주지만, 사실은 착각일뿐이다. 한 번에 한 가지씩 하는 것이 '생산적'이다. 그러나 여기 또 다른 열쇠가 있다. 가장 중요한 것부터 시작하라.

여러분에게 두 시간이 주어졌다고 가정할 때, 여러분의 힘과 집중력은 종종 처음에 가장 크게 나타난다. 게다가 여러분은 가장 중요한 일을 처리하는데 얼마나 오래 걸릴지 확실히 알지 못한다. 그러니까 그것부터 공격하라. 그것이 어떻게 진행되느냐에 따라 그 주의 남은 일정을 약간 조정해야 할 수도 있다. 그다음으로 중요한 것은 차례대로 하면 된다. 결국, 그것은 '덜' 중요하니까.

가장 중요한 것이 바뀔 때가 있다. 수요일 오후에는 영어 보고서를 보는 것이 가장 중요하겠지만, 목요일은 함께 수학 스터디 모임을 하는 날이기 때문에 그날은 수학이 우선이다. 좋다. 그것은 심지어 뇌를 쉬게 하고 둔해지는 것을 예방해 준다.

대학에서 내가 많이 했던 것 중 하나는 상당한 진전을 이룰 때까지 두어 시간 동안 한 과목을 집중적으로 공부하고 나서 다른 과목으로 옮겨감으로 잠시 쉬었다. 오후 1시부터 3시까지 한 가지 연구를 하고 수학 스터디 모임을 했을지도 모른다. 이런 전환은 내 두뇌에 속도의 변화를 가져왔지만, 나는 한 번에 한 가지씩 일을 했기 때문에 줄곧 생산적일 수 있었다. 이 경우 보고서와 수학 모두 거의 똑같이 중요했다.

기독교 조직의 임원인 내 친구는 생산성에 관한 책을 많이 읽는다. 그는 나를 위해 그 책들의 메시지를 이렇게 요약했다. '한 번에 한 가지씩. 가장 중요한 것부터. 지금 시작하라.' 좋은 조언이다.

> 한 번에 한 가지씩.
> 가장 중요한 것부터.
> 지금 시작하라.

질문: 일 중독자나 대학에서 수준 이상의 성적을 거두는 사람들에게 어떻게 하면 불안해하거나 스트레스를 받지 않고 대학생활에서 대인관계와 개인적 관리를 위해 마음 편하게 시간을 낼 수 있을까요?
- 물리공학과 3학년 캘빈

대답: 나도 그런 면에서는 잘 못했으니까 그 걱정을 이해합니다. 나는 경건한 열망을 위한 역할, 즉 하나님이 우리에게 주시는 재능과 관심을 뛰어나게 발전시키고자 하는 소망을 위한 역할이 있다고 생각합니다. 우리가 균형을 유지할 수 있도록 하기 위해서는, 여호와께서 집을 세우지 아니하시면 우리의 수고가 헛되다는 사실을 기억해야 합니다(시 127:1). 우리는 결국 하나님이 공급하시는 힘에 의지하고 있죠(벧전 4:11). 심지어 잠이나 음식 같은 우리의 기본적, 일상적 욕구도 그 의존 관계를 보여 주고 있습니다.

그것은 또한 한 걸음 물러서서 좋은 성적을 얻고 학업 성공을 경험하는 것 외에도 하나님이 우리에게 명하신 선하고 힘든 일을 하도록 자극하는 뜻깊고 삶을 지속시키는 관계를 갖는 것이 중요하다는 것을 인식하는 데 도움이 됩니다.

> 두 사람이 한 사람보다 나음은 그들이 수고함으로 좋은 상을 얻을 것임이라 혹시 그들이 넘어지면 하나가 그 동무를 붙들어 일으키려니와 홀로 있어 넘어지고 붙들어 일으킬 자가 없는 자에게는 화가 있으리라(전 4:9-10).

친구를 선택할 때 식별력이 있는 것은 현명하지만, '모든' 수준 높은 우정은 가꾸는 데 시간과 힘이 필요합니다. 이 관계들은 여러분이 후회하지 않을 투자입니다.

5. 대학 입학 전 생활을 그 자리에 남게 하라

우리의 세 번째 독특한 과제는 인간관계의 범주에 속한다. 아직 고등학생인 친구, 다른 대학에 진학한 친구, 형제자매, 부모 등 대학에 진학하면 불가피하게 뒤에 남기고 갈 수밖에 없는 대학 이전 생활과의 다양한 관계가 있다. 이제 "뒤에 남기고 간다"라고 해서 여러분이 그들과 영원히 단절되어야 한다고 제안하는 것은 아니다. 그러나 여러분이 알던 관계가 영구적으로 바뀔 수도 있다.

그냥 그 언저리에 머무를 방법은 없다. 지리적으로 여러분은 지금 새로운 곳(나는 여러분이 기숙사나 다른 대학 주택에 살고 있다고 생각한다)에 살고 있다. 엄마, 아빠, 형제자매 그리고 고등학교 친구들과 이전과 같은 방식의 교제가 이루어질 수는 없다. 그것을 시도한다면 대학에서의 경험이 줄어들 것이다. 대학에서 성장하기 위해서는 대학 이전의 생활을 그 자리에 남게 할 필요가 있다.

물론, 소셜 미디어의 큰 이점 중 하나는, 여러분이 사랑하는 사람들인 가족과 고향 친구하고 연결해 준다는 것이다. 그러나 여러분이 (혹은 그들이) 원할 때 언제든지 연결할 수 있는 바로 그 능력은 여러분의 개인적인 성장을 방해할 수 있다.[10] 여러분이 집을 떠나 어떻게 지내는지를 잘 확인하려면, 여러분이 새로운 사람을 만나는 것과 페이스북에 얼마나 많은 시간을 보내는지 대조하여 생각해 보면 된다.

---

10 너무 많은 문자 메시지가 손해를 입힐 수 있다고 경고하는 비슷한 연구자들(Katie Hafner, "Texting May Be Taking a Toll," *New York Times*, May 25, 2009)은 또한 청소년기에 일어날 수 있는 성인으로의 자연스러운 발전이 지속적인 메신저 대화 때문에 억제된다는 우려를 표명하고 있다. (자연스레 부모님과 대학 이전에 사귀던) 다른 사람들에게서 끊임없이 정보 입력을 받는다면, (보호막에서 나오는 또 다른 청소년들과 대면 등) 새로운 관계 형성은커녕 스스로 생각하는 '근육'을 키우는 것이 어렵다.

공동체 밖에서 살라는 것은 아니다. 오히려 대학에서 새로운 공동체를 형성하고 참여함으로써 더 성장할 것이다. 그것은 성인이 된 것을 받아들이는 한 부분이다.

어떤 경계선을 그어라. 다른 사람들은 동의하지 않을 수도 있지만, 여러분의 상황에 따라 집으로 보내는 전화통화와 문자를 제한하는 것이 건강에 좋을 수도 있다. 여러분 자신을 변화시켜라. 그렇게 하지 않으면, 우리가 방금 분석한 원칙 즉, 공부해야 할 때 공부를 하는 것이 더 어려워질 것이다. 사실 여러분이 그렇게 떠나온 집과 아주 높은 수준의 관계를 유지하기 위해 자유 시간을 대량으로 쓴다면, 대학에서 여러분의 새로운 사회적 관계는 약해질 것이기 때문에 여러분이 놀아야 할 때 노는 것 또한 더 도전을 받을 수 있다.

여러분이 인간관계에서 느낄 수 있는 어떠한 불안도 덜어 주고자 한다. 그런 관계들은 그대로 있을 것이다. 사실 예전의 관계들은 지리적인 거리나 방문 간의 시간 간격에도 불구하고가 아니라 정확하게 그것 '때문에' 더 멋지게 확고해질 수 있다. 대학에 완전히 적응하고 여러분 자신의 인격으로 성장하면서, 미래에 옛 친구들에게 더 큰 축복이 될 수 있는 어른의 모습으로 성숙하게 될 것이다. 바라건대, 그들이 비슷한 과정을 겪기 바란다.

여러분이 부모님과 함께라면, 둥지에서 전환이 훨씬 더 자연스러울 것이다. 그것이 처음부터 여러분을 양육시키는 목표였으면 좋겠다. 자녀와 부모 관계는 통제하는 것에서 영향력을 미치는 것으로 이동하게 되어 있다. 여러분이 삶을 시작했을 때, 부모님은 여러분이 무엇을 먹었는지, 어디서 놀았는지, 누구와 놀았는지를 100퍼센트 통제했다. 여러분은 완전히 무력했고, 그분들은 여러분과 비교해 전능해 보였다.

세월이 흐를수록, 여러분의 능력은 향상했고, 여러분의 부모님은 여러분에게 더 많은 발언권을 허락했지만, (여러분을 사랑한다면) 그분들은 여전히 긍정적 영향을 주고, 여러분의 선택을 알리고, 격려해 주며, 길을 잃었을 때 여러분을 통제하려고 한다. 이제 대학에서 그분들의 통제는 거의 최저 수준이지만 0은 아니다. 결국, 부모님이 학비를 냈다면, 여러분은 그분들 없이는 그곳에 있을 수 없었을 것이다.

그러나 부모님과의 관계가 견고하다면, 그분들의 영향 정도는 최고치일 것이다. 그분들은 여러분의 가장 큰 응원단장이자 후원자들이다. 그리고 그분들이 여러분이 먼저 조언과 지도를 구하려 하는 사람 중 하나이기를 바란다. 그러나 조금은 놓아 주는 것도 괜찮으며, 이에 대해 엄마, 아빠가 필요할지도 모르는 도움은 다음 장에서 알아보도록 하겠다.

엄마한테 문자 보내는 것이 당연하게 느껴질지도 모른다.

"나는 이번 주에 완전 녹초였어요. 직업 센터에서 여름 인턴십을 찾아봐야 할까요, 아니면 문학 수업 시간에 책정된 모든 책을 샅샅이 읽어야 할까요?"

엄마가 아들의 난제에 대해 개입하는 것을 좋아할 수도 있지만, 지금이 여러분 인생에서 스스로 우선순위를 정하고 매 순간의 결정을 내리기 시작할 때이다. 성년은 여러분의 목적지이다. 화살처럼, 여러분은 거의 세상에 놓였다(시 127:4). 책임감 있는 독립을 향해 발걸음을 내딛음으로써 부모님의 수고를 존중하는 것이 된다. 그분들은 여러분의 승리를 기뻐할 것이다. 그리고 지금 관계가 좋다면, 앞으로 점점 그 관계가 확고해질 일만 남았다.

6. 가까운 친구를 현명하게 선택하라

우리의 네 번째 독특한 과제는 '인간관계'의 범주에 속한다. 대학에서 성장하려면, 좋은 친구 집단에 잘 연결되어야 한다. 그리고 이 진정한 친구들, 이 가까운 친구들은 여러분의 기독교적 가치를 공유해야 한다. 그렇게 하지 않는다면, 신앙은 항상 긴장의 원인이 될 것이다.

기독교인이 아닌 사람과 친구가 될 수 없다는 말은 아니다. 아니, 우리는 세상의 빛이다(마 5:14). 기독교인이 아닌 사람과 사귀는 것을 완전히 그만두려면 우리가 세상 밖으로 나가야 할 것이다(고전 5:10). 우리는 세상에 있지만, 세상에 속하지 않는다(요 17:11, 16).

내가 말하고자 하는 것은, 여러분의 '가장 가까운 친구들'은 여러분을 지지해 줄 수 있고, 여러분의 가치를 공유하며, 여러분이 되고자 바라는 것이 이루어지도록 도와줄 수 있는 사람들이어야 한다는 것이다. 나는 여러분이 유치함을 떨쳐 버리고, 힘든 일을 하며, 하나님을 위해 위대한 일을 시도하도록 도와줄 사람들, 여러분이 물러나거나 후회 없이 하나님의 영광을 위해 전속력으로 대학생활을 할 수 있도록 도와줄 사람들에 관해 이야기하고 있다.

기독교 가정에서 자란 젊은이들을 여러 해 동안 지켜본 바에 따르면, 어떤 이유인지 비그리스도인들을 그리스도인들보다 더 좋은 친구로 여겼다. 몇 년 안 가서, 그들 중 다수는 더는 자신을 그리스도인이라고 여기지 않았다. 이전에는 그것이 이해가 잘 안 갔지만, 이제는 아니다. 생각해 보면, 누군가와 마음이 통할수록 자연스럽게 더 친해질 수 있다. 여러분이 가장 큰 시너지와 깊은 유대감을 느끼

> 여러분이 가장 큰 시너지와 깊은 유대감을 느끼는 사람들과 여러분의 인생에서 가장 중요한 것을 공유하지 않는다면…. 그렇다면, 아마도 그것이 여러분에게 그렇게 중요하지 않은 것일지도 모른다.

는 사람들과 여러분의 인생에서 가장 중요한 것을 공유하지 않는다면⋯. 그렇다면, 아마도 그것이 여러분에게 그렇게 중요하지 않은 것일지도 모른다.

성경은 이렇게 말한다.

> 그들이 우리에게서 나갔으나 우리에게 속하지 아니하였나니 만일 우리에게 속하였더라면 우리와 함께 거하였으려니와 그들이 나간 것은 다 우리에게 속하지 아니함을 나타내려 함이라(요일 2:19).

다시 말해, 자신이 그리스도인이라고 말하는 사람 모두가 진짜 그리스도인은 아니다. 일부 '그리스도인'들은 기독교 신앙을 버리고, 그렇게 함으로써 그들이 결코 진짜 그리스도인이 아니었음을 드러낸다. 그들은 신앙을 '고백했을지는' 몰라도 신앙을 '가지고 있지는' 않았다.

그러므로 여러분이 대학에 가기 전에, 하나님이 여러분에게 좋은 친구들을 주시길 기도하라. 당장 이런 친구들을 찾을 수 없을지도 모르지만 참고 기다려라. 있는 그대로의 자신에게 충실하고, 친구들을 찾는 데 있어서 여러분이 지닌 가치를 타협하지 말라.

만약 여러분이 일반 대학에 있다면, 기독교 단체와 근처 견실한 교회에서 친구들을 찾아라. 기독교 대학에 다닌다면 그곳 학생 누구나 기독교인일 것이라고 여기지 말라. 그들이 말하는 방식, 상황에 대처하는 방식, 그리고 무엇을 감탄하고 즐기는가를 관찰하라. 만약 여러분이 나면서부터 신자라면, 이 단계에서 경계하고, 기준이 의심스러워 보이는 사람들에게 쉽게 흔들리지 말라.

여러분은 또한 영적으로 계속 성장할 수 있으려면 좋은 성경 가르침과 진정한 예배뿐만 아니라 여러분이 좀 더 마음이 맞는 친구들을 찾을 수 있는 좋은 교회가 그 지역에 있었으면 할 것이다. 성적 관심, 인간관계,

음주, (많은 학생이 주요 과제와 다가오는 시험에 대해 깨어있고 주의를 기울이기 위해 먹는 아데랄, 리탈린 같은 인기 있는 '두뇌 강화제'를 포함한) 불법 약물과 어떻게 시간을 보내는지 등등에 대해 여러분에게 곤란한 질문을 책임 있게 물을 누군가(학교에서 여러분과 함께 있는 것이 좋지만, 집에 있을 수도 있다)를 찾아라.

여러분의 기숙사 친구나 팀 동료, 공부 파트너가 모두 여러분의 가장 친한 친구가 될 필요는 없다. 여러분은 필연적으로 그들처럼 될 것이기 때문에 여러분의 가장 가까운 친구를 만드는 것에 대해 신중하라. 잠언은 이렇게 말해 주고 있다.

> 지혜로운 자와 동행하면 지혜를 얻고 미련한 자와 사귀면 해를 받느니라(잠 13:20).

그것은 피할 수는 없는 것으로 여러분도 예외가 아니다. 옳은 일을 할 수 있는 용기와 힘을 주고 여러분을 맥 빠지게 하지 않는 친구, 여러분이 감탄할 만한 성격을 가진 가까운 친구를 고르라.

잠언 27:17은 이런 시너지를 "철이 철을 날카롭게 하는 것"에 비유하고 있는데, 각 사람은 서로를 날카롭게 해 준다. 여기에는 한 가지 원칙이 있다.

어떻게 하면 이런 사람을 가장 잘 '찾을' 수 있을까?

어느 정도는 이런 사람이 '되는' 것으로서 서로에게 끌리는 방법이다.

그들은 여러분과 전공이 같을 필요는 없으며 모두 같은 취미를 즐길 필요도 없다. 그래야 그들은 여러분의 시야를 넓힐 수 있고, 여러분은 그들의 시야를 넓힐 수 있다. 수학, 작문, 일반 교양 과목을 전반적으로 똑같이 잘해야 할 필요는 없다.

그러나 같은 하나님을 섬길 것과 그 하나님을 열심히 따르고자 하는 소망이 필요하다. 이들은 예수 그리스도 안에서 하나님의 은혜의 정도를 여러분에게 명백하게 규칙적으로 전할 수 있는 친구들이다(롬 1:12).

7. 결론

대학은 여러분이 일과 인간관계, 과외 활동, 건강 등 자신의 삶에 대해 주인의식을 가지라고 요구한다. 이런 책임에는 네 가지 독특한 과제가 따른다. 즉, 충분히 자는 것과 공부할 시간에 공부하는 것, 대학입학 전 생활을 점검하는 것, 가까운 친구를 현명하게 선택하는 것이다.

일정표는 일과 수면과 관련된 단련에 도움이 되는 도구이다. 신체와 뇌가 언제 쉴지, 언제 피치를 올릴지 알려면 주기적인 반복을 유지하는 것이 도움이 된다.

책임의 생산성과 충실함을 목표로 삼아라. 거의 모든 사람이 바쁘지만, 그렇다고 해서 모든 사람이 부지런하거나 생산적인 것은 아니다. 가장 중요한 것에 우선순위를 두지 않으면 백 가지 주의 산만함에 사로잡히게 되어 점점 느려지고, 즐길 수 있는 휴식 시간이 줄어들게 될 것이다.

인간관계에서 지혜로운 자와 동행하면 지혜롭게 될 것이다. 함께 즐기는 것뿐만 아니라 여러분의 가치 체계를 강화해 줄 친구를 확인하고 노력을 쏟아라. 이를 위해서는 다음 장의 주제인 계획성이 필요하다.

토론

1. 여러분의 우선순위 다섯 가지를 매기라.

2. 이제 지난 2주 동안 이런 우선순위에 얼마나 많은 시간을 할애했는지 생각해 보라.
여러분은 계속 이 우선순위에 맞춰서 살고 있는가?
만약 그렇지 않다면, 여러분은 어떻게 다른 사람들이 (또는 얼떨결에) 여러분의 '실제' 우선순위를 결정하게 할 수 있는가?
하나님이 할당해 준 시간의 충실한 청지기가 되기 위해 하나님의 도움으로 해결하라.

3. 어떤 것들이 잠을 충분히 자는 데 방해가 되는가?

4. 학교 공부를 해야 할 시간에 시간을 낭비하도록 가장 유혹을 하는 것은 무엇인가?
그것들과 싸우기 위한 방책을 시간을 내서 검토해 보라.

5. 이번 장에 나와 있는 일정표 예시와 같이 스스로 일정을 짜는 것을 검토해 보았는가?
만약 그렇지 않다면, 여러분은 시간을 관리하기 위하여 무엇을 사용하는가?
그것은 어떻게 진행되고 있는가?

6. 페이스북은 우리가 '우정'을 바라보는 시각을 영구히 바꾸어 놓았다. 그러나 천 명의 페이스북 친구가 있는 것이 때로 몇 명의 진정한 친

구를 사귀는 데 집중하지 못하게 할 수 있다.

윌리엄 데레저위츠(William Deresiewicz)는 대학생들을 대상으로 한 연설에서 다음과 같은 소견을 밝혔다.

한 번에 3시간 동안 앉아서 이야기할 수 있는 진정한 친구를 한두 명 갖는 대신, 결코 실제로 이야기하지 않는 968명의 '친구들'을 갖게 된다. 대신 우리는 하루에 수백 번씩 한 줄짜리 메시지를 그들에게 보낸다. 이것은 우정이라기보다는 주의 산만이다.[11]

여러분은 우정을 주의 산만하게 하는 것으로 대체해 본 적이 있는가?

---

11 William Deresiewicz, "Solitude and Leadership," *The American Scholar*, March 1, 2010, http://www.theamericanscholar.org/solitude-and-leadership/print.
이 연설은 2009년 10월, 웨스트포인트(West Point)에 있는 미육군사관학교(United State Military Academy)의 가장 저학년 반('신입생'에 해당)을 대상으로 행한 것이다. 연설문은 위의 링크에 있다. 이 연설의 주제는 리더십과 고독이다. 데레저위츠는 리더십에는 명확하고 독창적인 사고가 포함되며 이런 사고에는 충분한 고독이 필요하다고 주장했다.

제2부
인간관계 문제

- **제1장**

    흔히 저지르는 실수 #3: 계획적이지 않은 경우

- **제2장**

    흔히 저지르는 실수 #4: 왜곡된 데이트와 연애

- **제3장**

    흔히 저지르는 실수 #5: 성인이 되기를 거부하는 것

제1장

흔히 저지르는 실수 #3: 계획적이지 않은 경우

> ≫ 성장의 원칙: 훌륭한 친구와 멘토를 찾아라

인간관계는 우리 일생을 통해서 매우 중대하여 심오한 방식으로 우리의 생각과 행동을 만들어 준다. 하나님 앞에선 각자 자신의 행동에 대한 개인적 책임을 지지만, 혼자 힘으로 인생에서 성공하는 사람은 없다고 해도 과언이 아닐 것이다. 승리하는 사람은 크든 작든 다른 사람의 도움에 힘입어 승리하게 된다. 그러므로 모든 수상 소감은 부모, 코치, 친구, 멘토 등 희생, 지원, 가르침, 본보기로 성공을 가능하게 해 준 사람들에게 감사하는 것으로 시작된다.

반면에 확고하고 긍정적인 관계가 '부족할' 때, 그들은 우수하고 뜻이 맞으며 연마된 철 같은 우정에서 오는 행복을 놓칠 뿐만 아니라, 하나님의 영광을 위해 유익하고 생산적인 그리스도인의 삶을 살며 자신의 기술과 하나님이 주신 재능을 가장 효과적으로 사용하는 데 도움이 될 지원을 적게 받는다.

제2부 제1장에서는 또래와 멘토라는 두 가지 범주의 사람들과 관계를 맺는 것에 초점을 맞출 것이다. 또래는 우리와 나이가 대체로 비슷하거나 거의 같은 인생 단계에 있는 사람들로서 같은 기숙사에 살고, 한 팀에서 경기하며, 합창단이나 극단에서 함께 공연한다. 멘토는 적어도 우리가 성장하기를 바라는 한 분야에서 우리보다 나이가 많거나 더 많은 업적을 이룬 사람들이다. 멘토 관계는 여러분 삶의 모든 부분에 걸쳐 포괄적이거나

또는 특별히 한 가지 면만 해당할 수도 있다. 예를 들어, 학창 시절에 영적, 개인적 문제가 아닌 학문적, 전문적 발전 문제에 대해 내가 조언을 구한 교수들이 있었다.

두 종류의 관계 모두 계획적인 것이 중요하다. 바꾸어 말하면, 누구를 어떻게 따를지를 모두 목적을 가지고 행동할 필요가 있을 것이다. 여러분과 관계를 맺기 시작하는 사람들에게 어떻게 반응할지를 분별하는 것 또한 여러분의 책임이다. 계획적이지 않은 것의 반대는 수동적인 것인데, 이것은 결과에 대해 많이 생각하지 않고 단지 쉽고 편리한 것을 하는 것을 의미한다.

1. 또래와의 관계

대학에 도착하는 즉시 여러분은 아는 사람들을 많이 얻게 된다. 아는 사람이란 여러분과 연결되어 있지만 둘 중 한 사람이 선택해서 만들어진 관계가 아니다. 그들은 (여러분이 그를 선택하지 않았다고 볼 때) 룸메이트, 같은 기숙사에 사는 학생들, 같은 과 친구들, 팀 동료들, 같은 캠퍼스 조직에 있는 학생들 등을 포함한다.

물론, 아는 사람들과의 관계는 시간이 지나면서 우정으로 변하는 경우가 많지만, 모두가 같은 정도로 친해지는 것은 아니다. 심지어 여러분이 아는 사람 중 일부가 친구가 되면서 여러분을 자기들이 아는 사람들에게 소개하여 아는 사람의 수가 늘어나기도 한다. 이렇게 새로 알게 된 사람 중 몇몇은 친구가 되기도 한다.

여러분은 어떤 사람들에게 다른 사람들보다 더 자연스럽게 끌리는 자신을 발견하게 된다. 여러분은 맷과 조하고는 마음이 맞지만, 저스틴과 앤서니하고는 그만큼 맞지 않는다.

여기엔 많은 이유가 있다. 우리는 다른 사람들보다 몇몇 친구하고 '찰떡궁합'이다. 어떤 사람들은 대화하기 쉽고, 또 어떤 사람들은 기질이 같거나 유머 감각이 있고, 비슷한 배경을 가지고 있는 사람들도 있다. 우리는 우리와 같은 활동하기를 좋아하는 사람들과 우정을 쌓는 경향이 있다.

그러나 친구가 되기 가장 쉬운 사람들은 함께하기에 가장 좋은 사람들이 아닐 때가 종종 있다. 제시카는 주말을 함께 즐기는 데는 최고지만, 수업에 관한 한 완전 게으르고 불평을 많이 하는 사람으로, 여러분의 가치관이나 예수 그리스도에 대한 헌신도 공유할 수 없다.

자, 여기가 계획성이 중요한 부분이다. 계획성은 우리의 삶이 내면 깊숙이 자리 잡은 우선순위를 더욱 정확히 반영하기 위해 우리의 가치를 검토하는 데 시간을 들여 어떤 자극이나 사건에 대한 '반응'보다는 합리적 '결정'을 내린 것을 포함한다. 우리 중 많은 사람이 비교적 반성하지 않은 채 삶을 살고 있다.

> 계획성은 우리의 삶이 내면 깊숙이 자리 잡은 우선순위를 더욱 정확히 반영하기 위해 우리의 가치를 검토하는 데 시간을 들여 어떤 자극이나 사건에 대한 '반응'보다는 합리적 '결정'을 내린 것을 포함한다.

다시 말해, 우리는 흐름에 따라가고 가장 이용 가능한 사람과 관계를 맺는다. 누군가 문을 두드리며 탁구를 하자고 하면, 그러자고 대답한다. 만약 여러분이 계획적이지 않다면, 여러분의 친구 그룹은 의식적이고 주도적인 결정들보다는 쉽게 반응한 결과일 수 있다.

그리고 졸업식에 가서 주변을 둘러보고 자신의 인간관계가 자신을 어떤 모양으로 만들었을까 하고 생각한다. 분명 좋은 시간을 보냈다.

그러나 그들이 여러분에게 "모든 무거운 것과 얽매이기 쉬운 죄를 벗어 버리고 인내로써 우리 앞에 당한 경주를 하도록"(히 12:1) 동기를 부여했는가?

> 바벨론의 다니엘(단 1:8), 애굽의 요셉(창 39장), 더 강하고 나이가 많으며 경험이 많은 이스라엘 사람들은 용기가 부족했음에도 하나님 안에서 장부의 신앙으로 대담하게 골리앗에게 맞섰던 소고에서의 다윗(삼상 17장)에 관한 성경 사례처럼, 여러분이 유치함을 버리고 어른의 책임을 받아들이도록 그들이 도왔는가?
>
> 여러분이 지혜롭게 살고(잠 13:20), 희생을 견디고 자제를 배우며(애 3:27), 미래의 보상을 위해 만족함을 위한 행위를 거부하도록(히 12:2), 그들이 도왔나?
>
> 여러분이 하나님에게서 위대한 일을 기대하고, 하나님을 위해 위대한 일을 시도하는 데 그들이 도움이 되었나?

여러분이 대학에서 이런 종류의 우정을 쌓고 하면서 멋진 시간을 보내기를 기도한다. 그것은 기독교적 가치가 강한 친구를 사귀는 것과 파티하는 동안 좋은 추억을 쌓는 것의 양자택일이 아니다. 둘 다 할 수 있다. 그러나 그것을 실현하기 위해서는 더 많은 계획성이 필요할 것이다.

그러므로 앞의 장에서 말했던 것을 상술하면, 친밀하고 개인적인 우정에서 어떤 자질을 찾아야 할까?

나는 몇 가지 제안을 하고자 한다.

1) 비슷한 세계관

제임스 사이어(James Sire)는 세계관을 우리가 사는 세계를 기본적으로 구성하고 있는 것에 대해 우리가 견지하고 있는 일련의 전제들로 정의한다.[1]

---

[1] James W. Sire, *Discipleship of the Mind: Learning to Love God in the Ways We Think* (Downers Grove, IL: InterVarsity Press, 1990), 29-31 (『지성의 제자도: 기독교적 지성의 개발과 적용』, IVP 刊).

궁극적 실재는 무엇이며, (만약 있다면) 누가 배후에 있는가?
인간이란 무엇인가?
(만약 있다면) 인간에게 본질적인 가치를 주는 것은 무엇인가?
우리가 죽으면 무슨 일이 일어나는가?
우리가 옳고 그름의 문제를 포함하여 실재에 대해 진정으로 뭔가를 아는 것이 가능한가?

누군가 우리의 기독교적 세계관(제1부 제1장 참조)을 공유한다면, 그 사람은 그 세계관에서 생기는 가치와 우선순위를 공유하기 쉽다. 그렇다고 때때로 작은 일에도 의견이나 신념의 차이가 없다는 뜻은 아니다. 아마도 여러분은 다소 다른 교파적 배경을 가지고 있거나 여러분의 가족은 다른 전통을 가지고 있을 수 있다.

나는 예수 그리스도가 하나님께로 가는 유일한 길이며 절대 신의를 받을 가치가 있다는 것과 같은, 크고 중요한 문제들에 대한 합의에 관해 말하는 것이다. 즉, 성경은 영감으로 쓰였으며, 기독교인의 삶과 최대한의 기쁨을 위한 오류가 있을 수 없는 지침이라는 것과(벧후 1:3-4; 시 16:11; 딤후 3:16) 그 결과 어린 시절부터 죽음에 이르기까지 하나님이 다스리는 삶보다 더 멋진 것은 없다는 것, 그리고 청년의 때에 창조주를 기억해야 한다는 것이다(전 12:1). 바로 이런 공통의 가치관을 공유하지 않는 사람보다 더 깊이 우리와 연관될 수 있는 사람을 말하는 것이다.

2) 책임감

개인의 책임감은 누군가의 세계관에서 생기는 경향이 있다. 만약 우리가 하나님이 궁극적으로 우리에게 책임을 지우게 하실 것이고(전 11:9), 우리가 세상에서 빛이 될 수 있으려면 투덜대고 불평하는 것을 피해야 하며(빌 2:14-15), 먹든지 마시든지 같은 평범한 일들도 하나님의 영광을 위해 해야 한다고 믿는다면(고전 10:31), 그런 믿음들은 우리의 고용주와 교수, 학업에 대한 우리의 태도를 형성할 것이다. 책임감이 있는 사람은 또한 우리의 생활 공간을 비교적 깨끗하게 유지하고 공동 청소 업무에 즐겁게 참여함으로써 우리의 룸메이트와 함께 방을 쓰는 친구들을 존중하고 도와줄 것이다.

3) 의리

여러분은 여러분의 친구들에게 의지할 수 있다는 것을 알아야 한다. 어떤 중요한 것을 그들과 공유한다면 그것이 부적절하게 반복되지 않으리라는 것을 믿는 것이 중요하다. 진정한 친구는 좋을 때만 여러분과 함께 있는 것이 아니라 힘들 때도 여러분에게 성실할 것이다.

> 친구는 사랑이 끊어지지 아니하고(잠 17:17).

충실함을 찾아라. 주위에 친구가 없는 사람이 다른 친구들에 대해 어떻게 말하는지 지켜보라. 만약 그 사람이 비밀을 공유하거나 다른 사람에 대해 부정적인 말을 한다면, 그와 가까운 것처럼 특별하게 생각하지 말아라. 슬픈 진실은 여러분이 그곳에 없을 때 그 친구가 여러분에 대해 아마도 비슷한 말을 할 것이라는 점이다.

아마도 성경에서 의리의 가장 위대한 예 중 하나는 요나단과 다윗 사이의 우정에서 찾을 수 있을 것이다. 골리앗이 이스라엘 군대를 모욕하고 있는 소고에 다윗이 도착한다. 다윗은 그의 아버지에게서 형제들에게 음식을 가져다주라는 임무를 받고 있지만(삼상 17:17-18), 그를 맞이한 것은 감사함이 아니라 그의 동기를 의심하고 그의 의무를 헐뜯는 것이었다

(삼상 17:28). 사울왕이 "소년"이 무엇을 할 수 있겠는지 의문을 제기하지만, 이와 대조적으로 다윗은 작은 일에 충실함과 큰일에 충실함이 연관돼 있다고 본다(삼상 17:32-36).

전투가 끝났을 때 사울의 아들이자 왕위 계승자인 요나단은 질투와 적대감이 아닌 감탄과 사랑으로 놀라운 반응을 보인다(삼상 18:1-5). 그의 아버지 사울은 나중에 쉽게 믿으려 하지 않았고, 왜 그의 아들이 아버지의 자기 잇속 챙기기와 권력 세계의 계획을 공유하지 않는지 이해할 수 없었다(삼상 20:30-31). 그러나 요나단은 하나님이 다윗의 삶에서 행하시는 일을 깨닫고, 비록 그것이 자신의 목숨을 위태롭게 할지라도, 그의 옆에서 진정한 친구가 되는 것을 기뻐한다. 그게 진정한 친구다.

4) 사랑스럽고 진실하다

성경은 사랑 안에서 진실을 말하라고 명령하며(엡 4:15), 친구의 아픈 책망이 원수의 입맞춤보다 낫다고 말한다(잠 27:6). 항상 여러분이 듣고 싶은 말을 해 주는 사람들하고만 친구가 되지 말라. 철이 철을 날카롭게 하는 것 같이, 생각하고 말하는 것을 따라갈 수 있을 뿐만 아니라 태도와 우선순위, 행동에서 더 경건하고 현명해지도록 여러분을 상대로 경쟁할 수 있는 사람이 필요하다(잠 27:17, 히 10:24).

다시 말하지만, 여러분이 감탄하는 인격을 가진 친구들을 사귀는 것은 매우 중요하다. 왜냐하면, 좋든 싫든 그들이 가는 대로 여러분이 갈 것이기 때문이다.

> 여러분이 감탄하는 인격을 가진 친구들을 사귀는 것은 매우 중요하다. 왜냐하면, 좋든 싫든 그들이 가는 대로 여러분이 갈 것이기 때문이다.

5) 격려

귀중한 친구는 기운을 북돋아 주는 효과가 있다. 그것은 자비로운 은혜가 아침마다 새로운 하나님의 은총에 바탕을 두고 있으므로(애 3:22-23), 여러분이 힘든 하루를 보내고 있거나 뭔가에 대해 여러분과 그들의 의견이 일치하지 않더라도, 그 효과는 긍정적일 것이다.

하나님은 그리스도 안에서 우리를 용납하시고 선한 일을 하라고 부르신다. 그러나 그런 일 때문에 우리를 용납하시는 건 아니다. 그러니 우리가 실패하고 넘어지더라도 담대히 그에게 나아가 회개하고 바로 되돌아갈 수 있다. 여러분이 규칙적으로 안위함을 얻고 믿음이 새로워지려면 여러분에게 이런 영향을 주는 친구들이 필요하다(롬 1:12).

6) 자기 희생

자기 희생을 남용해야 한다는 건 아니지만, 이런 자기 희생의 자질은 충성심과 맞물려 있다. 여러분은 형편이 좋을 때만 여러분에게 신경을 쓰는 것이 아니라 여러분이 위급할 때 기꺼이 여러분을 도와줄 친구를 원한다. 학교 다닐 때 이사를 몇 번이나 도와준 친구 맷의 소식이 끊겼지만, 지금도 나는 그에 대해 듣거나 생각할 때마다 그가 얼마나 인심이 좋았는지 기억나고 그렇게 되고 싶어진다.

7) 영적 도전

여러분은 여러분이 하나님을 열심히 따르도록 권하는 친구들이 필요하다. 성경에서 찾은 통찰력으로 여러분의 생각에 도전하고, 그들이 세운 본보기로 여러분의 삶에 도전하는 친구들이다. 나는 이런 자질이 위에 언급한 다른 것들의 토대라는 것을 알게 되었다. 친구에게서 이런 자질을 발견했을 때, 그가 내 삶에 미치는 영향을 원하기 때문에 인간관계를 유지하기 위해 특히 열심히 노력하는 것이 매우 중요하다.

8) 예의 바른

사귄 지 2년 된 잭이라는 친구가 있었다. 우리 둘 다 테니스, 농구, 스키, 탁구, 당구를 즐겼기 때문에, 함께 했을 때 선택의 폭이 넓었다. 잭은 사람들에게 옳은 일, 가장 좋은 일을 하도록 사람들을 적극적으로 권하는 것을 좋아하는 매우 도전적인 성격을 가졌다.

유일한 문제는 그의 열렬함이 공감이나 따뜻함, 좋은 듣기 기술로 조절되지 않았다는 점이다. 나는 마치 내가 특정한 방식으로 행동하거나 말하도록 압력을 받는 것처럼, 그가 나를 몹시 비난할 것을 막기 위해 그의 주변에서 항상 방어적으로 점점 더 안절부절못하는 나 자신을 발견하게 되었다.

좋은 친구들은 여러분에게 이의를 제기하거나 동의하지 않을 때 특히 공손하다. 그들은 여러분 관점의 흐름을 파악하고 그것을 정확하게 나타낼 수 있다. 그들은 오만하거나 품위를 떨어뜨리지 않는다. 그 대신 가끔 비교적 사소한 문제들에 대한 의견 불일치를 인정하기는 해도, 그들은 여러분을 연마하고 강하게 만든다. 그들은 또한 여러분이 삶의 모든 영역에서 보람 있고 행복하기를 바라면서 여러분의 다른 책임들을 이해하고 지지해 준다.

2. 원래의 지향점으로

만약 여러분이 이런 친구들을 원한다면, 이런 친구가 '돼라.'
다른 사람들이 시작하기를 기다리지 말라. 일을 시작하라. 여러분의 가치와 우선순위를 공유하는 사람들이 자석처럼 여러분에게 끌릴 것이다.
그 외에 정기적으로 여러분의 인간관계를 평가하라.

어떤 것들이 여러분의 삶에 경건함과 탁월함을 촉진하고 있는가?
여러분에게 나쁜 영향을 미치기 때문에 멀리해야 하는 사람들에는 어떤 이가 있는가?
더 많은 시간을 함께하고 싶고 더 깊게 사귀고 싶은 사람들이 있는가?
여러분은 이에 대해 무엇을 할 계획인가?

여러분의 우정을 이렇게 분석하는 것이 불편할 정도로 부자연스럽고 속이는 것처럼 들릴지도 모른다. 그러나 우리가 한 사람과의 관계나 일련의 인간관계를 발전시키고자 할 때마다, 발전시키지 않는 다른 많은 인간관계가 있게 된다.

모든 선택에는 제한이 있다. X를 선택하면 Y는 선택되지 않는다. 가장 쉽다는 이유만으로 그런 팀원들과 함께 서성거리는데 시간을 전부 보낸다면, 여러분은 절대 사귀지 못할 사람들이 생기게 된다. 때로는 좋은 것이 가장 해가 되는 것일 때가 있다. 우리는 단지 마음에 든다는 이유로 어떤 것을 하면서 최고의 기회를 놓치게 된다. 이것은 활동에도 적용되고, 인간관계에도 적용된다. 여러분의 우정을 가꾸는 데 있어서 계획적으로 하라.

여러분이 사귀고 싶은 그런 친구가 되고, 여러분이 그리스도를 위해 열심히 살아가도록 여러분을 다그치는 그런 친구들을 따라가라. 10년 후엔 여러분이 한 것에 대해 만족할 것이다.

> 여러분이 사귀고 싶은 그런 친구가 되고, 여러분이 그리스도를 위해 열심히 살아가도록 여러분을 다그치는 그런 친구들을 따라가라. 10년 후엔 여러분이 한 것에 대해 만족할 것이다.

3. 우정은 결코 강요될 수 없다

계획성이 중요하다는 것에 역점을 두면서, 우정은 결코 강요될 수 없다는 것을 인식하는 것 또한 중요하다. 우리는 놀라울 정도로 상호 연결된 세상에 살고 있다. 만약 여러분이 누군가의 이름을 안다면, 여러분은 어떻게든 그들과 연결할 가능성이 있다(예를 들어, 페이스북). 그리고 우리는 10년 전보다도 훨씬 더 많은 인간관계를 유지하고자 한다.

소셜 미디어는 이것을 가능하게 해 주며, 대체로 매우 도움이 되고 재미도 있다. 가령 내 친구가 방금 해고되었다고 하자. 아마도 그는 되는 대로 채용 광고에 응하기보다는, 그가 유지해 온 광범위한 관계망 기술을 통해 다음 직업을 찾을 것이다. 우리는 종종 사람들 간의 연결이 엄청난 사회적 또는 직업적 기회로 설명되는 세상에 살고 있다.

그리고 그 현실은 독특한 도전을 가져온다. 우리 생활과 주변에서 관련되는 연결이 점점 더 많이 발생함으로 과중하게 될 기회가 증가한다. 우리는 관계하는 게 너무 많다. 우리의 인간관계는 양 당사자가 이런 속박과 서로에 대한 접근 양을 인정할 때 작용한다.

메건은 아만다를 친한 친구로 원하지만, 아만다는 너무 바쁘거나 일상적인 관계 이상의 것에 관심이 없을 때 문제가 발생한다. 메건이 더 많이 밀어붙일수록 아만다는 더 거절한다. 이 원칙은 다른 사람에게 우리 자신을 결코 강요할 수 없다는 것이다.

> 우리가 할 수 있는 것은 [우리의 친구들을] 섬기고, 그들을 격려하거나 돕거나 끌어당길 수 있다는 것을 어느 정도 보여 주는 것이다.

우리가 할 수 있는 것은 그들을 섬기고, 그들을 격려하거나 돕거나 끌어당길 수 있다는 것을 어느 정도 보여 주는 것이다. 만약 그들이 우리가 끊임없이 그들을 필요로 한다고 느낀다면, 그들은 아마도 거부할 것이다.

너는 이웃집에 자주 다니지 말라 그가 너를 싫어하며 미워할까 두려우니라 (잠 25:17)[2]

관계를 맺고자 하는 상대가 부응하지 않으면, 우리는 항상 실망한다. 그러나 그건 해 볼 만하다. 우리는 그가 단지 우리와 주파수가 맞지 않을 수도 있다는 것을 이해할 필요가 있다. 무리하게 밀어붙여 배수진을 치는 것보다 일상적인 정도의 알고 지내는 수준에서 관계를 유지하는 것이 좋다.

4. 우정을 위한 다양한 능력

한계를 정한다면, '영원한 절친'은 몇 명까지 사귈 수 있을까?

---

[2] 그 밖에 드물기는 하지만, 더 비정상적인 가능성은 그들이 여러분에게 그들을 필요로 하는 욕구, 즉 여러분이 그들에게 계속 돌아오기를 원하게 만드는 '은인' 사고방식을 발달시키리라는 것이다. 그것 또한 인간관계를 망칠 것이다.

그것은 우리의 기질에 따라 다를 수 있다. (강점 찾기, MBTI 성격 유형 검사 등) 다양한 성격 평가가 있다. 몇몇은 꽤 상세하지만, 여기서 도움이 되는 범주는 외향·내향 연속체이다.

간단히 말해서, 외향적인 사람은 다른 사람들과 어울리는 데서 에너지를 얻고, (생각하는 대로 말해서) 외적으로 많은 양의 정보를 처리하며, 적극적으로 폭넓게 다양한 관심사를 유지하는 경향이 있다. 반면에 내향적인 사람들은 고독 상태에서 에너지를 회복하고, (아마도 어떤 것에 대해 다른 사람과 대화를 시도하기 전에 생각하거나 써서) 내적으로 정보를 처리하며, 다양한 영역을 폭넓게 다루기보다는 몇 가지 관심사를 깊게 다루는 것을 선호하는 경향이 있다.

이런 차이는 우리가 인간관계를 관리하는 방식에도 이어진다. 애덤 맥휴(Adam McHugh)는 그의 책 『내향적인 그리스도인을 위한 교회 사용 설명서: 외향적 교회 문화에서 나다운 모습으로 존재하기』(Introverts in the Church: Finding Our Place in an Extroverted Culture)에서 이렇게 말한다.

> 내향적인 사람은 인간관계에서 높은 수준의 친밀감을 지향하는 경향이 있다. 그래서 외향적인 사람보다 상대적으로 적은 숫자의 사람들과 관계를 맺는다. 내향적인 사람은 피상적인 관계에 만족하는 경우가 별로 없고 일면식만 있는 사람들을 친구로 여기지도 않는다. 내향적인 사람들은 한담을 좋아하지 않을뿐더러 피곤하게 여긴다. 단체로 모이는 것보다 일대일의 상호 관계를 통해 시간 보내기를 더 좋아하기 때문에 내향적인 사람이 맺는 관계는 더 깊이 있게 진행될 수 있다.[3]

---

3 Adam McHugh, *Introverts in the Church* (Downers Grove, IL: InterVarsity Press, 2009), 41 (『내향적인 그리스도인을 위한 교회 사용 설명서』, IVP 刊).

여러분 중 일부는 항상 뭔가 일어나고 있는 것처럼 보이는 대학 기숙사 환경에서 성장할 것이다. 다른 사람들은 때때로 사람들의 끊임없는 공세가 압도적이라고 생각할지도 모른다. 인간관계 네트워크를 개발하면서 자기 자신에 대해, 삶과 사람에 대한 스트레스가 여러분에게 주는 영향에 대해 아는 것이 좋다. 고독과 사색이 필요하여 더욱 열중하는 사람들은, 공동생활 환경에서 그런 환경적 시간을 얻는 게 항상 쉽지 않기 때문에, 그것을 확실하게 얻는 조치를 하고 싶어 할 것이다.

여러분이 그 문제에 대해 말하고자 할 때, 여러분의 룸메이트와 아파트 친구들을 신중하게 선택하라. 그들에게 가장 감사할 공간과 교감을 주고 싶은 것처럼 여러분이 그들에게 솔직할 수 있다는 것과 그들도 여러분의 영혼과 육체를 대하는 방법을 존중하리라는 것을 확실히 하도록 하라.

5. 교수진과의 관계

멘토로서의 교수진에 대한 생각을 이야기하기 전에, 어떻게 하면 교수님들과 서로 영향을 가장 잘 주고받을 수 있을지에 대해 일반적인 생각을 밝혀 두고자 한다. 이 조언들은 고용관리자나 그 밖의 선임자들에게도 적용된다. 예수님의 비유 중 하나는 다음과 같다.

> 네가 누구에게나 혼인 잔치에 청함을 받았을 때에 높은 자리에 앉지 말라 그렇지 않으면 너보다 더 높은 사람이 청함을 받은 경우에 너와 그를 청한 자가 와서 너더러 이 사람에게 자리를 내주라 하리니 그 때에 네가 부끄러워 끝자리로 가게 되리라 청함을 받았을 때에 차라리 가서 끝자리에 앉으라 그러면 너를 청한 자가 와서 너더러 벗이여 올라 앉으라 하리니 그때에야 함께 앉은 모든 사람 앞에서 영광이 있으리라 무릇 자기를 높이는 자는 낮아지고 자기를 낮추는 자는 높아지리라 (눅 14:8-11).

학계에서는 학부생, 대학원생, 박사과정 이수 후 연구원, 겸임교수, 강사, 조교수, 부교수, 정교수의 지휘계통이 중요하다. 끝자리에 앉는 게 말이 되는데, 솔직히 그곳이 지금 여러분이 있는 곳이기 때문이다. 로마서 13:7의 원칙이기도 하다.

> 모든 자에게 줄 것을 주되 조세를 받을 자에게 조세를 바치고 관세를 받을 자에게 관세를 바치고 **두려워할 자를 두려워하며 존경할 자를 존경하라**(롬 13:7, 강조 추가됨).

교수 또는 자신보다 권위 있거나 선임인 자리에 있는 사람과의 관계에서 주제넘게 나서지 말라. 비록 여러분이 그들과 의견이 다르거나 그들이 마음에 들지 않더라도 그들에게 마땅한 존경과 경의를 표하라. '자격이 있는' 것처럼 행동하지 말라. 여러분의 일로 보여 주고, 자기 자랑을 절대로 삼가라.

그렇다고 여러분이 추천서나 취업 안내에 대해 도움을 요청할 수 없다거나 그들의 의견에 반대 의견을 표현할 수 없다는 뜻은 아니다. 그러나 항상 식탁의 '끝자리'에 앉아서 그렇게 하라. 즉, 다음과 같은 태도로 말하라.

"저는 당신이 저보다 더 오래 공부했다는 것과 당신이 제가 아직 얻지 못한 학문적인 인정을 받았다는 것을 압니다. 그러나 저는 당신이 X라고 했을 때, Y를 설명하지 않았을 수도 있다고 생각합니다. 저는 이것을 더 잘 알고 싶습니다."

대부분의 교수는 말하고 토론하는 것을 좋아해서 그런 종류의 것들을 열심히 들을 것이다. 그러나 그들이 여러분에게 어떤 특별한 것을 내야 한다고 생각하지 말라. 그것은 그들의 나쁜 면과 잘 지내는 확실한 방법이다.

6. 형편없는 교수의 징조

대부분의 교수는 자기들이 하는 일에 꽤 괜찮지만, 그중에는 정말로 나쁜 사람들이 있다.

> **질문**: 학생들이 교수님을 방문하는 시간과 학업성취도 사이의 상관관계가 있다고 보나요?
> - 영어·철학 전공의 최근 졸업생 조슈아
>
> **대답**: 어느 정도는 그렇습니다. 학생이 나와 함께 수업 내용을 토론하는 시간이 많을수록 시간이 지남에 따라 대체로 더 잘합니다. 다른 교수들도 그것이 사실이라는 것을 알 것으로 생각합니다.
> 더 부정적인 순간에, 교수들은 시험을 위해 복습하는 수업을 하면 가장 필요한 학생들이 결석하는 것 같다고 동정하기도 하죠. 슬픈 사실은 과목에서 낙제하는 절대 최하위권 학생들은 때때로 너무 늦을 때까지 그 공부를 하지 않거나 도움을 구하지 않는다는 것입니다.
> 내가 관찰한 다른 흥미로운 효과들이 있습니다. 오답이라도 수업 시간에 묻고 답하는 것은 학업 성취도 향상과 관련됩니다. 자기 생각을 큰 소리로 표현하며 말이 오가는 행위 안에 배움을 강화하는 뭔가가 있다고 생각합니다. 뭔가를 배우는 좋은 방법은 그것을 다른 사람에게 가르치는 것이라는 것 또한 사실이죠. 가끔 수업 시간에 나는 다른 학생의 질문에 대답하라고 한 학생을 시키기도 합니다. 실패를 무릅쓰는 것을 두려워하는 사람들은 좀처럼 성공을 마주하지 못합니다.

수강 신청 전에 교수에 대해 주위 사람들한테 물어보는 것이 좋은데, 특히 어떤 교수에게 수강할 것인지 선택권이 있다면 더욱 그렇다.

다른 교수에게 "시모어 박사님은 훌륭한 선생님인가요"라고 묻지 말라. 우리 교수들은 그 질문에 그렇다는 말 외에는 절대 다른 대답을 하지 않을 것이다. 달리 대답하는 것은 전문가답지 못하고 우리 교수들의 관계를 위태롭게 할 것이다. 왜냐하면, 우리 교수들은 그것이 들불처럼 퍼져 공개적 비난으로 발전할 수도 있다는 것을 알고 있기 때문이다.

그렇다면 그 밖에 누구에게 물어볼 수 있을까?

첫째, 친구들에게 물어볼 수도 있지만, 그들의 말을 분별하여 받아들여라. 해당 교수에게서 실제로 수업을 들은 사람들의 피드백에 우선순위를 두라. 다른 사람들은 그저 얻어들은 소문일 뿐이다.

둘째, 친구들이 어떻게 판단을 내렸는지 주의 깊게 들어 보라. 뭐가 마음에 안 들었는지 물어보라. 교수가 완고했다고 해서 형편없는 것은 아니고, 교수가 너그러웠다고 해서 훌륭한 것은 아니다.

여기 형편없는 선생에 대한 몇 가지 중요한 조기 경고 신호들이 있다. 그 수업을 중단할 수 있도록 빨리 그것들을 파악하라.

1) 막연한 강의 계획서

만약 그것이 매우 짧고 구체적이지 않으며, "우리가 진행하면서 알게 될 겁니다"와 같은 말을 한다면, 여러분은 그 교수가 어리석다는 것을 '알 것이다.' 그는 교재의 어느 부분을 다룰 것인지, 어떻게 여러분에게 평점을 매길 것인지, 그리고 대략 어떻게 수업 시간이 구성될 것인지를 알아야 한다.

2) 부족한 의사소통 기술들

친구들이 교수님이 수업 내용에 대해 명확하게 설명하지 못했다고 말한다면, 그것은 형편없는 것이다. 교수는 자기가 가진 것을 전달할 방법을 알아야 한다. 앞에 말한 학생들이 그 내용을 완전히 이해하지 못했을 수도 있지만, 교수는 그것을 알고 있을 뿐만 아니라 알고 있는 것처럼 말할 수 있어야 한다. 만약 교수가 혼란스러우면, 여러분은 정말 혼란스러울 것이다.

3) 지루한 수업

지루하다는 것이 교수가 가질 수 있는 최악의 특징은 아니지만, 확실히 좋은 것은 아니다. 우리 교수들이 모두 개그맨은 아니지만, 교수는 품위 있고 다정해야 하며, 여러분은 우리 교수들이 신경 쓴다는 것을 알아채야 한다. 우리 교수들이 여러분의 관심을 끌면 끌수록, 여러분은 수업에 더 참여하게 될 것이고, 그 과정에서 더 잘하게 될 것이다. 여러분은 아마 처음 2주 이내에 교수의 성품을 파악할 것이다.

4) 학생 연구원들과 나쁜 관계

대학원생은 계약직 종업원과 같다. 그들은 석·박사 학위를 취득하는 데 있어서 조언을 해 주는 교수 밑에서 일한다. 그들 중 몇몇은 멋진 경험을 하지만, 다른 사람들에게는 완전히 악몽 같은 경험이다. 일부 교수는 일반적으로 이들 대학원생이 붙박이이므로 대학원생들에게 한없이 마구 이래라저래라 할 수 있다고 여긴다. 불평은 상황을 악화시킬 뿐이고, 지도교수와 연구 과제를 바꾸는 것은 막대한 시간 낭비로 그 시간이면 그들이 졸업하고 실제로 돈을 벌 수 있는 문제를 해결할 수 있다.

단지 지도교수 문제 때문에 졸업까지 문자 그대로 1~2년 더 걸린 친구들이 있다. 만약 한 교수가 대부분 학생에게 나쁜 평판을 받고 있다면, 그가 강의는 잘할지는 몰라도 인간적으로는 그와 거리를 두는 게 좋다.

앞서 언급했듯이, 심지어 교수들 사이에서도 지휘계통이 있다. 겸임교수, 강사, 조교수, 부교수, 정교수가 있다. 마지막 셋은 자신의 사무실을 가지고 있다는 것과 일반적으로 학생들이 언제고 만날 수 있다는 점에서 같다. 반면 강사와 겸임교수는 대체로 사무실을 공유하고 있어 학생들이 개별적으로 만나기가 쉽지 않다. 솔직히 그들은 너무 적은 급여를 받고 단지 수지를 맞추기 위해 종종 (아마도 여러 다른 학교에서 가르치는) 두세 개의 일자리를 가지고 있다. 그러니 너무 심하게 굴지 말라.

그들은 때때로 매우 좋은 선생님들이지만, 나는 여러분에게 선택권이 있다면, '정규' 교수들에게서 수업을 듣는 것을 일반적으로 제안한다. 그 교수들은 겸임교수가 수업하는 것보다 시간이 더 많다. 아, 그리고 겸임교수 추천서가 필요하면 겸임교수들은 오래도록 가까이에 있지 않은 경우가 많으니까 바로 받아라.

반대로 정말 유명한 교수의 수업을 듣는다면 수업 시간에 영감을 받고 재미있게 들을 수도 있지만, 아마도 교수가 도시를 자주 떠나 있을 것이기 때문에 수업 시간 외에 교수를 붙잡을 시간을 가지기 어려울 것이다.[4]

---

4 이런 종류의 다른 조언들을 위해 도움이 되는 책은 Philip Freeman, *Lecture Notes: A Professor's Inside Guide to College Success*이다.

7. 교수들에 관해

기독교 대학에서는 교수들이 그리스도인이기를 요구하는 경향이 있다. 몇몇 기독교 기관은 다른 데보다 교리상으로 또 종파적으로 더 편협하며, 따라서 교수들이 여러분의 특별한 신앙 전통 출신일 수도 있고 아닐 수도 있다. 어느 쪽이라도 그리스도인 교수들은 종종 자신의 개인적인 삶과 그들의 하나님과의 관련 활동에 학생들을 끌어들이고자 할 것이다.

그러나 여러분은 시작할 필요가 있을 것이다. 만약 여러분이 그렇게 한다면, 자신들의 시간에 얼마나 많은 요구가 주어지든 교수들이 여러분이 원하는 만큼 시간을 내줄 수 없을지는 몰라도, 교수 중 대부분은 여러분이 교수들의 어떤 조언을 원한다면 여러분과 깊은 수준으로 연결되어 있고 여러분을 위해 그 단계에 있는 것을 영예로 여길 것이다.

일반 대학에 다니는 그리스도인 학생들은 일반 교수들의 조언을 통해 어느 정도까지 배울 수 있을지 고민하기도 한다. 내가 그랬다. 사실 내 본성은 우선 그들에게 지도를 구하지 않는 것이었다.

그러나 다른 사람들은 내가 구약성경에 나오는 요셉과 다니엘의 예를 깊이 생각할 수 있도록 도와주었다. 둘 다 하나님에 대한 신앙에 대해 적대적인 환경에 처해 있었다. 많은 일반 대학의 기독교인처럼 그들은 소수였지만, 그들의 부지런함을 통해 각각 그들의 신앙 전통 밖에 있는 사람들의 호감을 얻었다. 이 호감이 그들의 승진으로 이어졌다(창 39:2, 단 1:20).

비록 그리스도인이 하나님의 구원 은혜를 받는 사람이지만 모두가 하나님의 일반 은총으로 혜택을 받는다는 사실을 기억해야 한다(시 145:9; 15-16; 마 5:44-45; 행 14:16-17). 생명과 재능, 기술, 직업의 축복은 사람들이 그것을 인식하고 감사하든 아니하든 모두 하나님에게서 온다. 비기독교인 교수들은 아마도 여러분이 많은 것을 배울 수 있는 매우 지적인 재능이 있는 사람들일 것이다.

그러나 더 있다. 우리가 모두 하나님의 형상을 지니고 있으므로, 일반 은총에는 마치 하나님이 속에서부터 생명을 주는 분이고, 지속자이시듯, 남을 계발하고 도우려는 내적 욕구가 포함된다(딤전 4:10). 불신 부모들은 (대개) 자녀들을 돌보고 그들을 위해 기꺼이 희생한다. 마찬가지로 비기독교인 교수들도 비록 그밖에 해야 할 일이 천 가지나 있다고 하더라도 (대개) 학생들을 배려하고 기꺼이 충고하며 추천서를 써 준다.

요점은 무엇인가?

대부분의 교수는 자기의 지식을 보급하고 젊은 세대가 열정을 가지고 배우고자 하는 특정한 분야에 숙련될 수 있도록 돕고 싶어서 학문의 길을 추구하기로 선택했다. 여러분의 역사 담당 교수가 기독교인이든 그렇지 않든 간에, 대부분은 진정으로 여러분이 역사 과목에서 뛰어나도록 돕고 싶어 한다.

자, 그들은 성경의 하나님을 비웃을 수도 있고, 편견이나 무지함 때문에 성경의 기록을 비역사적이고 신뢰할 수 없는 것으로 여길 수도 있다. 그러니 방심하지 말라. 통찰력이 있다면, 하나님을 경시하는 세계관의 잡초를 뽑으면서도 그들의 입술에서 떨어지는 진리와 아름다움의 꽃을 꺾을 수 있다.

내가 1학년 때 철학 교수와 대학의 우등생 프로그램 책임자의 영향으로 글쓰기가 엄청나게 좋아졌는데 그들 둘 다 비기독교인이었다. 그러나 이들은 훈련에 열정적이었다. 나는 그들의 피드백에 대해 불평하는 것이 아니라, 그것에서 배움을 얻었다. 그리고 나에게 친절하게 대해 주어서 지금까지도 감사하다.

일부 그리스도인 학생들은 그들의 공부에 대한 심각한 비판을 순전히 종교적 차별대우라고 주장한다. 사실 그들은 단순히 수준이 낮은 공부를 하고 있을 수도 있다.[5] 특히, 여러분이 비기독교 학교의 그리스도인이라면, 여러분 믿음의 결과로 냉대를 받고 있다고 주장하는 것에 신중해야 한다.

성경 구절을 인용하며 그것이 의사 결정에 어떤 영향을 미쳤는지 설명하는 작문이나 하나님을 믿는 이유를 설명하는 철학 과제에서 나쁜 점수를 받는다고 치자. 나도 그런 적이 몇 번 있었다.

여러분은 궁금해할 것이다.

'내가 성경이나 하나님 또는 기독교에 대해 언급하지 않았다면 더 높은 점수를 받았을까?

우리 교수님이 수업 시간에 나눈 이야기를 바탕으로 무신론자이거나 불가지론자인 건 알지만, 그래서 날 바보로 생각하는 걸까?'

질문: 아무도 아첨꾼이나 아부하는 사람을 좋아하지 않는데, 어떻게 하면 제가 교수님들께 성의를 보이고 아첨하거나 교수님들의 애완동물처럼 굴지 않고도 조언을 얻을 수 있을까요?
- 교회음악과 1학년 루크

대답: 이 위험을 과대 평가하지 마세요. 다른 사람과 마찬가지로 교수들은 우리 또는 우리 일에 관심이 있는 학생들을 순수하게 평가합니다.

---

5 다른 그리스도인들도 비슷한 방식으로 지나치게 반응한다. 그들은 이 세대를 본받기를 원하지 않기 때문에(롬 12:2), 그리스도인과의 관계에 우선권을 줌으로써 캠퍼스 친목 단체와 학업의 가치를 경시한다. 내가 대학에 다닐 때, 몇몇 친구와 나는 숙제를 하는 대신 영성과 성경에 대해 길고 광범위한 토론을 하는 단계를 거쳤다. 왠지 하나님께 더 영광을 돌리는 것처럼 느껴졌다. 그러나 실제로 우리는 우리의 학문적 책임에 대해 형편없는 청지기가 되고 있었다.

> 수업에 집중하세요. 그 후에 교수님께 강의 중에 진짜로 흥미로웠던 것에 대해 여쭤 보세요. 최근 시험에서 틀린 것에 관해서도 여쭤 보세요. 그러나 점수를 다시 받기 위해서가 아니라, 단지 그 문제를 더 잘 이해하기 위해서요. 그리고 교수님의 경험에 관해 여쭤 보세요.
>
> 여러분의 학술 동아리가 준비하고 있는 행사에 교수님을 초대하세요. 학우들과 나는 우리 교수 가이쉬 박사를 초대해 체육관에서 함께 배구를 했습니다. 그는 자주 왔으며 훌륭한 선수였죠. 비교적 규모가 작은 대학에서는 교수들이 일반적으로 더 개방적이며 이런 종류의 소통에 더 많은 시간을 갖습니다. 더 큰 학교에서는 아마도 세미나 과정과 전문 조직에 더 의존해야 할 것입니다.
>
> 만약 여러분이 훌륭한 의도로 이런 것들을 한다면, 학교 친구 중 일부가 여러분을 아첨꾼이라고 생각해도 걱정하지 마세요. 그들은 교수에게 성의를 보여야 할 다른 이유를 상상할 수 없으므로 그렇게 생각하는 것이며, 그리고 그렇게 함으로써 그들은 자신들의 미성숙함을 당신에게 (서툴게) 나타내는 것입니다.

교수 쪽에서 나쁜 목적이 있다고 '단정 짓지' 말라. 그 사람에게 가서 어떻게 하면 더 잘할 수 있는지에 대해 겸손히 도움을 요청하라. 의심스러운 점은 그에게 유리하게 해석해 주라.

여러분이 단순히 여러분에게 더 높은 점수를 주도록 그를 함정에 빠뜨리려는 거만한 기질보다는, 그의 능력과 경험을 인정하는 존경스럽고 품위 있는 태도를 보인다면, 교수는 일반적으로 여러분의 기술을 강화하기 위해 기꺼이 시간을 할애할 것이다. 만약 여러분이 큰 대학에 있다면, 교수가 아니라 조교(많은 경우 대학원생)가 작문을 읽었을 수도 있다는 것을 명심하라.

비록 그리스도인이 때때로 학계에서 부당하게 대우를 받지만, 우리는 결코 명확한 증거 없이 이런 일이 일어나고 있다고 단정해서는 안 된다. 그리고 우리가 우리의 믿음을 분명히 제시'할' 때, 우리는 오만과 적의가 아닌, 항상 겸손과 온유함으로 그렇게 해야 한다(딤후 2:24-26).

> 우리가 우리의 믿음을 분명히 제시할 때, 우리는 오만과 적의가 아닌, 항상 겸손과 온유함으로 그렇게 해야 한다.

학문적 우수성에 대한 존중의 부족과 우리 신앙의 오만하고 신랄한 표현은 모두 다른 사람들에게 나쁜 본보기가 되고 기독교의 형편없는 증거가 된다. 더 나아가 예수 그리스도에 관한 관심을 가지려는 비기독교인 교수와 학생들의 마음속에 단단히 박히는 나쁜 기억을 만들어 내는 경우가 많다.

온 마음을 다해 하나님을 사랑하고 학문적인 우수성을 추구하는 데 기독교 정신에 어긋나는 것은 없다. 오히려 기독교는 우리를 근면한 학생으로 만들고, 졸업 후 종교적으로 어떤 다양한 공동체 안에서든 충실한 직원, 좋은 이웃, 훌륭한 시민으로 만들어 준다(딛 2:11-12; 3:1-2; 롬 13:1-2). 다음과 같은 성경 구절을 기억하는 것이 좋다.

> [우리가] 하는 모든 일에 최선을 다하며, 사람을 위해서가 아니라 [우리가] 주님을 위해 하듯이 열심히 하십시오(골 3:23, 쉬운 성경).

마지막으로, 좋은 교수들을 알 기회를 활용하라. 일부 대형 대학에는 소규모 수업 크기의 특별 세미나 과정이 있다. 만약 여러분이 전문적인 단체의 일원이라면, 저녁 식사와 같은 행사에 교수진을 초대하라. 소규모 학교에서는 학기 말에 수강생들을 집으로 초대하여 식사하는 교수들도 있다. 그리고 업무 시간을 사용하라. 부끄러워하지 말라. 교수님께 관심 있는 분야가 무엇이었는지, 그리고 어떻게 전공 분야를 선택했는지 여줘 보라. 아니면 지금 무슨 연구를 하고 있는지 여쭤 보라. 교수들은 전체적으로 내향적인 편이지만, 일단 여러분이 우리 교수들을 대화에 끌어들이게 되면, 멈추기 힘들 수 있다.

8. 결론

인간관계는 아주 중요하다. 여러분이 친구와 멘토로 누구를 선택하느냐가 여러분의 모습을 길이길이 형성할 것이다. 지혜자와 같이 걸으면 지혜로워질 것이다. 여러분이 수업의 많은 내용을 잊은 지 오랜 후에도, 누구와 교제했는가는 여러분에게 깊은 영향을 줄 것이다. 여러분의 인간관계에 대해 특히 여러분이 친하고 개인적인 친구들의 모임에 끌어들이는 사람에 대해 사려 깊고 계획이 있어야 한다.

훌륭한 인간관계는 자신을 확장하고 경험을 하게 하는 방법이며, 아마도 소규모의 경우, 그것들을 잃어버린 우리의 삶을 발견하는 것을 의미한다. 타인에게 자신을 베푸는 과정을 통해, 우리는 타인의 슬픔과 기쁨으로 들어갈 수 있는 공감과 성숙, 정서적 강인함, 더 넓은 사랑, 연결 능력을 얻게 된다.

이런 자질들은 여러분이 평생 더 큰 행복의 수준을 경험할 수 있게 뿐만 아니라, 여러분을 정서적으로 영민하게 만들어 다른 사람들의 영원한 선을 위해 깊은 영향을 줄 수 있게 할 것이다. 정서와 인간관계의 기술은 하나님 나라에서 여러분의 열매를 맺는데 매우 중요하다.

> 타인에게 자신을 베푸는 과정을 통해, 우리는 타인의 슬픔과 기쁨으로 들어갈 수 있는 공감과 성숙, 정서적 강인함, 더 넓은 사랑, 연결 능력을 얻게 된다.

토론

1. 대학에서 훌륭한 가까운 친구를 찾는 데 있어서 얼마나 계획적이었나?

2. 지금 여러분을 하나님에게서 끌어내리거나 갈라놓는 데 어떤 것이 관계하고 있는가?
여러분은 그것에 대해 무엇을 할 계획인가?

3. 가까운 친구 두 사람의 이름과 그들에 대해 여러분이 가장 감탄하는 성격을 나열하라.
그들은 여러분이 하나님을 더 사랑하는 데 있어서 어떻게 도와주고 있는가?

4. 좀 더 알고 싶은 사람들이 있는가?
일을 시작하기 위해 삼가야 할 행동 단계를 몇 가지 적어 보라.

5. 일부 학생은 불평하거나 추천서를 요청하는 것 외에는 자기 교수들에게 절대 말을 하지 않는다.
여러분은 교수들과의 관계를 어떻게 특징짓겠는가?
여러분이 더 알고 싶거나 혹은 여러분이 어떤 형태의 전문적이거나 개인적인 조언을 받고 싶은 사람을 한두 명 들 수 있는가?

제2장

흔히 저지르는 실수 #4: 왜곡된 데이트와 연애

> **》 성장의 원칙 : 적합한 사람을 끌어당겨라**

대학에서의 남녀관계는 놀라운 기회나 큰 위험을 의미하는, 즉 멋지거나 혼란스러운 것일 수 있다. 그 관계는 사랑과 기쁨, 반석 같은 안정을 가져다주는 평생의 유대를 발견하는 호된 시련의 장이 될 수도 있고, 가슴 아파하고 후회하며 가슴 졸이는 외로움으로 기록되는 무대가 될 수도 있다.

주목해 주겠는가?

아마도 우리가 본서에서 논의한 다른 어떤 분야보다 데이트와 성에 관해 이야기할 때 여러분의 이해관계가 깊다. 여러분은 언제까지나 여기에 승부를 걸고 있다. 여러분은 전공을 바꿀 수 있다. 여러분은 새로운 친구들을 찾을 수 있다. 그러나 여러분이 생각하는 방식과 이성과의 소통 방식에서 생기는 패턴은 여러분에게 평생의 문제를 일으킬 수 있다.

여러분이 무엇을 심든지 그대로 거둘 것이다(갈 6:7). 하나님의 은혜와 용서, 변화할 힘이 분명히 있는 동안, 하나님의 고통스러운 징계와 죄의 결과는 피하고 대신 그를 찬미하는 방식으로 사는 즐거운 축복을 경험하는 것이 좋다.

> 하나님의 고통스러운 징계와 죄의 결과는 피하고 대신 그를 찬미하는 방식으로 사는 즐거운 축복을 경험하는 것이 좋다.

그러나 단지 여러분이 이성과 관련하여 (함께 자는 것과 같이) 명백히 죄가 되는 행동을 피하기만을 원하는 것은 아니다. 여러분이 현명하지 않거나 도움이 되지 않는 태도와 행동을 피하기를 또한 원한다. 여러분이 자신에게 깊은 기쁨과 행복을 가져다주면서, 하나님과 다른 사람들을 가장 존귀하게 하는 과정을 계획함으로써 남녀관계에서 '성장하기'를 원한다.

잠시 여러분의 장래를 생각해 보라. 공개적으로 쉽게 인정할 수 있는 것은 아니지만, 여러분 모두는 아닐지라도 '대부분은' 이성과 높은 수준의 정서적 또는 육체적 친밀감을 경험하고 싶어 할 것이다. '그런' 욕구는 여러분을 곤경에 빠뜨릴 수도 있고, 또는 (결혼 제단처럼) 여러분을 제단 쪽으로 이끌 수도 있다.

왜 그럴까?

하나님은 정서적 친밀감, 육체적 친밀감, 결혼이라는 세 가지 모두를 어우러지게 만드셨기 때문이다(히 13:4; 잠 5:15-23).

1. 친밀감에 대한 욕구는 우리를 결혼으로 이끌기 위한 것이다

성적, 정서적 친밀감에 대한 여러분의 욕구는 하나님이 여러분을 결혼으로 이끌기 위해 계획한 것이다. 인류 역사의 대부분을 통해, 남성과 여성의 태반은 성인으로 들어가는 것과 결혼하는 것이 어느 정도 함께 이루어졌다. 그러나 오늘날 성인 독신자는 우리 부모님 때보다 더 흔하다. 이런 추세는 더 많은 사람이 보수가 좋은 일자리를 구하기 전에 더 많은 교육을 받는 데 더 많은 시간을 할애하는, 어느 정도는 지식 기반 경제의 부산물이다.

그러나 오늘날 성인 독신자의 증가는 또한 청년기의 연장에 따른 직접적인 결과로서, 이는 내가 서문에서 언급한 것으로 제2부 제3장에서 논할 내용이기도 하다. 즉, 최근의 대학 졸업생들은 대개 특정한 남자나 여자에게 평생의 약속을 하는 성인의 책임을 질 준비나 의지가 없다. 이전 세대보다 우리는 부모님의 결혼이 실패하는 것을 더 많이 봐 왔으므로, 결혼하기 전에 조심하고 싶어 한다.

우리 사회의 다른 측면들도 마찬가지로 별로 안정적이지 않다. 여러분은 아마 최근의 대학 졸업생들이 자주 직업이나 심지어 살던 도시를 바꾸는 것을 보았을 것이다. 사실 그것은 전형적인 현상이다. 매년 이십 대 미국인 세 명 중 한 명이 이동한다. 그들은 인생의 어떤 다른 시기보다 일자리 변화를 자주 경험한다.[1]

자리 잡고 결혼하지 않는 것은 당연하다. 우리는 붙박이로 살지 않는 것에 익숙해져서, 자연스럽게 독립성과 유연성을 선호하며, 여기에는 한 군데 매여 있지 않은 것도 포함된다.

그렇다고 해서 그것이 관련된 대가 없이 결혼의 혜택 대부분을 추구하는 것을 막지는 못했다. 미국 성인 10명 중 9명 이상이 결혼 전에 성적으로 적극적이며,[2] 24세 미만 여성 10명 중 6명은 '이미' 남자 친구와 동거한 경험이 있고, 3명 중 2명은 이십 대에 언제고 그렇게 할 것이다.[3]

> **흥미로운 사실**
>
> 미국 성인 10명 중 9명 이상이 결혼 전에 성적으로 적극적이며, 24세 미만 여성 10명 중 6명은 '이미' 남자 친구와 동거한 경험이 있고, 3명 중 2명은 이십 대에 언제고 그렇게 할 것이다.

---

1 Robin Marantz Henig, "What Is It about 20-Somethings?", *New York Times Magazine*, August 22, 2010, http://www.nytimes.com/2010/08/22/magazine/22Adulthood-t.html?_r=2&ref=magazine.
2 Mark Regnerus, "The Case for Early Marriage," *Christianity Today*, July 31, 2009.
3 Institute for American Values, *The 2008 Marriage Index Report*. 또한, Robin Marantz Henig, "What Is It about 20-somethings?"

아이를 갖고 싶은 욕구는 어떤가?

2007년에 미국 아이들 10명 중 4명이 혼외자로 태어났다. 이들 대부분이 부주의한 십 대 임신인가?

아니, 그 경우는 절반 정도밖에 안 된다.[4]

그러나 그리스도인은 안 그렇다고?

다시 생각해 보라. 우리라고 더 잘하고 있는 것은 아니다. '교회에 다녔거나 거듭난 그리스도인'으로서 현재 누구와 사귀고 있는 사람 5명 중 4명이 채 안 되는 사람들이 현재 어떤 식으로 든 성관계를 맺고 있다.[5] 낙태의 다섯 중 하나는 복음주의 기독교 신앙을 고백하는 여성에 의해서 행해진다.[6] 따라서 그리스도인이라고 해서 성과 출산을 결혼과 분리하려는 시도에서 벗어나 있지 않다.

그러나 결혼은 단순히 섹스하고 나서 죄책감을 느끼지 않는 것이나 귀여운 아기를 낳고 키우는 것 이상의 기회이다. 이는 하나님이 가까운 평생의 관계에서 필연적으로 드러날 수밖에 없는 우리의 이기심과 자존심을 다스리도록 강제하셔서 우리를 그의 형상으로 만들어 내는 환경이다.

결혼은 예수 그리스도와 그의 신부, 교회, 그의 백성들 관계의 세계를 보여 주는 그림이다(엡 5:23-32). 물론, 어떤 사람들은 변함없는 헌신으로 그리스도를 섬기기 위해 특별히 독신의 삶을 살려고 한다(고전 7:32-34). 그러나 하나님이 언제고 결혼하라고 부르셨다고 믿는 사람들은 우리가 학위를 따고 경제적 독립을 이루는 것과 같은 다른 장기적인 목표를 세

---

4 베드포드 윌콕스(Bradford Wilcox)가 "The Real Pregnancy Crisis," *Wall Street Journal*, May 22, 2009에 질병관리센터의 자료를 보도했다.
5 Mark Regnerus, "The Case for Early Marriage," *Christianity Today*, July 31, 2009. 나는 본 서에서 이 말을 사용하는 것을 아주 싫어하지만, 구강성교와 상호 자위행위는 일부 대학생들이 제안하는 것과는 달리 섹스의 한 형태이다.
6 "Abortion Common among All Women," *Alan Guttmacher Institute*, 1996, http://www.guttmacher.org/media/nr/prabort2.html.

우듯이 결혼을 목표로 삼아야 한다. 결혼에 관해 고려하지 않고 이성만을 추구하는 것은 우리를 성적 유혹에 노출하고 우리가 순결함을 유지하는 데 실패할 확률을 높인다.[7]

따라서 데이트 목적 또는 목표는 두 사람이 가까운 미래에 결혼할 것인지 아닌지를 알아보는 것이어야 한다.[8] 데이트할 때 '결혼을 싫어하지' 말라. 만약 좋은 짝을 만들 것이 아니라면, 데이트 상대가 될 필요가 없다.

결혼을 싫어하는 것의 위험을 언급하는 데 있어서 신중하고자 한다. 여러분 중 일부는 정반대 성향을 가지고 있어서 (또는 앞으로 갖게 되어서), 부모님이 대학에 데려다주고 나서 첫날부터 상대자를 찾게 된다. 여러분은 어떤 사람을 두 달 안에 제대로 알지 못했지만, 마음속으로 웨딩드레스를 쇼핑하거나, 여러분이 꿈에 그리던 여성을 어떻게 만났는지 생각하고 있다(그래, 나는 여러분의 페이스북 상태와 사진을 보았다).

여러분 중 많은 사람, 특히 신입생들은 너무 빨리 연애를 하게 된다. 이런 경향이 행복한 결혼으로 이어지는 예도 있지만, 적절치 않은 애정행각과 탈진으로 이어지는 경우가 더 흔하다. 그러므로 이 위험부터 다뤄 보기로 하자.

---

[7] 나는 이런 주제들을 *With One Voice: Singleness, Dating and Marriage for the Glory of God* (Christian Focus, 2006)과 "A Balanced View of Singleness"에서 더 자세히 다루고 있다. 그 논문은 여기서 볼 수 있다. http://www.boundless.org/2005/articles/a0002123.cfm.

[8] 물론, 여러분은 결혼하기 전에 졸업부터 하고 싶을지도 모른다. 그렇게 하는 데는 타당한 이유가 많다. 그렇긴 하지만, 어떤 사람들은 졸업 전에 짝을 확정하는데, 그것이 그들 계획에 도움이 되기도 한다. 이는 예비부부 각자가 고민해야 할 지혜의 문제다.

2. 첫 번째 위험 : 연애와 결혼을 위해 사는 것

1) 너무 빨리 연애에 빠지는 것

갑자기 '중요한 상대방'에 푹 빠지는 것은 둘 중 한 명이 대학에서의 경험, 즉 자유롭게 공부하고, 새로운 사람들을 만나며, 새로운 경험들을 시도하는 것을 즐기기 어렵게 만든다. 왜냐하면, 서로를 거의 알지 못했음에도 서로에게 매여 있기 때문이다.

동성 간의 튼튼한 우정 관계를 발전시키지 못했거나 사실상 깨어 있는 모든 시간을 그와 보내기 위해 그런 우정에 투자하는 것을 중단했기 때문에, 얼마나 많은 시간을 둘이서만 보내고 얼마나 책임지는 일을 소홀히 하는지에 따라 이런 종류의 인간관계는 정서적으로 소모적이며 성적으로 부도덕한 행위로 이어질 수 있다. 개인적 순결 기준에 대한 타협은 종종 관계에 대해 죄책감과 후회를 먹구름처럼 드리우게 되고, 파국으로 치닫게 된다.

수업이나, 교회, 학생 단체, 캠퍼스 사역, 단체 나들이, 합창단, 교내 스포츠, 공동의 친구들, 주거 생활 활동 등 자연스러운 방법과 단체생활을 통해 이성을 알아 가는 데 전념한다면 너무 친밀해지는 것을 피하기 쉽다. 그런 상황에서는 그들이 여러분을 어떻게 대하는지뿐만 아니라 그다지 영향을 받지 않는 다른 사람들을 어떻게 대하는지 볼 수 있으므로 일대일 경우보다 성격을 더 잘 평가할 수 있다.

여러분은 둘이 어떻게 맞는지에 대해 자연스럽게 느낄 수 있을 것이다. 연애관계는 자연적으로 강요되지 않고 서두르지 않는 상황에서 발전하는 튼튼한 우정의 기초 위에서 가장 잘 지속한다는 것을 명심하라.

너무 빨리 연애에 빠지는 것의 문제점 중 하나는 상대방을 거의 알지 못한다는 것이다. 그 짜릿함이 강렬해서 여러분은 상대방을 간절히 알고

'싶으므로' 많은 시간을 둘이서만 보내게 된다. 그러나 또 다른 문제는 여러분이 아직 '자기 자신'에 대해서도 잘 알지 못할 수 있다는 것이다.

> 여러분은 자신이 인생에서 어디로 가고 있다고 보는가?
> 하나님과의 관계는 기초가 튼튼한가?
> 여러분은 대학의 학문적 요구에 따라 변화했는가?
> 이런 인간관계를 갖는 이유는?
> 여러분은 남자 친구가 신분이나 안전을 가져다줄 것이라고 보기 때문에 원하는가?
> 여러분은 자신의 자아를 달래 줄 여자 친구를 원하는가?

2) 백마 탄 왕자를 찾는 데이트

연애관계에 뛰어들기 전에, 하나님만이 될 수 있는 존재를 다른 사람에게서 찾지 않도록 자신의 기독교적인 삶에 대한 책임을 지거나 아직 불러일으키지 못한 영적 동기를 마련할 필요가 있다. 다시 말해서, 여러분은 '이미' 그리스도 안에서 성장하고 있고 여러분의 영적 삶을 기운차게 추구할 필요가 있다.

> 연애관계에 뛰어들기 전에, 하나님만이 될 수 있는 존재를 다른 사람에게서 찾지 않도록, 자신의 기독교적인 삶에 대한 책임을 질 필요가 있다.

경건한 남자 친구나 여자 친구가 영적 성장에서 확실히 좋은 계기가 될 수 있다고 생각할 만하지만, 진실은 누구도 여러분을 대신해서 유혹에 맞서 싸우거나 영적 힘을 발달시킬 수 없다(잠 9:12; 갈 6:3-5). 그렇다, 좋은 남자나 여자는 여러분이 더 강한 그리스도인이 되도록 뒤에서 밀어 줄 것이다. 그러나 남자 친구의 기독교적 헌신으로 도전을 받는 것과 그것에 의지하여 사는 것 사이에는 큰 차이가 있다. 다음 질문을 통해 자신을 확인하라.

'그가 나에게 도전을 줄 수도 있지만, 대신에 내가 그에게 도전을 줄 수 있을까?'

경건한 남자는 어느 정도 비슷하게 경건한 여자하고만 인간관계를 맺고 싶어 해야 하며, 또한 경건한 여자도 마찬가지다.[9] 그렇긴 하지만, 매우 현실적인 '백마 탄 왕자' 효과가 있다. 남자는 "그녀의 성장을 도울 수 있으므로" "곤경에 처한 아가씨"에게 쉽게 넘어갈 수 있다. 안 좋은 생각이다. 그녀는 아마도 여러분이 그녀를 미처 끌어 올리기 전에 여러분을 약하게 하거나 뒤처지게 할 것이다.

같은 의미로, 소녀들은 가끔 이렇게 설명한다.

"그는 아직 확실한 그리스도인은 아니지만, 그에게 나를 보고 싶다면 나와 함께 교회에 가야 한다고 말했어. 그는 정말 상냥해. 그가 올 것을 알고 있어."

하나님의 은혜로 그는 그럴지도 모른다. 그러나 하나님의 은혜를 전제로 하지 말라. 결과는 종종 정반대이다.

남자여, 지나치게 의존적인 여자는 여러분을 백마 탄 왕자처럼 느끼게 해 줄지는 모르지만, 여러분은 그녀에게 여러분을 필요로 하도록 하면서

---

[9] 주의: 나는 그들이 그리스도인이 된 기간이 반드시 비슷해야 한다고 말하는 것이 아니다. 타일러가 믿는 가정에서 자랐고 어린 시절에 신앙을 갖게 되었다고 하자. 애슐리는 캠퍼스 사역을 통해 구원받았고, 2년 후 활기에 차고, 성장하며, 안정적이고, 경건한 그리스도인이 되었다. 그녀가 그리스도인이 된 지 2년밖에 되지 않았기 때문에 타일러가 그녀를 얕보아서는 안 된다. 복음의 변화 효과에 대한 그녀의 경험은 그의 것보다 더 크지는 않더라도 같을 수 있다(많은 죄가 사해졌기 때문에 그의 사랑함이 많았던, 죄를 지은 한 여자를 생각해 보라〈눅 7:36-50〉). 마찬가지로, 어디에서 '지냈는지'는 어디로 '가느냐'보다 그리 중요하지 않다. 그렇기는 하지만 타일러와 애슐리의 경우, 아마도 뚜렷이 다른 출신 가정에 따라 결혼과 가족에 대한 그들의 기대가 어떻게 형성되어 나갈지는 앞으로 제기될 수 있는 문제이다. 그러나 그것 때문에 일이 잘 안 풀리는 것은 아니다.

결혼 생활의 나쁜 기반이 되고 여러분의 자아를 병약하게 키울 것이다.

여자여!

약한 남자 친구는 없는 것보다는 낫게 느껴질 수 있지만, 결국에는 더 나빠질 수 있다. 비록 그가 여러분의 기독교 신앙을 다른 길로 돌리지는 않는다 해도, 강화해 주지는 않을 것이다. 그리고 그는 더 강한 남자는 메울 수 없는 여러분 삶의 공백을 메워 줄 것이다. 결혼 상대가 아닌 사람과 데이트할 때 가장 큰 문제점 중 하나는 진정한 결혼을 완성할 수 있는 사람과 보낼 수 있는 시간을 낭비한다는 것이다.

하나님의 영광을 위해 살고자 하는 소망을 공유하지 않는 사람은 절대 사귀지 말라. 그렇게 하는 것은 그리스도에 대한 여러분의 사랑과 자신이 중요하게 여기는 상대방에 관한 관심 사이에 경쟁을 일으킬 것이고, 어느 한쪽이 필연적으로 양보하게 될 것이기 때문이다.

데이트할 가치가 있는 유일한 사람은 여러분 삶의 모든 영역, 즉 그리스도와의 관계, 학업, 다른 인간관계와 헌신에서 여러분을 더 강하게 밀어 주는 사람이다. 마찬가지로, 지나치게 소유욕이 강한 여자나 남자는 여러분의 삶의 다른 중요한 측면에 대한 불안감이나 인식 부족을 보여 주기 때문에 위험 신호이다.

3) 결혼, 약혼을 위해 졸업장을 따는 것

이것은 우리 시대에는 흔한 현상은 아니나, 특히 기독교 대학이나 신학대학에서 종종 일어난다. 결혼, 약혼을 위해 졸업장을 따고자 하는 여성은 그녀의 수업이나, 전공, 지적 능력의 개발보다 그 일에 더 신경을 쓸지도 모른다. 행복하게, 그녀는 가능한 한 빨리 결혼하기를 고대한다. 그녀는 아이들을 위한 충분한 시간과 남편이 그녀를 부양할 모습을 그려 보고 싶어 한다.

그런데 왜 굳이 좋은 학생이 되는 것에 신경을 쓰겠는가?

그녀는 때를 기다리고 자격 있는 남자를 찾는 편이 더 낫다.

이런 사고방식을 비판하기 전에, 우리는 여대생이 그녀를 부양하는 남편의 아내와 엄마가 되고 싶어 하는 것에 아무런 문제가 없다는 것을 인정할 필요가 있다. 이것들은 천부적이고 생물학적으로 뿌리를 둔 욕구이며 그것을 무시하는 것은 어리석은 것이다. 그러나 주의하라. 일반 대학에서 여성이 그런 염원을 인정하는 것은 일반적으로 조롱과 경멸의 결과를 낳을 것이다. 그게 아니었으면 좋겠지만, 실제로 그렇다.

교수들은 그런 학생이 순진하고, 자신을 평가 절하하며, (특히 그녀가 실력 있는 학생이라면) 그녀의 전문적 잠재력에 도달하지 못한다고 생각할 것이다. 기독교 대학에서도 "정착하고 가정을 꾸리기 전에 경력을 쌓아라"라고 조언을 해 줄 사람들이 많다. 이 조언의 문제점은 통계적으로 말하면, 대학 졸업 후 결혼을 선택하는 경향이 줄어들고 있다는 것이다.[10]

따라서 만약 아내와 엄마가 되는 것이 고귀한 염원이라면, 대학의 목적은 무엇일까?

우리가 나중에 논하겠지만, 대학 학문에는 특정 직업을 위한 기술을 습득하는 것보다 훨씬 더 많은 것이 있다. 여러분이 수학이나, 문학, 연설, 생물학, 철학, 역사 등을 공부한다면, 여러분은 하나님과 그가 창조한 세상에 충만한 진리와 아름다움에 대해 더 많이 보게 될 것이다.

만약 여러분이 대학에 있다면, 하나님이 여러분을 부르신 이유 중 하나는 그가 여러분을 위해 준비한 것이 '무엇이든지' 그것을 위해 자신의 두뇌를 개발하는 것이다. 필기 및 구술 의사소통 기술과 분석 기술, 수학 기술은 모

---

[10] 이 문제에 관한 훌륭한 책은 Danielle Crittenden, *What Our Mothers Didn't Tell Us: Why Happiness Eludes the Modern Woman* (New York: Simon & Schuster, 1999)이다. 크리텐든은 일부 페미니스트 지도자들이 많은 여성의 결혼 목표와 열망을 깎아 내리고 결혼보다 경력을 증진하려는 경향을 유쾌하게 비판하고 있다.

두 가정 관리와 아이들 양육을 포함한 다양한 환경에서 도움이 된다.

한 분야에서 훈련된 사람들은 다른 분야에서도 훈련되는 경향이 있으므로, 열심히 공부하는 것은 (단지 여러분의 두뇌뿐만 아니라) '인성' 발달에도 좋다. 그리고 여러분이 결혼하고, 아이를 갖는다고 해서, 돈을 벌 필요가 전혀 없다고 생각하는 것은 주제넘은 일이다. 아무리 가장 행복한 경우에서도, 남편이 한동안 직장을 잃거나 다쳐서, 대신 일을 해야 할 수도 있다. 그런 일은 얼마든지 일어난다.

마지막으로, 어떤 훈련이든 지적이고 학문적으로 뛰어나다고 해서 여성스럽지 않다는 것은 아니다. 일부 보수적인 기독교계에서는 여성들이 너무 유능하면 남자들이 겁을 먹고 다가서지 않을까 봐 두려워한다. 그러나 만약 여러분이 하나님의 영광을 위해 산다면, 여러분의 주된 관심사는 하나님이 주신 능력과 재능을 계발하고 최대화하는 것이어야 할 것이다.

물론, 어떤 겁쟁이들은 여러분에게 선뜻 다가서려 하지 않겠지만, 그렇다고 손해 볼 것은 없다. 여러분이 가진 근면함과 신실함, 능력 때문에 더 많은 유능한 남자가 제대로 여러분에게 다가올 것이다. 그러니 큰 꿈을 가져라.

3. 두 번째 위험: 결혼 반대

일부 대학생이 연애를 지나치게 중시하고 인간관계를 어리석게 추구하는 방법 세 가지를 살펴봤다. 반대되는 위험은 불필요하게 결혼에 반대하는 것으로, 이 또한 다양한 방법으로 나타난다.

일부 학생은 "우연히 만난 사람과 별 의미 없이 섹스하는 것" 또는 "연애는 안 하면서 섹스만하는(편익을 보는) 사이"를 통해 신체적 친밀감을 추구한다(누군가의 '편익'은 비용 대비 가치가 없다). 그러나 그들은 정서적 친밀감이나 결혼에 대한 기대에서 그것을 분리한다. 그 반대인 학생들도 있다. 이들은 정서적으로 친밀한 남녀의 우정은 가지고 있지만, 그 관계는 정신적인 것이며 그들 사이에는 아무 일도 없다고 주장한다. 세 번째 그룹의 학생들은 그들이 '영혼의 동반자'를 찾을 필요가 있다는 잘못된 생각으로 좋은 잠재력을 가진 인간관계를 방해한다.

이것들을 각각 살펴보자.

1) '우연히 만난 사람과 별 의미 없이 섹스하는 것과 '연애는 안 하면서 섹스만 하는 사이'

'우연히 만난 사람과 별 의미 없이 섹스하는 것'과 '연애는 안 하면서 섹스만 하는 사이' 문화의 중심에 있는 근거 없는 믿음에는 '단지 섹스만'이라는 것이 자리 잡고 있다.[11] 그러나 다른 사람과 '단지 섹스만' 할 수는 없다. 그렇다 하더라도, 많은 사람이 즉흥적인 전율을 제공하는 가벼운 섹스를 찾지만, 가슴 아픈 일은 아침에 찾아온다.[12]

다른 사람과 육체적으로 친밀해질수록, 여러분의 마음은 그 사람에게 더 가까이 매이게 된다. 여러분이 그들과 유대감을 '가지고' 있더라도, 그 사람을 다시 보지 않게 되거나 혹은 깊이 있는 감정적인 연결이 전혀 진

---

11 이 신화는 '안전한' 섹스를 하라는 일반 대학의 공통적인 경고와 밀접한 관련이 있다. 여기서 '안전'은 '임신이나 성병에 걸리는 것에서 안전'을 의미한다. 영구적 책임을 지지 않는 사람에게 자기 몸을 내주는 것은 정서적 의미에 관해 고려하지 않는 것이다.
12 한 연구 보고서에 따르면 대학생의 70퍼센트가 그들과 연애감정이 없는 파트너와 섹스를 했다고 말하고 있다(S. S. Feldman, R. A. Turner, and K. Araujo, "Interpersonal context as an influence on sexual timetables of youths: Gender and ethnic effects", *Journal of Research on Adolescence* 9, 〈1999〉: 25-52). 그러나 일반적 연구원들까지도 "우울증 증상 또한 가벼운 섹스에 관여하는 것과 관련이 있다"라고 말한다(C. M. Grello, and D. P. Welsh, "No Strings Attached: The Nature of Casual Sex in College Students", *The Journal of Sex Research*, 43 〈3〉, August 2006: 255-267).

전되지 않은 채 또 다른 상호 섹스 남용 기회에 그가 나타나기 때문에, 나중에는 서먹서먹하게 느껴진다.

일반적으로 여자는 남자보다 이렇게 연락을 끊는 것에 더 예민하게 느끼며 당연히 속았다고 느낀다.[13] 이에 반해, 둘 다 이런 소위 말하는 우정에서 지속적인 이익을 얻지 못한다. 여자는 시간이 지남에 따라 자신이 타락했다고 느끼고, 남자는 점점 그들의 영혼에서 성적 충동을 분리하는 법을 더 익히면서 그녀를 가장 존중하고 소중히 여기기 위해 자신의 이익을 희생하는 것은 고사하고, 여성과 진정한 친밀감을 경험하는 능력마저 떨어지게 된다.

어느 쪽이든, 그것은 언젠가 여러분이 평생 진정으로 사랑하고 싶은 사람과 순수하고, 사심 없으며, 개방적이고, 관대한 친밀감을 경험하기 위한 최선의 준비는 아니다. 성경에서 혼외 섹스를 금하라고 가르치는 것은(살전 4:3-8; 히 13:4) 단지 그리스도 제자들에게서 정당한 즐거움을 빼앗기 위해 임의로 고안된, 자의적이고 스릴 넘치는 금지법이 아니다. 그것은 우리의 가장 큰 행복을 얻기 위한 중요하고 실용적인 지침이다.

---

[13] 이 주제에 관심이 있는 여러분을 위해, 이 주제를 다룬 다양한 연구가 있다. 예를 들어, 미국가치연구소(the Institute for American Values)는 2001년에 오늘날 여대생의 연애와 결혼에 관해 연구했다(*Hooking Up, Hanging Out, and Hoping for Mr. Right: College Women on Dating and Mating Today*). 이 연구는 여자가 가벼운 섹스 남용의 관행 때문에 더 분명하고 즉각적인 상처를 받는다는 것을 보여 주고 있다. 또 다른 좋은 자료는 Miriam Grossman, *Unprotected* (Penguin, 2007)이다. 심리학자 그로스만은 대학 캠퍼스의 성적 문란 행위와 특히 여자가 느끼는 우울증과 불안감 같은 정신 건강 문제들의 증가 사이의 연관성을 끌어내고 있다. 내가 보기에 비록 즉각적으로 드러나는 것은 덜하지만, 남성에게 미치는 부정적 영향도 마찬가지로 사실이다.

2) 정신적(Platonic) 인간관계

남자와 여자가 강력하고 엄격한 정신적 관계를 누릴 수 있을까?

일대일로 정말 좋은 친구가 되고 서로에게 마음을 털어놓지만, 피차 로맨틱한 관심은 조금도 없는 것일까?

'정신적 인간관계'라는 용어는 철학자 플라톤(Plato)에게서 유래되었다. 플라톤은 우리 인간이 태어날 때 육체 속에 함축된 영혼이 선재한다고 믿었다. 그래서 우리의 몸은 영혼과 같은 본질에 속하지 않는다. 마이크의 영혼은 아만다의 영혼과 가장 친한 친구가 될 수 있지만, 그들 사이에 육체적 교제는 없다. 따라서 마이크와 아만다는 '그냥 친구'로 남을 것이다. 둘 다 상대방에게 로맨틱하거나 성적 흥미를 일으키지 못할 것이다.

실제로도 그런 일이 일어날까?

우리 자신의 경험과 이 주제를 다룬 로맨틱 코미디를 통해 우리는 일이 보통 다른 방향으로 진행된다는 것을 알 수 있다. 왜냐하면, 우리의 몸은 우리의 정신과 구분되어 있지 않기 때문이다. 우리는 정서적·육체적·영적 존재이다. 정서적 친밀감은 육체적 친밀감의 시작이며, 결혼으로 이 둘은 서로 촉진하면서 함께 간다.

그렇다면 여자와 남자가 친구가 될 수 있는가?

물론, 그렇다. 구분된 것처럼 여기지만 말라. 여러분이 그와의 결혼 가능성에 관심이 없다면, 정서적 친밀감을 멀리하라. 내가 보기에 남자와 너무 감정적으로 얽히는 것을 피하는 좋은 방법은, 그 남자와의 일대일 시간을 줄이거나 끊는 것이다. 여러분은 그것을 '데이트'라고 생각하지 않을지라도 그는 다르게 그에 대한 감정이 무르익었다는 것을 알리고 말할 수도 있다.

그리고 만약 여러분이 그와 결혼하는 가능성을 추구하는 데 관심이 '있다면', 그에 대한 감정이 커졌다는 사실과 이 시점에서 그가 '남자답게' 자신의 의도를 밝히고 결혼 지향적인 방향으로 관계를 정해야 한다는 사실을 그에게 알려 주든지, 아니면 다른 남자를 위해 여러분의 마음과 시간을 자유롭게 놓아 주도록 해야 한다.

3) 영혼의 동반자(soul mate)에 대한 근거 없는 믿음

좋은 사람 한 명만 찾으면 되는데, 딱 '한 명 밖에' 없을까?
'영혼의 동반자'를 찾아야만 하는가?

위키피디아는 '영혼의 동반자'라는 용어를 "깊고 자연스러운 친화성, 사랑, 친밀감, 성, 영성과 성격이 맞다고 느낀 사람"으로 정의한다. 이 말은 남자가 여자를 만나고 그 감정이 너무 강렬해서 각자가 '하나'라는 것을 바로 '알게 된다'는 것이다. 이 말에 수긍하지 않을 사람은 아무도 없을 것이다. 이런 전광석화 같은 연결 경험을 할 때까지 세상을 찾아 헤매는 것이 우리 일이다.

이 개념에는 몇 가지 문제점이 있다.

> **질문**: 그것보다 본질적으로 뭔가 더 있어야 한다는 메시지를 보내지 않고도 이성과 단순히 친구가 되는 방법에 대해 조언해 줄 수 있나요?
> – 물리·공학과 3학년 캘빈
>
> **대답**: 나는 일대일보다 그룹 안에서 시간을 보낼 것을 추천합니다. 만약 학생이 이성 중 어떤 이에게 학생과 활동을 함께 하자고 제의한다면, 그것은 학생의 의도에 대해 의심을 불러일으킬 것입니다. 그리고 이 점을 직시해 봅시다. 그런 의심은 합리적일 때가 종종 있는데, 결국 학생은 그 한 사람만 골라낸 것입니다.

> 만약 단지 친구들을 원한다면, 학생은 학생식당에서 함께 식사하는 것
> 이나, 교내 경기, 기숙사 활동, 교회 행사 등을 통해 사람을 알아 가는
> 것이 가장 좋습니다.
> 학생이 그 사람과 단둘이 있을 때, 그가 자신에게 어떤 식으로든 특별
> 하다거나 그에게서 일정 수준의 관계 지속이나 감정적인 연결을 기대
> 한다는 것을 여러분의 말, 어조, 또는 몸짓을 통해 나타내는 것을 피
> 하세요.
> 예를 들어, "너, 이번 주에 나한테 전화 한 통 안하더라"라는 말은 그
> 가 여러분에게 전화를 '해야 했다'라는 것을 암시할 수 있습니다.
> 남성과 여성을 특이하게 연결짓기 쉬운 매우 개인적이고, 민감한 주
> 제들은 피하세요. 학생에게 순수할 수 있지만, 그에게는 매우 의미 있
> 을 수 있는 포옹과 같은 신체적 애정 표현은 피하거나 최소화하세요.
> 상대방이 학생보다 더 민감할 수 있다는 사실을 존중해 주세요. 신체
> 적 친밀감이나 '연애는 하지 않으면서 섹스만 하는 사이' 식의 마음가
> 짐을 피하세요.

(1) '영혼의 동반자'는 감정에 너무 많은 역점을 둔다

감정은 우리가 좋을 때 중요하고, 기분이 나쁠 때는 아무 쓸모 없다. 적어도 두 경우 모두 객관적으로 무엇이 진실이거나 최선이라는 틀림없고 신뢰할 수 있는 지표는 없다. 나는 수학 시험을 포기하여 기분이 나쁠 수도 있지만, 높은 점수를 받았을 수도 있다.

이 세상에 나에겐 단 한 명의 사람이 있고, 그 사람과 연결되면 '느낄 것'이라고 믿는 것은, 나를 억누르고 오도하기 일쑤인 내 모습에 큰 신뢰를 준다. 사실 이것은 '자신을 그렇게 생동감 있게 만드는' 어떤 새로운 불꽃을 위해 배우자를 버리는 그리스도인들을 포함하여 많은 어른이 사용

하는 잘못된 추론과 같은 것이다. 그들은 인간관계의 변화가 그에게 '맞다'라는 것을 '알' 뿐이다. 그러나 결혼 전이든 후이든 감정은 속이기 마련이다.

(2) 처음의 감정적 전율은 결국 사라져 간다
사만다는 여름 동안 데이비드를 만나면서, 갑자기 엄청난 힘이 넘치는 것을 느꼈다. 그들은 직장에서 많은 대화를 나누었다. 그들은 둘 다 같은 회계법인에서 인턴으로 근무했기 때문에 항상 만날 수 있었다. 사만다는 데이비드가 그리스도인이라는 것을 처음 알았을 때를 기억한다. 단번에 마음이 맞았다. 그는 매력적이고, 다정하며 '그리고' 착한 그리스도인이었다.

이것은 하나님이 하신 건가, 뭔가?

그녀는 심지어 앞으로 무슨 일이 일어날지를 알아보지도 않았다. 가을이 다가오자, 데이비드는 사만다에게서 약 200마일(322km) 떨어진 자기 대학으로 돌아갈 계획을 세웠다. 그는 그녀에게 자주 전화하고 문자를 보내겠다고 약속했고, 처음에는 그렇게 했다. 그러나 중간고사가 시작되자 사만다와 데이비드는 각자 학교 수업과 관련된 일에 몰두했다.

그들이 서로 연결되려면 더 많은 훈련과 의지가 필요했지만, 그들은 그렇게 자주 하지 않았다. 사만다는 처음 흥분이 식기 시작했다. 데이비드는 너무 멀리 있는 것 같았다.

그는 정말 그녀를 위한 '그 사람'이 아니었을까?

사만다는 단지 처음의 전율이 줄어들었다는 이유만으로 데이비드와 헤어질까 생각 중이다. 그러나 처음의 흥분이 사라지는 것은 매우 흔한 일이다. 전에는 거의 애쓰지 않아도 되었던 인간관계가 이제는 일이 되어 버린 것이다.

데이비드가 그녀에게 맞지 않는다는 뜻인가?

꼭 그렇다고 할 수는 없다. 감정의 고조에 너무 중점을 두는 것은 양날의 검이다. '그것은 여러분을 나쁜 관계로 이끌 수도 있고, 좋은 관계에서 벗어나게도 할 수 있다.' 심장과 머리를 모두 사용하는 것이 좋다.

(3) "영혼의 동반자"는 지나치게 이상적이다

특별한 이성을 알면 알수록 그들의 결점을 더 많이 만나게 될 것이다. 여러분의 이성 친구가 완벽하지 않고 (가끔 입 냄새 같은) 몇몇 단점이 드러나는 데 몇 달이 걸릴 수도 있다는 것은 놀랄 일이 아니다. 여러분이 결정해야 할 것은 이런 결점들이 그가 여러분의 인생의 동반자로서 부적격자로 간주할 정도로 큰 것인가다. 타당성 문제다.

어떤 사람들은 결혼에 지나치게 열심이어서 상대에 대한 기준을 낮추는가 하면, 또 다른 사람들은 영구적 책임을 너무 두려워해서 터무니없이 그 기준을 끌어올린다는 것에 주의하라. 그들은 책임뿐만 아니라 더 나은 사람을 놓칠 가능성을 두려워한다. 안성맞춤인 사람은 한 명뿐이라는 지나치게 이상주의적인 생각은 아무것도 아닌 일로 상대와 헤어지게 하고 나중에는 왜 '좋은 사람들'을 다 놓쳤는지 의아해하게 만든다.

> 어떤 사람들은 결혼에 지나치게 열심이어서 상대에 대한 기준을 낮추는가 하면, 또 다른 사람들은 영구적인 책임을 너무 두려워해서 터무니없이 그 기준을 끌어올린다.

우리가 누구와 결혼하는지는, 상대가 성장하는 그리스도인이라면, 그리스도인의 자유에 관한 문제이다. 지구를 샅샅이 뒤질 필요는 없다. 하나님은 많은 수단을 통해 일하시며, 대학은 우리에게 결혼 상대로 적당한 그리스도인들을 만날 기회를 준다. 만약 여러분이 그 사람을 좋아하고, 그와의 관계가 자신과 잠재적 배우자의 삶에서 경건함과 탁월함을 촉진한다면, 그 사람은 완벽하게 잡을 만한 가치가 있는 사람이다.

4. 스스로 바람직한 사람이 되는 것과 그런 사람의 마음을 끄는 것

좋다, 그래서 나는 사람들이 연애하고자 하는 데 있어서 너무 빨리, 너무 경솔하게, 그리고 개인적 성숙을 기르거나 견고한 우정의 토대를 마련하는 데 충분한 시간을 할애하지 않는 몇 가지 태도에 대해 경고했다. 마찬가지로 사람들이 불필요하게 결혼을 꺼리는 몇 가지 태도에 대해서도 경고했다.

그럼 어떻게 해야 할까?

나는 배우자를 추구하기 위해 정해진 성경적 방법은 없지만, 몇 가지 확고하고 영원한 원칙은 있다고 생각한다. 관건은 바람직한 사람의 마음을 '끌어당기려면' 바람직한 사람이 '되어야 한다'는 것이다.

1) 남녀 간의 우정을 이용하여 품성과 인간관계에서의 성숙함을 기르라

여러분은 비록 일부러라도, 경건한 이성의 구성원들과 함께하기 위해 노력하라. 평생 좋은 친구가 될 것이다. 그들 중 한 명은 나중에 여러분의 배우자가 될 수도 있다.

나는 '정신적 연애' 관계의 위험성에 대해 언급했지만, 특히 단체 환경에서 이성과 건강한 상호 작용을 할 수 있는 여지가 많다. 이 기회를 이용해 인간관계 기술을 갈고 닦으라. 좋은 질문을 하고, 공감하며 들어라. 방심하지 말라. 비난하지 않고 상냥하게 배려와 관심을 표현하는 방법을 찾아라. 관심을 표하고 칭찬하라. 아르바이트, 캠퍼스 사역 활동, 공부 모임을 통해 여러분은 이성 동료 학생들에 대한 우정, 연애가 아닌 친밀감, 감수성을 연습할 기회를 많이 얻게 된다.

2) 성경의 전형적 모범을 받아들이라(창 1-2장; 엡 5:22-32)

하나님의 계획은 그리스도께서 교회를 사랑하신 것처럼 남편이 아내를 계획적이고, 희생적이며, 진취적인 방법으로 사랑하는 것이다. 하나님의 계획은 아내가 남편의 애정이 어린 지도력을 키우고 확인하며, 보완하고 완성함으로써 둘 중 어느 한쪽이 따로 하는 것보다 둘이 함께 훨씬 굳건하게 서는 것이다.

질문: 대학은 배우자를 찾기에 편리한 곳이라고 하셨잖아요. 그러나 제 경험상 연인관계에는 너무 많은 집중과 관심이 필요하므로, 학교 공부나 하나님과의 관계에는 신경을 덜 쓰게 됨을 깨닫습니다.
바로 이런 이유로 제가 대학에서 당분간 대놓고 독신으로 지내려고 하는 데 이것에 대해 어떻게 생각하세요?
- 문예창작학과 1학년 케이트

대답: 학생이 맞아요. 특히, 학교생활 초기에는 중요한 상대방에게 많은 시간을 할애하게 되고 주의가 산만해질 수 있습니다. 대학은 여러분의 재능을 발견하고 그것을 위해 학문적으로 준비하는 특별한 시기입니다. 기능적 독립성을 확립하는 시기이기도 하죠. 그리고 두드러지게 나타난 사람 없이도, 공부와 생활 관리의 건강한 습관을 기르기가 더 쉬울 때가 많습니다.
다시 말해서, 대학에서 건강한 우정 수준의 인간관계를 맺는 방법, 즉 관계적 친밀함을 멀리하고 여러분이 매일의 활동을 통해 사람들을 알아 가는 것을 즐기는 방법이 많습니다. 이 과정에서 만약 어떤 특정한 남자나 여자가 여러분에게 잠재적 배우자로 어필할 경우, 나는 다음

> 의 두 가지 위험을 경고하고자 합니다.
> (탈진 위험이 있을 만큼) 둘의 관계가 너무 빨리 진행되는 것과 하루하루 너무 바빠서 다른 인간관계를 간과하는 것입니다. 특히, 큰 뜻을 품은 능력 있는 학생들에게 삶은 항상 너무 바쁠 것입니다. 이 사람이 여러분의 삶에서 소원해진 경건과 장점에 도움을 주는지 자문해 보세요. 만약 그렇다면, 그 사람에 대해서는 혼란스러워할 필요가 없습니다. 그는 여러분의 대학생활과 어쩌면 여러분의 남은 인생에서도 매우 중요하고 의미 있는 부분이 될 수 있습니다.

단지 육체적으로 매력적이지만 도덕적으로나 영적으로 문제가 있는 사람과 데이트 하지 말라. 그리고 단지 시간을 보내기 위해 데이트하지 말라. 계획적으로 행동하라. 남편이나 아버지, 아내나 어머니에게 어떤 점을 원하는지 생각해 보라.

남자여!

강인함과 부드러움, 자제력과 대담함, 조용한 자신감과 겸손의 조합을 연마하라. 여자가 솔선수범하기를 기다리지 말라. 친구 사이에서도 자기 뜻대로만 하지 말고 주변 사람들에게 감사하기 위해 앞장서서 종의 지도력을 기르는 방법을 찾아보라.

여러분의 신호가 여자에게 어떻게 받아들여지는지 주의하라. 그들은 보통 이런 것들에 적응한다. 계획적이고 일관성이 있어야 한다. 그녀에게 관심 없다고 말하지 말고 관심 있는 것처럼 행동하라. 그리고 여러분이 그녀에게 관심을 표명하기 전에 그녀가 여러분에게 관심이 있는지 '낚시질'하지 말라. 그건 소극적이고 비겁한 행동이며, 똑똑한 여자는 그것을 꿰뚫어 볼 것이다.

여자여!

신뢰할 만하고 상냥하면서도 무관심한 기질을 길러라. 즉, 감정을 억제하고 모든 카드를 보여 주지 말라. 남자가 주도권을 잡기를 원한다면 그렇게 할 기회를 줘라. 남자는 도전을 나타내는 성취하기 어려운 것을 중요시한다. 그가 여러분의 신뢰와 궁극적으로 여러분의 마음을 얻기 위해 힘쓰도록 하라.

만약 여러분이 단지 여러분의 몸으로 남자를 매혹하기 위해 옷을 입는다면, 천박하고 약하며 지나치게 성적인 조건의 남자를 유혹하게 되더라도 놀라지 말라. 그들은 여러분의 대화 기술 때문에 그곳에 있는 것이 아니다. 반면 수준 높은 남자는 겸손과 신중함을 갖춘 내적, 외적 아름다움에 끌린다. 내 아이들이 닮았으면 하는 성격을 가진 남자에 대해 생각해 보라. 그리고 그런 남자를 매혹할 수 있는 여자가 돼라.

3) 서두를 필요는 없지만, 그렇다고 쓸데없이 미루지는 말라

대학에서의 첫해를 대학생활 적응, 다양한 우정 형성, 학업 집중을 위해 보내는 것은 대체로 좋은 생각이다. (제2부 제3장에서 더 자세히 설명하겠지만) 몇 년 안 있어 기능적으로 독립해야 하는 상황에서 이성 친구 만드는 일에 서두를 필요는 없다. 특히, 여러분이 누구인지, 그리고 학문적으로 무엇을 하고 싶은지 아직도 찾는 상황이라면, 더 그렇다. 여러분의 규칙적인 활동과 신뢰를 쌓아 가는 과정에서 자연스럽게 우정이 발전하도록 하라.

다른 사람이 여러분에게 너무 빨리 움직이게 한다든지 혼자 너무 많은 시간을 보내게 한다든지, 미래에 관해 이야기하거나 너무 친해지도록 강요하게 하지 말라. 세세하면서도 자신을 드러내는 대화를 하지 않아도 서로를 알 수 있다. 그냥 그와 함께 있는 것이 즐겁다고 말하라. 그러나 여러분은 상황을 좀 늦추고 싶을 것이다. 단체나 공공장소에서 더 많은 시간을 보내는 것이 도움이 될 것이다. 여러분의 대화를 덜 민감한 주제로 돌려라. 만약 그가 이런 여유로운 속도에 불편해 보이거나 여러분을 압박하거나 조종하려 든다면, 그것은 위험 신호이다.

'중요한 상대방'을 갖는 것은 시간이 오래 걸리는 일일 수 있지만(어떤 사람들은 그것을 추가로 과정을 듣는 것에 비유한다!), 특히 시작 단계에서는 꼭 그럴 '필요'는 없다. 여러분의 생활 형편과 개인의 성숙함에 대한 현실적인 고려에 비추어 속도를 조절하라. 신입생 한 쌍보다 500마일(800km) 떨어진 동네에서 온 선배 두 명이 서로가 잘 맞는지를 알아내려고 서두르는 것은 당연하다.

나에게 관계를 약혼으로 이끌기 위해 얼마나 빨리 그 이야기를 꺼내야 하는지 묻는 젊은이들이 가끔 있다. 나는 그들의 질문에 감탄한다. 왜냐하면, 우리 시대의 보편적 문화로 남성이 수동적이고, 헌신하기를 꺼리며, 최소한의 비용으로 많은 "여성 혜택"을 얻고자 하는 경향이기 때문이다.

그러나 나는 보통 "만일 모든 것이 잘된다면 언제 프러포즈할래"라고 물어본다. 만약 그들이 "아, 2년 후에요"라고 말한다면, 내 대답은 이것이다.

"좋아, 그럼 뭐가 그리 급해?

그냥 서로에 대해 알아 가는 것을 즐기고 속도를 적당하게 유지해. 단거리(50yd=45.72m) 달리기가 아니라 장거리(10km) 달리기야."

기회가 되면 서로의 가족을 만나고 어느 날 단번에 일을 처리하라. 여러분이 그녀에게 어떻게 영향을 미치는지 그리고 그녀가 여러분에게 어떻게 영향을 미치는지 알아보라.

그녀가 여러분이 하는 모든 일에서 예수님을 더 사랑하고 섬기도록 뒤에서 밀어 주는가?

그것이 그녀에게 영향을 미쳤는가?

여자의 동향을 찾아보라. 갈등이나 마찰이 일어날 때 겸손하고, 함께 장애물을 헤쳐나가도록 하라. 모든 결혼 생활은 험난하다.

여러분은 여러분이 틀렸을 때 사과하면서 겸손함을 보여 주는가?

아니면 그녀를 비난하면서 자신의 실수와 단점을 숨기려 하는가?

물론 그녀의 (또는 그의) 애정을 얻고 싶겠지만, 자신을 숨기지 말라. 동시에 여러분이 되어야 할 사람이 되기 위해 하나님의 은혜로 힘쓰라.

결혼 전 약 6개월에서 9개월은 결혼에 관한 기대와 역할, 일과 생활의 균형, 재정, 자녀, 교회, 시부모(장인·장모) 등과 같은 중요한 문제들을 다루는 질문을 던지기에 좋은 시기이다. 마지막 단계에서 겁을 먹는 것은 아주 드문 일은 아니다. 여러분이 신뢰하는 신앙 선배들의 의견을 구하라. 물론, 이 단계에서 관계가 틀어지는 타당한 이유가 있겠지만, 약혼자가 될 사람이 완벽하지 않다는 것을 발견하는 것은 좋은 일은 아닐 것이다.

헤어지는 데 있어서 타당한 이유는 무엇인가?

만약 여러분이 아프가니스탄(Afghanistan)에서 선교사가 되기로 하고, 그녀는 그 일에 관계하고 싶어 하지 않는다든지, 가족의 교회 생활에 대한 그의 생각이 아이들은 엄마와 함께 교회를 가고, 자신은 신학이나 스타일이 더 마음에 드는 다른 교회를 가는 것을 의미한다면 말이다. 물론, 이 중 어떤 것은 여러분이 만날 때 둘 다 자신에 대해 얼마나 알고 있는지에 따라 처음 인간관계를 맺을 때 평가할 수 있을 것이다.

둘 다 신뢰하는 신앙 선배의 조언이 여러분이 서로 감탄하는 상대방 성격의 자질을 확인시켜 준다면, 만약 여러분이 함께 시간을 보내는 것을 좋아하고 갈등을 잘 해결해 왔다면, 일과 생활에서의 역할 기대치와 결혼이 어떨 것 같은지를 논의했다면, 만약 여러분이 기능적 독립심과 새롭고 영구적인 룸메이트를 받아들일 준비가 되어 있다면, 그가 바로 내가 찾는 그 사람이라는 하늘의 소리를 기다리지 말라. 그리고 만약 그가 여러분의 손가락에 반지를 끼워 준다면, 그에게 돌아오기 전에 양털 뭉치를 세 차례나 타작마당에 둘 필요가 아마 없을 것이다(삿 6장).

데이트의 요점은 무엇이었나?

5. 결론

하나님은 우리를 남자와 여자로 만드셨고, 그러지 않으셨다면 지루했을 것이다. 서로에 대한 육체적, 정서적 욕구는 우리를 결혼 쪽으로 향하게 하기 위한 것이었다. 책임을 지지 않으면서 복을 붙잡으려고 하지 말라. 그들은 어우러지게 되어 있으므로, 그렇게 하는 것이 최선이다. 우리는 이기적이고 기쁨에 끌려다니는 세상의 방식에는 반대하며 그리스도 안에서 형제자매로서 서로를 존경하도록 하는 하나님의 계획에는 찬성해야 한다.

경건한 아내나 남편은 하나님이 주신 선물이다(잠 18:22). 정직하게 행하는 자에게 좋은 것을 아끼지 아니하시는 하나님이 정확한 때에 복을 주시기를 빈다(시 84:11).

토론

1. 연애와 결혼을 위해 사는 것과 결혼을 너무 꺼리는 것 중 어느 것이 여러분에게 더 큰 위험인가?

2. 이전에 데이트 관계가 있었을 경우 (만약에 있다면) 어떠했는가?
   어떻게 시작했는가?
   어떻게 끝났는가?
   돌이켜보면, 여러분이 이 경험에서 무엇을 배울 수 있었는가?

3. 여러분이 결혼하고 싶은 그런 종류의 사람이 여러분과 결혼하기 위해, 스스로 어떤 유형의 사람이 되고자 하는가?
   여러분이 성장하고 싶은 분야는 무엇인가?

4. 이성을 존중하는 것은 어떻게 하고 있는가?

5. 이번 장이 데이트나 이성에 대한 여러분의 태도나 동기 부여에 관해 관심을 불러일으켰는가?
   만약 그렇다면, 어떻게?

제3장

흔히 저지르는 실수 #5: 성인이 되기를 거부하는 것

≫ 성장의 원칙: 아빠, 엄마에게서 독립하라

    매트, 롭, 브리트니, 로라는 모두 최근 대학을 졸업한 친구들이다. 그들은 각각 시카고(Chicago) 지역에서 자랐고, 지금은 모두 돌아와 부모님과 함께 집에서 살고 있다.

    매트의 전공은 생물학이었지만, 그는 다양한 대학원 과정을 고려하면서 지난 1년 동안 집들을 페인트칠하는 일에 종사했다. 그는 위스콘신(Wisconsin)주와 오하이오(Ohio)주에서 정규직으로 일할 기회를 몇 차례 거절했는데, 이유는 신입사원에 대한 보수가 너무 적은 것에 충격을 받았기 때문이다. 그는 석사학위가 그에게 더 많은 돈을 벌게 해 줄 것으로 생각하고 있다.

    롭은 회계학을 전공했고, 그가 졸업하면서 인턴으로 일할 수 있어서 만족했다. 인턴의 보수가 별로여서, 그는 저축하면서 집에서 생활하고 있다. 그는 두어 달 후에 인턴이 끝날 때까지 일자리를 구하지 못하면 어떻게 할지 모르지만, 적어도 그의 부모님은 그것에 대해 그를 괴롭히지는 않는다.

    브리트니는 영문학을 전공했지만, 무엇을 하고 싶은지 잘 모르고 있다. 그녀는 줄곧 동물을 좋아해서 수의과대에 갈 생각을 하고 있다. 그녀는 2년 전 졸업 후 세 번째 직장인 애플비(Applebee's)에서 지난 6개월 동안 서빙 일을 해오고 있다.

경영학을 전공한 로라는 매트와 더 가까워지기 위해 작년에 졸업한 후 집으로 돌아왔다. 그들은 가끔 데이트했고, 그녀는 뭔가 진지한 단계로 발전하기를 바라고 있지만, 지금까지 매트는 기껏해야 반반인 것 같다. 그러는 동안 그녀는 아빠의 사업을 위해 틈틈이 잡다한 일을 해 왔지만, 마음에 드는 일이 아닌 것은 확실하다. 그녀는 집을 나와, 항공사 승무원이라는 직업을 얻어 기회가 되면 세상을 둘러봐야 하지 않을까 하고 생각한다. 그러나 걱정스럽기도 하다. 그녀는 자신이 독립할 준비가 되어 있는지 자신이 없다.

여러분은 아마 매트, 롭, 브리트니, 로라 같은 친구나 친척들을 알고 있을 것이다. 사실 그들 중 아무도 독립할 준비가 되어 있지 않은 것 같다. 그리고 그들만 그런 것은 아니다.

'CollegeGrad.com'이 2009년 졸업생들을 대상으로 한 조사에 따르면, 최근 졸업생들의 거의 70퍼센트가 졸업할 때 직업이 안정되지 않았고, 다섯 명 중 네 명은 집으로 돌아갔다.[1]

여전히 경제침체인가?

최근의 경제침체 이전에도, 더 많은 대학생이 졸업하는 데 더 오랜 시간이 걸렸고, 그들이 자리를 잡고 재정적으로 독립하는 데 실제로 더 오랜 시간이 걸렸다. 그래서 그들은 학사모와 졸업가운을 벗은 후, 종종 엄마, 아빠의 집으로 들어간다. 비록 그들이 원하는 직업을 갖더라도 결국 대학이나 대학원에서 쌓인 빚으로 스스로 살아갈 여유가 없거나, 그저 그 책임을 떠맡을 준비가 안 되었을 수도 있다.

---

[1] 이 추세는 그 이후로 더 나빠졌을지도 모른다. 필라델피아(Philadelphia)에 본사를 둔 마케팅 및 리서치 유한회사인 Twentysomething, Inc.에 따르면, 2010년 5월 대학 졸업생의 85퍼센트가 졸업 후 집으로 돌아갈 계획을 세웠다고 한다. 이 비율은 2006년 67퍼센트에서 꾸준히 증가해 왔다. "2009 College Graduates Moving Back Home in Larger Numbers," *CollegeGrad.com*, July 22, 2009, http://www.collegegrad.com/press/2009_college_graduates_moving_back_home_in_larger_numbers.shtml.

우리 중 많은 사람은 부모님과 가깝게 지낸다. 우리는 잘 지내고 자주 소통한다.

뭐가 문제인가?

문제는 어떤 사람들은 그들의 부모와 너무 가까워서 내가 기능적 독립성이라고 부르는, 엄마와 아빠의 직접 개입 없이도 (수표장을 결산하고, 청구서를 처리하며, 책임감을 느끼고 사회생활을 재주껏 하며, 상사 및 동료와의 갈등을 해결하는) '역할'을 다하는 능력을 성취하는 것이 더 어려울 수 있다는 것이다.

1. 휴대 전화: 편리한 도구인가 아니면 생명선인가?

내가 대학에 다닐 때는 휴대 전화를 가지고 있지 않았기 때문에, 수업, 친구, 갈등 또는 내 셔츠에 묻은 케첩 얼룩을 지우는 방법 같은 것들에 대해 주로 부모님과 상의했다. 내가 이메일을 많이 사용했는데도, 우리 부모님은 아직 초고속 인터넷에 연결되어 있지 않았다. 간격을 과장해 말하면, 뉴욕 서부에 있는 우리 대학은 내 고향인 시카고 교외에서 약 650마일(1,000km) 떨어져 있었다.

결과가 어땠을까?

아버지와 전업주부인 어머니에게서 거의 떨어져 있지 않고 18년을 보낸 후, 나는 대학 1학년 추수감사절에 처음으로 집에 가기 전 3개월 동안, 거의 부모님과 연락을 하지 않은 것 같았다. 대학 4년이 훌쩍 지나가고, 여름 한 차례만 집에 있었던 셈이다(인턴십으로 다른 곳에서 지냈다).

나는 세탁, (일종의) 청소, (간신히) 요리, 장보기, 수표책 잔액관리, 신용카드 관리, 자동차 관리, 그리고 청구서 지급 방법을 배워야 했다. 그것은 항상 쉽거나 순탄한 것은 아니었고, 때때로 부모님께 조언을 구한 것은 사실이지만, 나는 홀로서기 할 힘을 키우지 않을 수 없었다.

그러나 오늘날, 휴대 전화로 여러분이 언제든지 부모님께 전화할 수 있게 되었다. 여러분은 수업 들으러 가면서 한 과목 수강을 그만둔 것에 대해 아빠에게 조언을 구할 수 있다. 여러분은 구내식당에 줄을 선 채 엄마에게 전화하여 점심 메뉴에 대한 생각을 들을 수 있다. 평범한 것들에 대한 이런 일상적 대화를 통해 많은 조언을 얻을 수 있다.

> **흥미로운 사실**
>
> 1학기 동안 신입생들은 휴대 전화로 얼마나 자주 부모님께 통화할까? 미들베리대학(Middlebury college)의 바바라 호퍼(Barbara Hofer)가 실시한 연구에 따르면, 신입생들은 첫 학기 동안 일주일에 평균 10.4회 부모와 대화를 나눴는데, 이것은 그들이 예상했던 것보다 3배나 더 자주 한 것이다.[2]

신입생 3명 중 1명은 심지어 관찰자들이 공부하는 이가 학생들인지 부모들인지 궁금해할 정도로 그들의 부모에게서 '학업상의' 도움을 받는 것으로 나타났다. 이것은 오늘날 엄마와 아빠들이 종종 숙제를 돕는 것과 스스로 하는 것 사이의 경계를 모호하게 한다는 것을 보여 주고 있다.

나는 부주의한 계산법이나 맞춤법 오류가 많이 있는 채로 숙제를 제출하는 신입생들을 많이 봤다. 나는 그들이 똑똑하고 능력이 있다는 것을 알고 있으므로 대체로 이것을 의아하게 생각한다. 내가 왜 숙제를 제출하기 전에 좀 더 꼼꼼하게 검토하지 않느냐고 물으면, 그들은 가끔 사석에서 자신을 위해 숙제를 검토해 주는 엄마 없이는 그런 잘못을 피하기가

---

[2] Hara Estroff Marano, *A Nation of Wimps: The High Cost of Invasive Parenting* (New York: Broadway, 2008), 183–84.

더 어렵다고 고백한다.

아마도 여러분의 부모님은 괜찮을 때나 곤란할 때 여러분에게 전화할 것이다. 내가 아는 어떤 학생은 대학 근처에서 가족 친구가 이끄는 성경 공부에 참여하고 있다. 만약 그가 중요한 시험을 치르느라고 주일에 교회를 결석한다면, 그의 엄마는 그에게 전화를 걸어 그가 신앙을 저버리고 있다는 걱정을 표할 것이다. 그런 일이 15년 전에도 있었지만, 오늘날에는 더 흔하다고 나는 확신한다.

기술은 우리를 도시, 친구, 출신 가족과 연결을 지속하게 해 주며, 이는 우리가 특히 엄마, 아빠와의 관계를 중요하게 여기는 데 도움이 될 것이다. 그러나 많은 사람이 이 같은 기술이 개인의 정체성을 확립하고 스스로 결정권을 갖는 것을 더 어렵게 함으로써 대학생활 중 개인의 발전을 지연시킨다고 본다.

하라 에스트로프 마라노(Hara Estroff Marano)는 그의 글에서 이렇게 말한다.

> 휴대 전화를 영원한 생명선이라고 생각하라. 우리가 성장하는 방법의 하나는 엄마, 아빠와 똑같이 그분들이 어릴 때 나눠 준 가치와 조언을 습득하는 것이다. 그러고 나서 불확실성이나 어려움에 직면할 때마다, 우리는 내면화된 이미지에 호소한다. 어떤 면에서는 우리 모두 알 특권을 가진 현명한 어른들이 되어 간다.[3]

이렇게 생각해 보라. 한 세대는 오후에 X, Y, Z를 할 계획을 세우고 예상치 못한 사고나 지연에 대해 서둘러 적응해 가며 자랐지만, 다른 세대는 '무슨 일이 있으면 전화하라'라는 오직 한 가지 요령만 기억하면 되도

---

3 Hara Estroff Marano, "A Nation of Wimps," *Psychology Today*, November 1, 2004.

록 성장했다. 그리고 바로 전화 '할' 수 있다는 바로 그 사실이 비판적 사고와 문제 해결 능력을 개발하는 것을 방해할 수 있다.

> 자신에 대한 깊은 성찰과 비판적인 사고를 하기보다 전화를 거는 것이 더 쉽다. 그러나 이것들은 불완전한 정보로 어려운 결정을 내리는데 절대적으로 필요한 단계이며, 이는 중요한 실제 기술이다.

자신에 대한 깊은 성찰과 비판적인 사고를 하기보다 전화를 거는 것이 더 쉽다. 그러나 불완전한 정보로 어려운 결정을 내리는 데 이것들은 절대적으로 필요한 단계이며, 이는 중요한 실제 기술이다.

내 아내는 고등학교 때 저녁 행사를 마치고 집으로 차를 몰고 가다가 길을 잘못 들어 결국 잘못된 방향으로, 특히 16살 소녀가 혼자 있기에는 좋지 않은 곳으로 가게 되었던 것을 기억한다. 휴대 전화가 없어서 그녀는 뭔가를 생각해 내야 했다. 무섭긴 했지만, 뭔가를 이뤄 낸 것이다. 나는 대학생 시절 심한 교통사고를 당했을 때 비슷한 경험을 했다.

흥미롭게도 나는 2년 전에 한 대학생과 비슷한 교통사고를 당한 적이 있다. 그녀는 내가 첫 사고를 당했을 때와 거의 같은 나이였다. (이번에는 내 잘못이 아니었다). 혼잡한 고속도로 두 차선의 통행을 막은 채, 심하게 파손된 그녀의 차 안에서 한 그녀의 첫 번째 전화는 미국자동차서비스협회(AAA: American Automobile Association)나 경찰, 그녀의 보험회사에 한 것이 아니라, 어머니한테 한 것이었다. 그들은 10분에서 15분 동안 전화로 그 사고에서 무슨 일이 일어났고 그로 인한 상황에 대해 자세히 의논했다. 그녀는 경찰관이 그녀의 차에서 내리는 것을 돕고 견인차로 고속도로를 벗어나기 시작할 때까지 '엄마와 통화를' 계속했다.

나는 휴대 전화를 헐뜯을 생각은 없다. 그것들은 많은 면에서 매우 유용하다. 부모님과 가까이 지내는 것은 멋진 일이다.

그리고 누가 조언을 구하는 원칙에 대해 논쟁할 수 있을까?

하지만 고려해 볼 만하다.

> 엄마, 아빠랑 친하게 지내는 게 너무 지나칠 수 있을까?
> 그것이 개인의 발전을 지연시킬 수 있을까?
> 그리고 일부 부모가 본인들의 권위와 통제를 놓기를 두려워하여 최고로 가장 사랑하는 의도로 자녀에 대해 너무 자주 '확인'함으로써 상황을 악화시킬 수 있을까?

2. 연장된 청년기와 극성 부모들

성경에 보면 자녀들은 그들의 부모에게 순종하라는 계명을 받았을 뿐만 아니라, 모든 자녀는 그들의 부모를 공경해야 한다고 되어 있다(엡 6:1-3). 우리는 또한 성경에서 "떠나 합하여" 지는 유형을 본다(창 2:24). 자연스러운 질서는 성장하고, 아이이기를 끝내고, 자신만의 연합을 만들어 새롭게 아이들이 생산되고 인종이 전파되는 것이다.

> 보라 자식들은 여호와의 기업이요 … 장사의 수중의 화살 같으니(시 127:3-4).

그러므로 부모는 자녀가 스스로 부딪쳐 가며 살아가기 위해 세상에 놓아 주어야 한다. 비록 부모와의 친근함은 평생 지속할 수 있지만, 우리가 부모에게 속해 있는 것은 잠깐이다. 졸업이 가까워 오면 부모를 순종해야 할 권위 있는 인물로 보는 것에서 동료와 친구로 존중하는 것으로 바뀌어야 한다.

> 졸업이 가까워 오면 부모를 순종해야 할 권위 있는 인물로 보는 것에서 동료와 친구로 존중하는 것으로 바뀌어야 한다.

불행하게도 우리 문화에서 많은 대학생과 대학 졸업생이 연장된 청년기의 상태에 머물러 있다. 그들은 부모에게 '순종할' 의무에서 벗어나고는 싶지만, 어른의 책임은 전혀 받아들이려 하지 않는다. 그래서 그들은 졸업하고 집으로 돌아가 일주일에 20시간에서 30시간을 페이스북을 하거나 친구들과 외출한다.

그들은 어떤 중요한 약속이나 책임도 떨쳐 버리고 가능한 한 오래 무인지대에 머물기를 바라고 있다. 동시에 많은 부모가 충분한 근거가 있든, 없든 간에 17세에서 22세 사이의 자녀들이 그다지 성숙하지 않다는 점에서 대학 시절과 때때로 그 이후까지 자녀들을 제어하며 지나치게 보호하려 든다. 그들은 자녀들이 가끔 나쁜 결정을 내릴 가능성이나 '개연성'을 견딜 수 없어 헬리콥터처럼 주변을 맴돌고 있다.

이렇게 연장된 청년기와 극성 부모들이 서로를 만족하게 하는 것이 문제이다. 자녀들이 시험을 위해 언제 공부해야 하는지 말해 주기 위해 과목의 개요를 알고 싶어 하는 부모님들도 있다.

대학 3학년 때 신용카드 빚이 15,000달러나 쌓인 내 친구 다니엘처럼 나쁜 결정을 내렸을 때 구하러 오는 부모들도 있다. 그의 부모는 자식이 모든 것을 갚기 위해 진지한 계획을 세우고 실행하도록 하기보다는, 한숨 한 번 쉬고 나서 머리를 한 번 흔들더니 그를 가볍게 꾸짖고는 청구 금액을 모두 내줬다.

그래서 연장된 청년기든, 극성 부모든 이런 현상들은 실제로 일어난다. 둘 다 우리 문화에서 흔히 볼 수 있는 '시작부터 실패'로 이어진다.

솔직히 말해 보자. 전적으로 스스로 책임지는 것은 겁날 수 있다. 빈번한 놀이와 끝없는 오락은, 특히 부모에게 손 벌리게 될 뿐만 아니라 심지어 여러분의 돈도 축나기 마련이다. 그러나 그것은 궁극적으로 우리의 부모님과 하나님 모두에게 불명예이다. 그 상태를 불필요하게 연장함으로써 부모·자녀 간 관계를 왜곡하고 긴장하게 하며, 젊은 성인들이 하나님의 영광을 위해 그들의 잠재력에 도달하고 세상에 영향을 미치려는 것을 막는다.

성경에는 '십 대'에 대한 구분이 없다. 오직 '어린이'와 '어른'이라는 용어만 사용한다. 사실 '청년'이라는 용어는 1904년에 만들어졌고 '성장하다'라는 의미의 라틴어 아돌레스케레(adolescere)에서 유래했다.[4]

우리가 유년기와 성인기 사이의 단계에 사용하는 단어이다. 우리 대부분은 대학 시절이 여기에 포함된다. 그러나 우리는 성인기를 받아들이도록 만들어졌다. 그것은 시간이 지남에 따라 나타나야 한다. 의도적으로 지체하지 않고 성인기를 향해 나아갈 때 여러분은 부모님을 가장 존경하게 된다.

민수기 14:28-31에서 애굽에서 올라온 20세 이상인 사람 중 갈렙과 여호수아 외에는 약속의 땅에 결단코 들어가 못하리라고 했다. 이 사람들은 부모의 믿음이 부족하여 참여하지 못한 것이었고, 하나님이 그들을 어른으로 판단하신 것이다(민 13:1-14:38).[5] 한편, 20세 미만의 사람들은 아이들로 간주하였기 때문에 문제에서 확실하게 벗어날 수 있었다.

우리 문화에서, 18세는 법적으로 성년의 나이다. 비록 내가 완전히 성인이 될 준비가 될 18세 청년들을 별로 알지 못하지만, 재정적 독립에서 대학이나 직업 훈련의 중요성을 고려할 때, 18세 청년들은 누구나 어느

---

[4] G. Stanley Hall, *Adolescence: Its Psychology and Its Relations to Physiology, Anthropology, Sociology, Sex, Crime, Religion and Education* (New York: Appleton, 1904). 이것은 오래된 이야기지만, 변화하는 경제 상황과 고등학교 의무교육의 부상 때문에 젊은이들이 모두 함께하고 세대 간 사회와 노동력에서 상당 부분 배제되는 국면으로 이어졌다. 오늘날 대학 학위를 취득하는 것은 40년 전 고등학교 학위를 취득한 것과 거의 맞먹는 수준이기 때문에 이것은 '청년' 단계 확장으로 이어졌다.

[5] 나는 짐 뉴하이저(Jim Newheiser)와 엘리제 피츠패트릭(Elyse Fitzpatrick)에게 이 통찰력에 대해 신세를 졌다. 그들은 이 주제에 관해 부모에게 도움이 되는 *You Never Stop Being a Parent: Thriving in Relationship with Your Adult Children* (P&R, 2010; 『부모이길 포기하지 말라: 성인 자녀와의 관계에서 성공하는 법』, 개혁주의신학사 刊)이라는 책을 공저했다.

정도 독립성을 보여야 하고 합리적으로 가능한 한 빨리 성인의 책임을 완전히 수용하기 위해 분명한 길을 가야 할 것으로 보인다.

3. 기능적 독립성 : 4년에 걸쳐 습득하는 것을 목표로 하라

대학에서는 많은 것을 경험하게 된다. 신입생이 졸업을 앞둔 선배처럼 독립적이기를 기대하는 것은 잘못된 일일 것이다. 동시에, 신입생들도 취해야 할 단계들이 있다. 새로운 환경에서 살아보는 단계로 도약하는 것이기 때문에 사실 그 충격은 아마도 첫해에 가장 클 것이다. 고3에서 대학 신입생으로의 변화는 대학 신입생에서 대학 2학년으로의 변화보다 훨씬 크다.

그렇다면 실제로 이런 전환은 어떻게 나타나야 할까?

여러분이 즉시 갖춰야 할 것은 무엇이며, 더 점차 갖추기 시작해야 할 것은 무엇인가?

특히, 집을 떠나 사는 학생이라면, 나는 여러분이 즉시 다음과 같은 것을 해야 한다고 생각한다.

1) 시간 관리에 대한 책임을 져라

> **질문**: 부모님께 전화로 문제에 대한 조언을 구하는 것은 언제가 좋을까요?
> 제가 스스로 해결책을 찾아야 하는지, 아니면 부모님과 상의해야 하는지 어떻게 알 수 있을까요?
> - 금융학과 1학년 그레이스

> **대답**: 우선 할 수 있는 한 스스로 문제를 해결하려고 노력하세요. 그런데 만약 그 문제가 심각하다면, 부모님께 전화해 부모님은 어떻게 보고 계신지, 자신이 무엇을 놓치고 있는지 알아보세요.
> 그러나 그분들께 당신을 위해 결정을 내려 달라고 요청하지는 마세요. 당신이 관련 문제를 잘 생각해 봄으로 스스로 좋은 결정을 내릴 수 있도록 도와 달라고 그분들께 요청하세요(이는 우리가 명확한 성경적 명령이 없는 결정, 도덕과 관계 없는 결정에 관해 이야기하고 있다고 가정합니다).
> 만약 학생이 모든 것에 대해 일일이 부모님께 전화를 건다면 이는 학생의 성장을 방해하리라는 것을 인식하세요.

우선, 여러분의 부모님은 여러분에게 공부나 잠, 기상, 성경 읽기, 운동, 먹을 때를 일깨워 주어서는 안 된다. 부모님이 그랬다면 여러분은 모욕을 당한 것이다. 필요하다면 이런 부분에서 격려해 줄 수는 있지만, 실제 실행과 균형은 대학입학 첫날부터 젊은이들이 반드시 갖춰야 할 점이다.

명심하라, 무엇이든지 여러분이 지배하지 않으면 지배를 받게 될 것이다. 이것은 집에서 통학하는 사람들도 마찬가지의 경우이지만, 성인 자녀들은 부모가 적절하다고 생각하는 가정 규칙(예를 들어, 통금 시간이나 때때로 가족과 함께 저녁을 먹어야 하는 것)을 존중할 필요가 있다. 부모님 댁에서는 부모님의 규칙을 존중해야 한다.

기독교 대학 중에는 기숙사에서 보통 정숙해야 할 시간과 (남학생이 여학생 기숙사에, 또는 그 반대의) 방문 가능한 시간, 야간 통행 금지에 관한 규칙이 있다. 많은 일반 대학 캠퍼스에는 이런 제한 사항의 일부 또는 전부가 존재하지 않는다. 여러분이 처한 환경의 규칙이 무엇이든 간에 최고의 정부는 자치 정부이다. 성령의 열매는 절제다(갈 5:22-24). 몇 가지 실질적 제안은 제1부 제2장을 다시 참조하라.

2) 수업 일정과 전공 선택에 책임을 져라

> 어떤 부모는 '이 집안의 장남은 의학을 공부'하거나, 성직자가 되거나, 가업을 이어받거나, 특히 고소득의 벌이가 되는 직업을 추구해야 한다는 철학을 가지고 있다. 이런 경향이 어떤 문화권에서는 다른 문화권보다 더 두드러지지만, 그런 사고방식은 성경에서 그 뒷받침을 찾을 수가 없다.

여러분에게는 하나님이 주시는 재능과 관심사, 능력을 처리할 책임이 있다. 어떤 부모는 '이 집안의 장남은 의학을 공부'하거나, 성직자가 되거나, 가업을 이어받거나, 특히 고소득의 벌이가 되는 직업을 추구해야 한다는 철학을 가지고 있다. 이런 경향이 어떤 문화권에서는 다른 문화권보다 더 두드러지지만, 그런 사고방식은 성경에서 그 뒷받침을 찾을 수가 없다.

하나님은 교회와 사회 전반에 걸쳐 다른 방식으로 사람들에게 재능을 부여하신다. 부모님이 여러분이 무엇을 해야 한다고 생각하시든지 간에 여러분이 그것에 얽매이지 않는다는 것을 깨달으시도록 겸손히 도울 필요가 있을지도 모른다. 만약 그것이 그들의 재정적 지원을 상실하는 것을 의미하더라도, 그대로 받아들여야 한다. 그렇게 되지는 않기를 바라지만, 극단적일 때는 그렇게 될 수도 있다.

내가 학문에 관해 다룬 장에서 논의할 것이지만, 여러분은 부모님의 의견을 비중 있게 고려해야 한다. 우리가 항상 우리의 재능과 기술을 가장 잘 판단하는 것은 아니다. 우리가 실상은 잘하지 못하는 것을 잘한다고 생각할 수도 있고, 생각보다 더 잘할 수도 있다.

지략이 많으면 평안을 누리느니라(잠 11:14).

여러분의 부모님은 인생에서 여러분이 원하는 모든 범위를 고려하실지도 모른다. 150,000달러가 들어간 학업의 길은 졸업 몇 년 후 전업주부가 되고자 하는 여러분에게 부담을 줄 수 있다. 의견이 일치하지 않더라도, 부모님에 대한 친절과 공손함을 유지하는 것이 중요하다.[6] 그러나 여러분이 추구하는 것은 궁극적으로 여러분의 선택이다. 여러분만이 자기 행위의 결과를 책임지면서 살 것이기 때문이다.

3) 친구 선택에 대한 책임을 져라

고등학교 다닐 때는 여러분이 어떤 사람들과 시간을 보낼 수 있는지에 대해 부모님이 제한을 두셨을지 모른다. 그분들은 여러분이 친구를 택하는 데 있어서 나쁜 방향으로 가는 것을 보고 문제로 삼거나 즉시 제한을 두셨을 수 있다. 미련한 자와 사귀면 해를 받고 악한 동무들이 선한 행실을 더럽히는 것은 피할 수 없는 일이다(잠 13:20; 고전 15:33).

여러분의 부모님이 이런 문제에서 여러분과 함께 의논한다면 이상적이지만, 아마도 여러분의 동의를 얻기보다는 고압적으로 규칙을 강요하는 분들일 것이다. 어느 쪽이든, 지금이 스스로 이런 결정을 하기 시작할 때이다.

---

[6] 만약 여러분의 부모님이 그리스도인이 아니라면, 여러분은 어떻게 하면 그리스도에 대한 궁극적 신앙을 유지하면서 부모님을 존중할 수 있을지 생각하게 될 것이다. 그리스도인이 된다는 것은 부모님을 더 존중하고 감사하고 배려하는 마음을 가진 아들과 딸이 되어야 한다는 점을 기억할 필요가 있다. 우리는 부모님이 믿음이 없다고 해서 부모님이 하는 모든 말을 가치 없는 것으로 여겨, 부모님께 속물처럼 행동해서는 안 된다. 그분들은 여전히 여러분을 사랑하고 여러분이 행복하기를 원한다. 그리고 부모님은 여러분을 오랫동안 알아 왔기 때문에 있을 수 있는 약점을 파악하고, 모든 주제는 아니더라도 통찰력 있는 피드백을 제공해 줄 수 있을 것이다. 분별력을 가지고 부모님의 말씀을 들어라. 사소한 일에 대해서는, 명예와 존중이 담긴 표현으로 양보하라. 그러나 성경의 명령을 희생할 의무를 느끼지 말라. 궁극적으로 여러분의 책무는 하나님에 대한 것이다.

여러분의 부모님이 여러분에게 충고할 수 있지만, 누구와 어떻게, 그리고 어떤 상황에서 시간을 보내야 하는지 결국 본인 스스로가 결정해야 한다. 특히, 여러분이 집을 떠나 살고 있다면, 부모님은 이런 면을 거의 통제할 수 없을 것이다. 여러분은 내면적이고 경건한 우선순위에 따를 필요가 있다.

4) 직업적 관계에 대한 책임을 져라

우리 친구들은 가끔 19세의 '알바'(브랜던)를 고용한다. 그는 자기 집에서 살면서 인근 대학에 다닌다. 브랜던은 그들의 마당 관리에 따른 다양한 일과 차의 윤활유 교환과 같은 사소한 일을 한다. 그가 하는 어떤 특정한 일에 대해 그의 어머니가 그의 고용주(우리 친구들)에게 이런 일을 브랜던에게 시키지 말아 달라고 막판에 정중하게 메시지를 보낸 내용에 동의한 적이 몇 번 있다.

그의 어머니는 다양한 이유를 제시하는데, 그중 몇 가지는 꽤 타당하다. 즉, 그 일은 그의 능력 밖의 일이거나, 학교에서 큰 시험이 다가오고 있어 시간이 부족하든지, 아니면 실제로 아프지만, 그들에게 말하기 곤란해한다는 것 등이다. 만약 우리 친구들이 이런 우려를 알고 있었다면, 그들은 브랜던과 기꺼이 일감에 대해 의논하고, 그것이 특정 작업에 다른 사람을 고용하는 것을 의미하더라도 서로 합의할 수 있는 해결책을 생각해 냈을 것이다.

그러나 여기서 문제는, 브랜던은 '성인으로서' 그 책임을 맡았다는 점이다. '그'는 약속을 했다. 따라서 '그'는 이제 약속을 지키거나 고용주에게 '직접' 전화를 걸어 왜 그가 스스로 맡은 의무를 다할 수 없는지 설명해야 한다(잠 6:2, 5). 브랜던의 어머니는, 직접 개인적으로 우리 친구들에게 나섬으로써, 현명한 선택을 하고, 약속을 지키며, 그 과정에서 어떤 부족함도 책임지는 법을 배워야 하는 자기 아들이 성숙해지고 어른으로의 성장하는 데 있어서 실제로는 둘러 가게 하고 있다.

직장 상사나 직장동료들과의 의사소통에 부모님이 개입해서는 안 된다. 그분들이 여러분의 근무 기간이나 봉급을 협상해서는 안 된다. 일자리 제의를 받았는데 업무 중에 마음에 들지 않는 부분이 있다면 직접 정중히 문제를 제기해야 한다. 만약 봉급이 적다고 생각하면, (스스로) 정중하게 더 요구할 필요가 있다.[7]

더 나아가 부모님이 교수님들께 전화해서 학기 성적이나 시험 점수에 대해 불평하지 못하도록 해야 한다. 이제 스스로 싸우는 법을 배울 때이다. 그런데 고등학교와는 달라서, 부모님이 이 정보에 접근할 수 있도록 허용하는 증서에 여러분이 명확히 서명하지 않는 한, 법적으로 교수님이 부모님과 성적에 대해 논의할 수는 없다.

만약 위의 각각의 것들이 입학 첫날부터 떠맡아야 할 책임이라면, 서서히 떠맡아야 할 책임 영역은 무엇일까?

대학을 다니는 동안, 다음과 같은 것을 목표로 하라.

5) 현명한 결정을 내릴 수 있는 능력을 길러라

좋은 의사 결정을 하기 위해서는 복합성과 미묘한 차이를 인식하고, 찬반양론의 관점에서 여러분의 선택을 고려하며, 위험과 불확실성을 측정하는 비판적 사고를 필요로 한다. 열거된 능력들이 모든 결정에 다 필요

---

7 일을 뒷받침할 자료를 갖고 있으면 도움이 된다.
 "제 친구 아만다는 비슷한 일을 하고 있는데, 당신이 제시하는 것보다 시간당 3달러를 더 받습니다. 여기 그녀의 업무 설명서가 있습니다. 당신이 저에게 시키는 것과 상당히 비슷해 보입니다.
 아만다가 받는 급료에 맞추어 급료를 올려 주실 수 있나요?
 그렇게 해 주시면 정말 감사하겠습니다. 제 요청을 고려해 주셔서 감사합니다."

한 것은 아니지만, 하나하나가 다 중요하다.

폴 데이비드 트립(Paul David Tripp)은 그의 뛰어난 저서 『위기의 십 대 기회의 십 대』(Age of Opportunity, 디모데 刊)에서 그의 아들 채드가 아르바이트를 하던 중 위험하고 자신의 직무 내용에서 벗어난다고 느낀 일을 하도록 요구받은 상황에 대해 묘사했다. 그 일이 분명히 나쁜 일은 아니었지만, 그는 그렇게 하는 것이 불편했다.

그는 아빠에게 전화를 걸어 업무 설명서를 아빠에게 팩스로 보낼 수 있다면 자기의 직무 내용을 함께 검토해 볼 수 있는지 물어봤다. 트립씨도 동의했다. 전화 내용을 보면 채드는 아빠가 대신 결정해 주길 바라는 것 같았다.

아빠는 비록 상황을 세밀히 분석하고 연구하여 다른 사람을 위해 결정을 내려 자신의 지혜를 과시하기보다 더 쉽고 자존감을 북돋우는 것은 없지만, 그렇게 하는 것을 참았다. 특히, 아버지들은 아들들의 존경을 받는 것을 영광으로 여기기 때문에, 젊은 성인인 아들들의 성숙을 발전시키기 위해 하나님이 보내신 상황을 망치기 쉽다.

그러나 트립씨는 무엇을 해야 하는지 지시하는 대신, 자신의 발언을 자제하고 현명하게 자기 아들에게 질문하고 아들이 어떻게 생각하고 있는지를 검토했다. 결국, 채드는 스스로 결정했으며 그 결과를 자기 것으로 만들 수 있었다.

이것은 여러분이 지향해야 할 사려 깊은 의사 결정 기술의 한 가지이다. 우리가 직면하게 되는 대부분의 어려운 요구의 귀결은 '도덕과 관계없는' 것으로 명확한 답. 대신 가중치를 매겨야 할 다수의 경쟁 원칙과 찬반에 대한 평가, 그리고 가능한 결과의 다양성이 고려되어야 한다.

여러분은 비판적인 사고능력을 배우고 무슨 일이 일어나더라도 책임을 져야 할 필요가 있을 것이다. 여러분 자신이 이런 결정을 내리는 데 부모님이 필요한 게 아니라, 여러분과 함께 좋은 질문을 하고 여러분이 간과

할 수 있는 점을 생각하도록 돕는 데 필요하다.

6) 재정적 책임과 독립성을 증대시켜라

대학생활 처음부터 신용카드 대신 직불카드를 사용하라. 그래야 은행에 실제로 있는 돈만 쓸 수 있다. 검소함과 분수에 맞는 생활을 중시하라. 거래에 신중하고 똑똑하며 빈틈없는 구매자가 돼라. 그것은 훌륭한 삶의 능력이다. 부모님이 여러분에게 돈을 줄 것을 안다고 해서 부모님께 기대서는 안 된다.

가끔 (추수감사절과 성탄절에 집에 갈 돈처럼) 선물로 받는 것과 스스로 벌지 못하는 생활 방식을 즐기는 것은 별개의 일이다. 적은 돈을 관리하는 법을 배우는 것은 멋진 능력이다. 적은 예산을 관리할 수 없다면, 큰 예산도 관리할 수 없을 것이다. 문제는 예산 규모가 아니라 물질적인 것에 대한 욕구의 크기와 '필요'로 가장하는 '욕구'에 이끌리는 정도이다.

이 실제 사례를 확인해 보라.

4. 다니엘의 이야기, 그의 표현대로

저의 빚쟁이 여정은 약 20년 전, 제가 대학에 입학해 아버지의 보증으로 처음으로 신용카드를 받을 수 있을 만큼 나이가 됐을 때 시작되었습니다. 제 생각에 한도는 500달러 또는 1,000달러이었습니다. 신용카드 대금을 제때 지급한 지 몇 달이 지난 후, 카드 개설 제안들이 쇄도하기 시작했고, 연대보증인이나 소득 확인도 필요하지 않았습니다.

처음에는 제 소득 수준에 대해 진실을 말했지만, 곧 거짓말을 하기 시작했고, 더 많은 신용카드를 얻고 더 높은 한도액을 얻기 위해 신용카드회사에 실제보다 제가 더 많은 돈을 벌었다고 말했습니다.

빚더미에 올라앉는 것은 하루아침에 일어난 일이 아니라, 조금씩 받아들인 생활 방식이었습니다. 겉으로 드러난 문제는 수입보다 지출이 많다는 것이었지만, 더 심각한 문제는 돈과 빚, 물질적인 것에 대한 저의 태도였습니다.

저는 갚을 수 있는 것보다 더 많은 돈을 써서 빚더미에 앉기 시작했던 것입니다. 저는 제때 지급할 책임을 느끼기보다는 카드 대금 잔액이 늘어나는 데 익숙해졌습니다. 저는 몇 달 안에 갚으면 되겠다는 생각으로 잔액이 남아 있는 것을 정당화했습니다. 카드 대금 잔액이 늘어나자 돈을 더 벌 방법을 알게 되면 갚아야지 하고 생각했습니다.

 카드 대금 잔액이 너무 커져서 졸업할 때까지 갚을 수 없다는 지경에 오자, 저는 제가 졸업한 후에 진짜로 돈을 벌어 그것을 갚아야지 하고 생각했습니다. 카드 대금 잔액이 걷잡을 수 없게 되었을 때, 저는 생각했습니다.

'내가 이미 10,000달러의 빚을 지고 있는데 (빈칸에 써 넣을) 달러의 빚을 얼마나 더 져도 될까?'

저는 제가 월 지출을 최소화하고 있었기 때문에 제가 아직은 감당하고 있다고 생각했습니다. 최소 지출이 제가 할 수 있는 전부가 되자, 저는 빚이 저를 지배하고 있다는 것을 깨닫기 시작했습니다. 다른 카드들에 대한 최소한의 대금 지급을 위해 신용카드로 현금 서비스를 받기 시작하자, 정말 통제 불능 상태가 되었습니다. 저는 부모님께 이 모든 것을 숨겼습니다.

부모님은 정기적으로 제 신용카드에 관해 묻곤 하셨지만 저는 모든 것이 괜찮다고 말했습니다. 아니면 제 재정에 대해 모호하게 말하거나 노골적으로 거짓말을 했습니다. 저는 진실이 드러나는 것을 원치 않았고 속으로 변명했습니다.

'내가 진실을 말하면 부모님은 매우 곤란할 거야. 왜냐하면, 그분들은 너무 희생적이기 때문에 그분들은 나를 도와주려 하시거나 그것을 갚아 주려고 하실지도 몰라. 나는 내 문제로 그분들을 실망하시게 하거나 부담을 드리고 싶지 않아.'

그런데, 제가 졸업하기 전에 부모님이 오셨습니다. 어느 날 돌아와 보니 부모님이 와 계시고, 제 모든 신용카드 파일과 제 카드 명세서가 침대에 펼쳐져 있었습니다. 그분들은 제게 무슨 일이 있었느냐고 물으셨습니다. 그런데 놀랍게도 그분들은 화를 내는 대신 자비롭고 품위 있게 대해 주셨습니다.

그분들은 저를 사랑하는 부모님이시고, 이처럼 제가 스스로 감당하지 못할 때 저를 도와줄 수 있는 유일한 분들이기 때문에, 제 문제를 그분들에게 말했어야 했다고 애정 어린 어조로 말씀하셨습니다. 그분들은 그 빚을 전부 갚아 주실 것이며, 그때부터 저의 생활 방식을 바꿔야 하며 부모님께 정직해야 한다고 말씀하셨습니다. 저는 부모님의 반응에 놀랐고, 그 은혜에 충격을 받았으며, 그 관대함에 감사했고, 변화를 맹세했습니다.

10,000달러가 넘는 돈을 이렇게 구제받는 것의 문제는 제가 그 결과를 제대로 경험하지 못했고, 교훈을 얻지 못했으며, 돈과 빚에 대한 생각을 바꾸지 못했다는 것입니다. 어른이 되어 그 액수의 몇 배나 되는 빚더미에 올라 애써서 번 돈으로 갚으면서 비로소 돈과 빚, 물질적인 것들에 대해 올바르게 생각하고 처리하는 법을 배웠습니다.

사실 저는 부모님이 그때 저를 어려운 처지에서 구해 주지 않으셨다면 좋았을 것이라는 생각이 들었습니다. 그랬더라면 아마도 저는 더 일찍 그리고 더 적은 비용으로 교훈을 얻을 수 있었을 것이기 때문입니다. 저에게 변화는 매우 천천히 일어났습니다.

책 한 권, 설교 한 편, 누군가와 대화한 부분이 전환점이 된 것은 아니었습니다. 실수, 비참함, 스스로 초래한 고통, 돈 낭비, 틀에 박힌 관계, 구제, 책, 토론, 공동체, 다른 사람들의 예 등을 통해 배우는 데는 여러 해가 걸렸습니다.

요약해서 말하면, 외적 문제는 내가 현실적이지 않은 욕구를 만족하게 할 필요가 없는데도, 내가 필요하지 않은 것들을 돈으로 샀다는 것입니다. 그러나 내적 문제는 속임수입니다. 저는 거짓 약속을 믿었습니다. 저는 늦게 나타나는 보상 대신에 즉각적 만족감에 더 끌렸습니다. 저는 제 욕망에 끌려 노예가 되었습니다. 저는 제가 이미 번 돈으로 사는 대신에 제가 잠재적으로 벌 수 있는 돈으로 살기를 원했습니다. 하나님의 도우심으로 이제는 제 수입 안에서 생활하며 매달 신용카드 대금을 냅니다.

질문: 부모님과 저는 대학에서의 다양한 재정적 책임을 분담하는 좋은 시스템을 고안해 냈습니다. 저는 집에 있을 때 제가 생활필수품을 사거나 기름값을 내는 것과 같은 것에 대해 도움을 받을 것이라고는 절대 생각하지 않지만, 종종 부모님은 학교와 집에서 제가 일한 것에 대한 보상으로 저를 위해 물건을 사고 싶어 하신다고 느낍니다.
이제 대학교 3학년이 되는데, 부모님에게서 이 선물들을 받아도 괜찮을까요?
아니면 제가 그분들의 도움에서 벗어나 제 방식대로 돈을 더 내기 시작해야 할까요?
- 물리학·공학과 3학년 캘빈

대답: 일 년 중 상당 기간 자신의 지출과 예산을 성공적으로 관리하는 것처럼 들립니다. 만약 학생이 신용카드 미결 잔액을 가지고 있지 않고 분수에 맞게 살고 있다면, 그것은 대학 3학년이 된 사람으로 훌륭한 성숙함을 보여 주는 것입니다. 그리고 쉬는 시간에 집안일을 하고 있다면, 집에 있을 때 이미 생활비를 벌충하고 있다고 느껴집니다.
내 직감으로는 학생이 잘 지내고 있는 것 같습니다. 마지막 학기로 넘어가면서 자기 방식대로 더 많은 돈을 내는 것으로 바꾸기를 제안하고 싶지만, 특히 학생이 대학원에 진학하거나 결혼을 한다면, 가끔 받는 선물은 아무런 문제가 없습니다. 가장 중요한 것은 부모님께 계속 의존하지 않고 자신의 비용을 점진적으로 더 감당하겠다는 의지라고

> 생각합니다.
> 역할적 독립으로의 전환에 대한 자세한 내용은 부모님께 달려 있습니다. 그리고 부모님도 학생이 이 일에 앞장서고 싶어 하는 것을 헤아리실 것이라고 확신합니다.

5. 그럼 이제 어떻게 할 것인가?

다니엘의 이야기는 아주 흔하다. 최근의 연구에 따르면 대학생 네 명 중 한 명이 매달 신용카드 대금을 "거의 또는 전혀" 갚지 않고 있다.[8] 신용카드 사용을 고려하기 전에 적어도 예산 내에서 생활할 수 있다는 것을 증명할 수 있을 때까지 기다리는 것이 좋다. 일부 그리스도인 부모는 어떤 상황에서도 자녀들의 신용카드에 대해 연대보증을 단호히 반대한다. 다른 사람들은 그렇게 하는 것이 괜찮다고 한다.

부모님이 동의하지 않는다면, 21세가 되기 전에 많은 것을 놓치지는 않을 것이고, 내 친구 다니엘이 경험했던 것과 같은 엄청난 불행에서 여러분을 구해 주는 것일지도 모른다. 재정적 책임감을 발휘하고 키워라. 그리고 21세가 되면 스스로 정보에 근거한 결정을 내릴 수 있다. 제4부 제3장에서 재정에 대해 좀 더 논하겠다.

여러분이 재정적 책임감을 성장시킬 수 있는 또 다른 방법은 여러분이 대학 재학 중에 부모님에게서 물질적 도움이나 용돈을 의도적으로 더 적게 받는 것이다. 각자 처한 상황은 크게 다를 것이다. 여러분 중 일부는

---

8 Melissa Korn, "Students Take Chances With Finances. Gulp," *Wall Street Journal*, May 8, 2009.

다른 사람들보다 훨씬 더 많은 재정적 지원을 부모님에게서 받고 있다. 중요한 것은 (이상적으로 졸업할 때쯤, 이 문제에 대해서는 나중에 자세히 말하겠다) 완전한 재정적 자립을 향해 꾸준히 나아가는 것이다.

나는 최근에 대학을 졸업한 사람을 알고 있는데, 그는 졸업이 다가오면서 부모님에게서 받는 재정적 도움을 거절하기 시작했다. 비록 그의 어머니가 그에게 계속해서 뭔가를 주기 원했지만, 그는 독립심이 발전함에 따라 어머니의 관대함에 대해 더는 필요를 (그리고 관심을) 느끼지 않았다. 그는 어머니께 이렇게 간단히 말했다.

"이제 남자는 남자가 되어야 합니다."

그렇게 나아가겠다는 그의 결심은 어머니가 한걸음 물러설 확신을 주었다.

1) 직업 윤리와 재정적 책임감을 키워라

대학 졸업 후 재정적 독립은 좋은 목표다. 그렇게 말하면서도, 여러분은 아마 잠깐 쉬는 동안에도 집에서 살고 있을 것이다.

그러면 이런 상황에서 어떻게 부모님을 존경할 것인가?

휴일과 봄방학 동안 정신적으로나 육체적으로 재충전하는 시간을 갖는 것은 의심할 여지 없이 현명한 일이다. 그 시간은 또한 친구들과의 모임이나 여행에도 좋을 수 있다. 그러나 여름방학은 길고, 제4부 제3장에서 논할 것이지만, 여러분은 그 기간 중 뭔가 생산적인 것을 해야 한다. 여러분의 일이 꼭 돈을 버는 일일 필요는 없지만, 여러분은 그것이 매우 뜻깊고 의미 있는 것이기를 바랄 것이다.

만약 여러분이 집에서 살면서 용돈을 받고 있다면, 여러분은 학기 동안 보다 훨씬 많은 현금 입출금을 갑자기 하게 될 수도 있다. 돈이 생겼다고

함부로 쓰지 마라. 학기 중에 했던 것과 같은 예산 내에서 살아라.[9]

아마 부모님이 그것을 요구하지 않으실 수도 있지만, 여러분은 여러분의 주거와 식비를 위해 매달 생활비를 내겠다고 제안할 수 있을 것이다. 이제 여러분의 현금으로 여러분이 그렇게 할 수 있게 되었으니까.

그것은 직업이 생활비를 지탱하는 원리를 배우는 데 도움이 될 것이다. 아니면, 부모님께 내년 대학등록금에 여러분이 보태는 것으로 이 돈을 드려라. 아니면 여러분이 가지고 있는 학자금 대출을 (예정보다 빨리) 갚기 시작하라. 대출금이 없다면, 부모님께 금융시장의 계좌와 우량성 투자신탁으로 저축 계획을 세우는 것을 도와달라고 부탁하라. 저축과 투자의 기본 원칙을 배우기 시작하라.

6. 졸업 후에도 집에서 살기?

비록 우리는 졸업 후 한동안 집에서 사는 것의 잠재적 함정에 대해 다루었지만, 나는 이제 왜 그렇게 하는 것이 전략적일 수 있는지 몇 가지 이유에 초점을 맞추려고 한다. 제대로 된 풀타임 일자리를 얻지 못하면 처음에는 집에 가는 게 여러분이 할 수 있는 전부일 수도 있다. 졸업과 동시에 안정적인 신입사원 자리를 '찾더라도' 당분간 집에서 생활하는 것이 저축도 하고 부모님과 함께 있는 것에 대해 고마움을 누릴 수 있는 좋은 방법이 될 수 있다.

일반적으로 혼자 아파트에 사는 것이 졸업 후에 가장 돈이 많이 드는 삶의 방식이다. 게다가 그 상황에서 도덕적 책임감의 부족으로 종종 많

---

[9] 가능한 한 많이. 예를 들어, 회사에 출퇴근하는 데 기름값을 더 많이 써야 할 수도 있다.

은 그리스도인 독신자에게 영적 침체 또는 방황의 시기가 닥치게 된다.[10] 최소한 좋은 룸메이트라도 얻어라. 만약 여러분의 처음 직장이 부모님 댁 근처에 있는데도, 친구들과 함께 사는 것이 재정적으로나 사회적으로 더 나은 선택이라면, 그렇게 해 보라.

그러나 여러분이 정규직이든 임시직이든 간에, 타고난 부모·자녀 간 의존 개념으로 되돌아가려는 유혹을 피하기 위해서는 몇 가지 명확한 지침이 있어야 한다. 엄마, 아빠와 함께 사는 집으로 돌아가기 전에, 부모님께 여러분과 서면 계약을 맺도록 요청하라. 정말로. 여러분에게 무엇을 요구하시는지 '분명히 자세하게 글자로 써라'. 그렇게 하면 앞으로 곤경에 빠지는 것을 줄일 수 있을 것이다.

이런 상황에서 성인 자녀가 방값과 식비를 부담해야 하는지에 대해 그리스도인들의 의견이 일치하지는 않는다. 우선 고려할 것은 부모님의 요구 사항이어야 한다. 만약 그분들이 겨우 먹고살고 있다면, 여러분은 분명히 나서서 어쩌면 시세까지도 고려한 합리적인 금액을 내야 한다.

> 질문: 입학 후 3개월 동안 부모님의 지배에서 벗어나 살다가 처음으로 맞이하는 추수감사절에 집에 가는 학생에게 어떤 조언을 해 주실 수 있나요?
> 집에 가서 눈총 받지 않고 부모님의 권위를 거부하거나 무례하게 굴지 않으려면 어떻게 준비해야 하나요?

---

10 특히, 일 때문에 새로운 도시로 이사할 경우 혼자 살면 다양한 유혹이 더 심해질 것이다. 대학 시절 누렸던 조직과 고유의 공동체는 사라지고, 영적으로 자립할 일만 남아 있게 된다. 만약 그것이 여러분의 진로를 확립하기 위해 선택한 것이라면, 우리가 고등학교에서 대학으로의 전환에서 이야기했던 것처럼, 과단성 있게 시험 때를 준비하고, 강력한 연락망과 기독교 공동체를 찾도록 하라. 더 많은 수입과 자유에서는 문제를 일으키는 경우가 많으므로 시간과 돈을 잘 관리하는 것이 무엇보다도 중요하다.

제 친구 중 일부는 제가 휴식을 위해 돌아갔을 때, 제가 집에 있을 때는 알아차리지 못했던 부모님의 잔소리나 짜증나게 하는 것들을 만나게 될 거라고 말합니다.
집에 가서 시간을 최대한 잘 보내려면 그런 것들을 어떻게 처리해야 할까요?
- 교회음악과 1학년 루크

대답: 사소한 것들이 나를 괴롭힐 수 있다는 것을 예상하는 것은 화가 나 자제력을 잃는 것을 막는 데 있어 좋은 시작입니다. 이 경우 싸움이 벌어질 것을 아는 것은 절반 이긴 거나 다름없습니다.

그날이 다가오면, 현재 위치에 있게 하려고 부모님이 하신 일에 대한 감사함을 기르세요. (침대 정리하기, 바닥에 옷 벗어 놓지 않기, 저녁 식사 후 상 치우기, 쓰레기 버리기, 자신의 빨래는 직접 하기, 자동차에 기름 채우기 등) 감사의 표시로 부모님이 좋아하실 몇 가지를 간단하게 적고 그것들을 시행할 계획을 세우세요.

그것이 억지로 하는 것처럼 보이지 않는다면 3개월 동안 혼자 살아왔고 책임을 다하다 보니 일상 습관이 고등학교 때와는 조금 다를 수 있다는 사실을 부모님과 이야기해 보세요. 책임 있는 선택을 하도록 가르쳐 주신 것에 감사하세요. 만약 학생이 쉬는 동안 하는 어떤 일이 성가시다면, 말해 달라고 부모님께 말씀드려 보세요.

내 의견은 '그분들이 원하든 원하지 않든' 그분들에게 방값을 내야 한다는 것이다.

어째서?

왜냐하면, '그분들이' 그것을 받을 필요가 없어도 '여러분은' 그것을 낼 필요가 있기 때문이다. 노동이 생계를 위해 어떻게 지급되는지를 아는 것은 여러분의 영혼에 좋다. 계약서에는 방값을 제때 치르지 않을 경우의 연체료 등 다른 세부 내용이 포함되어야 한다.

매주 잔디를 깎거나 집 안 청소 등 규칙적으로 해야 할 집안일이 있는가?

매주 정해진 시간까지 완료하지 못했을 경우 재정상의 불이익을 정하라. 입주 시 검사를 받아 적어도 방안에서 발생하는 모든 손상에 대한 책임을 지도록 하라.

만약 아빠나 엄마가 일주일에 50시간씩 일해서 생활비를 내는데, 그들이 집에 왔을 때 여러분이 별로 중요하지도 않은 일로 컴퓨터 앞에서 노닥거리는 것을 본다면, 여러분이 웨이터 같은 아르바이트를 통해 적은 방세를 낼 수 있다고 해도, 긴장 상태에 놓일 것이다. 만약 여러분이 성인으로서 부모님과 함께 살면서, 부모님이 마련해 주는 음식과 거처의 고마움을 누리고 있다면, '여러분은 최소한 그분들만큼은 일해야 한다.'

> 만약 여러분이 성인으로서 부모님과 함께 살면서, 부모님이 마련해 주는 음식과 거처의 고마움을 누리고 있다면, 여러분은 최소한 그분들만큼은 일해야 한다.

여러분이 변화의 기간에 있으므로 나는 '일'을 통해 몇 가지 것의 조합을 마음속에 그려 본다. 이런 일에는 파트타임 일자리, 수업 참석 및 공부, 자원봉사(많은 분야에서 일정 시간 만큼 자원봉사를 요구한다), 의학전문대학원 입학시험, 대학원 수학 자격시험 또는 로스쿨 입학시험 준비, 특정한 방식으로 교회에서 봉사, 보모, 마당과 자동차 관리, 청소, 연로한 친척 어른 돌봄이 포함될 것이다.

바꿔 말하면, 생산적 활동(가사일, 타인을 위한 호스피스 돌봄 등)은 서비스에 대해 즉각적 보상을 제공하거나 더 큰 기능적 독립을 향한 길을 꾸준히 걸어가게 해 준다.

여러분의 부모님이 여러분이 부모님만큼 열심히 일하는 것을 볼 수 있도록 여러분이 유지하기로 동의하는 최소한의 주당 생산적 활동 시간을 계약서에 추가하라. 집에서 이 기간에 장기적 목표 몇 가지를 찾아보고, 몇 달에 한 번씩 부모님과 함께 앉아서 여러분이 그 목표를 향해 어떻게 나아가고 있는지 살펴보라. 다시 말해서, 부모님을 집주인이자 멘토인 것처럼 존중하라.

여러분은 이렇게 생각할지도 모른다.

'그러나 부모님과 나는 너무 잘 지내고 있어. 이런 격식을 차리는 것은 우리 관계에 스트레스만 더할 뿐이야.'

여러분은 두 가지 반응 중 첫 번째는 어떤 의미에서 그것이 요점이다. 여러분은 부모님과 함께 있는 것이 편하므로, 너무 오래 머물면서 완전한 성년이 되는 것을 미룰 수도 있다.

'시작부터 실패'라는 문구를 기억하는가?

그리고 여러분은 계약의 구조가 스트레스를 일으킨다고 생각할 수도 있지만, 사실은 그 반대일 경우가 더 가망성이 있다. 부모님이 잔소리하는 것을 여러분이 얼마나 싫어하는지 생각해 보라.

이런 상황을 떠올려 보라.

직장 일로 집에 늦게 들어왔는데, 아빠가 다음 날 아침에 일찍 일어나 사방에 전등이 켜져 있고 현관문은 잠겨 있지 않은 것을 발견하고는 여러분의 방안으로 들어와서 무책임하고 부주의하다며 여러분을 책망한다.

이러는 게 좋은가?

아니다. 이렇게 하는 것이 더 낫다. 만약 여러분이 집 문을 제대로 잠그지 않았을 경우 아빠는 차분하게 여러분의 계약에 벌금(40달러라고 치자)을, 그리고 아침에 켜진 채 있는 전등의 수대로 벌금 액수를 정해 추가하는 것이다. 이것은 그냥 일일 뿐이다. 실수를 저지르면, 여러분이 값을 치른다. 아무도 여러분에게 소리를 지르거나 잔소리를 할 필요가 없다. 그러면 나는 여러분이 더 빨리 배울 것이라고 장담한다.

아니면 방세를 내는 날을 기억하는 데 문제가 있다고 가정해 보자. 여러분이 그것에 익숙해질 때까지 부모님은 여러분에게 다섯 번이나 말해 줘야 할 것이다. 이런 사실을 알기 때문에, 월말 3일 전부터 다음 달 1일까지 하루 두 번씩 여러분을 괴롭히기 시작한다.

짜증 나는가?

틀림없다. 이편이 더 낫다. 간단히 계약서에 연체 위약금을 포함하라. 집주인이라면 누구나 그렇게 할 것이다. 그렇게 하고 나면 이것은 개인적인 문제가 아니다. 아무도 잔소리할 필요가 없다. 여러분은 이런 것들을 기억하기 시작할 것이다. 그래야 하니까.[11] 그게 현실이다.

만약 여러분이 졸업 후에 부모님과 함께 산다면, 그것은 대체로 일시적이고 특정한 목표를 성취하기 위한 목적이어야 한다. 예외적인 경우들이 가끔 발생한다. 만약 여러분의 부모님이 아주 편찮으실 경우, 여러분이 배우자와 함께 있더라도 부모님을 계속해서 돌보는 것을 선택할 수 있다. 그러나 일반적으로 말하면, "거쳐 가야" 한다.

7. 결론

대학은 여러 가지 면에서 청년기를 출발하여 (바라는바) 성인이 되어 졸업하는 놀라운 경험을 하는 곳이다. 부모님이 여러분을 기숙사에 내려 주시는 날, 여러분의 삶을 통제할 수 있는 부모님의 능력은 거의 완전히 사

---

11 이 두 가지 예는 모두 *You Never Stop Being a Parent: Thriving in Relationship with Your Adult Children* (Phillipsburg, NJ: P&R Publishing, 2010; 『부모이길 포기하지 말라: 성인 자녀와의 관계에서 성공하는 법』, 개혁주의신학사 刊)에서 적용한 것이다.

라진다. 그러나 만약 그분들이 여러분에게 애써서 전하고 여러분보다 먼저 살았던 (바라건대, 신앙적인) 가치들을 익히도록 했다면, 그분들의 영향력은 건강한 방식으로 여러분 속에 남아 있다.

대학 시절과 그 직후, 여러분은 기꺼이 성인의 책임을 감당하고, 기능적으로 독립하여 성장하며, 여러분의 시간 사용, 학문 추구, 그리고 전문적, 사회적 관계에 대한 책임을 지면서 부모님을 존경하게 될 것이다. 부모님을 공경하고 그분들의 현명한 조언을 체득하면서 성숙하게 성장할 기회를 잡아라.

… 경건에 이르도록 네 자신을 연단하라(딤전 4:7).

누구든지 네 연소함을 업신여기지 못하게 하고 오직 말과 행실과 사랑과 믿음과 정절에 있어서 믿는 자에게 본이 되어(딤전 4:12).

토론

1. 여러분은 여러분의 친구들과 학우 중에서 청년기가 연장되는 징후를 보았는가?
   여러분 자신은 어떤가?

2. 시간 관리, 수업 일정, 전공 선택을 위한 시간 관리와 소중한 친구 선택, 직업상 관계에 대해 책임지는 것의 중요성을 언급했다.
   이 분야에서 잘하고 있는가?
   이 밖에 여러분이 더 갖춰야 할 분야는 없는가?

3. 재정적 책임과 독립성에서 성장하고 있는가?
   여러분은 분수에 맞게 살고 있는가?
   신용카드와 지출에 대해 어떻게 하기로 했는가?
   그게 여러분에게 어떻게 실행되고 있는가?

4. 부모님이 여러분의 거처 구하는 것을 도와주신 것에 감사할 방법에는 어떤 것이 있을까?
   성인이 되어서 그분들에게 경의를 나타낼 방법에는 어떤 것들이 있는가?

5. 졸업 후 주택문제에 대한 여러분의 생각은 어떠한가?
   엄마, 아빠랑 다시 사는 걸 생각해 본 적이 있는가?
   만약 그렇다면 어떤 조건으로?
   부모님과 계약하고 방세를 내는 것에 대해 어떻게 생각하는가?

제3부
성격 문제들

- 제1장

    흔히 저지르는 실수 #6: 약속을 잘 깨는 경우

- 제2장

    흔히 저지르는 실수 #7: 균형을 잃어버린 생활

제1장

흔히 저지르는 실수 #6: 약속을 잘 깨는 경우

≫ 성장의 원칙: 약속을 지켜라

우리는 2주 동안 그 특별한 행사에 얼마나 많은 사람이 올지 머릿수를 헤아려 볼 필요가 있었다. 우리는 200명의 학생에게 하계 취업 기회에 관해 이야기할 강사를 모시는 행사에 대해 공지했다. 우리는 충분한 음식을 주문할 수 있도록 그들에게 참석 여부 통지를 요청했다. 초대한 250명 중 80명이 참석하겠다고 답했다. 그래서 실제로 20명만 왔을 때 크게 실망했다.

나는 공항까지 태워다 줄 사람이 필요했다. 내 친구 라이언이 친절하게도 나를 데리러 오겠다고 했다. 그날 시간이 되어 나는 밖에서 그를 기다리고 있었다. 몇 분이 지났다.
'괜찮아, 길이 막혀서 좀 늦을 수도 있지. 일정에 여유가 좀 있어서 다행이다.'
10분이 지났다. 그에게 전화하는데 안 받는다. 나는 그의 직장으로 전화하지만 안 받는다. 집으로도 해 보지만, 답이 없다. 이쯤 되면 내가 기차역까지 걸어가기에는 너무 늦다. 몇 분이 더 지났다. 나는 몇몇 친한 친구에게 전화해서 라이언을 본 사람이 있는지 물으며 또 10분이 지났다. 이때부터는 절망적이다. 나는 택시를 불러 간신히 비행기를 탈 수 있었다.

우리 그룹은 1주일 이내에 경영진에게 발표해야 할 상황에 놓였다. 나는 빌의 참여 없이도 이미 내가 할 수 있는 모든 일을 해냈다. 만약 내가 그 프로젝트에서 빌이 할 부분을 받지 못한다면, 나는 내 부분을 제시간에 끝낼 수 없을 것이다. 그는 어제 나에게 하루의 일이 끝날 때까지 그것을 해 주겠다고 말했다. 그는 좋은 뜻으로 말했지만, 첼시와 나는 다만 빌이 단어를 우리와는 '다르게' 사용한다는 것을 알았다. 그에게는 하루의 끝이 그 주의 끝을 의미할 수도 있다.

여러분은 그가 구두 약속을 지킬 것이라고 쉽게 믿을 수 없을 것이다. 그는 친절했고 항상 좋은 의도가 있었기 때문에, 사무실에 있는 우리는 모두 그를 우리의 프로젝트팀에서 제외하기 위한 핑계를 찾기 시작했다.

이 이야기들의 공통점은 무엇일까?

'누군가 기대하게 해 놓고 나서 기대에 어긋났다.'

학생들은 강사를 초청하는 그 특별한 행사에 온다고 '말했지만', '오지 않았다'. 라이언은 공항에 데려다주기로 '했는데', '안 왔다.' 빌은 어제 하루의 일이 끝날 때까지 보고서의 자기가 할 부분을 내게 주겠다고 '했지만', 그는 '그러지 않았다.'

약속을 어기는 것의 본질은 뭔가를 '하겠다'라는 인상을 주고 나서는 그것을 하지 않는 것이다. 서론에서 우리는 게으른 자에 관해 이야기했을 때, 이것을 그 특징 중의 하나로 봤다.

> 게으른 자는 그 부리는 사람에게 마치 이에 식초 같고 눈에 연기 같으니라
> (잠 10:26).

여러분이 대학에서 저지르지 말았으면 하는 실수 여섯 번째는 약속을 잘 깨는 것이다.

대학에서 성장한다는 것은 단연코 약속을 지키는 사람이 되는 것을 의미한다. 여러분이 보는 그대로다. 약속을 지키는 사람들은 자신이 말한 대로 '이고', '한다'고 말한 것은 '한다'.

1. 성격, 성실성, 성숙함

성인기로 접어드는 대학 시절에 여러분은 성격 형성에 주목해야 할 필요가 있다. 여러분이 대학 기숙사에 살든, 집에 살든 간에, 생각하고 말하며 행동하는 습관을 기르면서 도덕적으로 올바르거나 도덕적으로 의심받는 자신의 '성격'을 형성할 것이다. 즉, 확고한 용기가 있든지 우유부단하든지다.

> 여러분의 성격은 …
> 여러분의 '진짜'
> 모습이다.

흔히 말하듯 성격은 아무도 보지 않을 때의 바로 자신이다. 그것이 여러분의 '진짜' 모습이다.

그러면 성숙이란 무엇인가?

그리고 그것이 성인기의 시작과 무슨 관계가 있는가?

간단히 말해서, 성숙해지는 것은 완전히 성장하는 것이고, 자신의 성장 목표에 도달하는 것이다. 꽃으로 치면 만개할 때다. 사람은 책임감 있고 어른답게 행동하며 더는 어린아이처럼 굴지 않을 때 성숙하다고 한다.

그러나 성숙함은 흑과 백, 긍정과 부정, 찬성과 반대로 다룰 일이 아니다. 성숙함에는 정도가 있다. 그것은 여러분과 내가 계속해서 추구해야 하고 그러면서 성장해야 한다.

내가 추천서에 "대학 2학년인 존이 성숙하다"라고 썼을 때, 나는 존이 직장 경력 15년에 자립해 사는 마흔 살 남자처럼 모든 면에서 어른스럽다는 것을 뜻하는 것은 아니다. 내가 의미하는 것은 존이 '그의 특정한 나이와 삶의 단계'로 비추어 보아 '19세의 젊은이로서' 칭찬할 만한 성숙함을 갖고 있다는 것이다. 사실 나는 그에게 후배로서 그리고 선배로서는 더 많은 것을 기대할 것이다. 여러분은 자기 앞에 있는 큰 도전에 대비할 수 있도록 계속해서 더 성장해야 한다.

성숙도를 어떻게 측정할 수 있을까?

한 가지 좋은 방법은 '성실함'이다. 아이들은 무엇을 해야 하는지 (또는 무엇을 계속해야 하는지) 끊임없이 상기시켜 주는 것이 필요하지만, 어른들의 행동은 책임을 지는 것으로 특징지어지는데 이것은 결정적으로 행동 방침을 선택한 다음 그것을 성실히 고수하는 것을 말한다.

그러므로 사람이 자연스럽게 책임을 지고, 결정을 내리며(약속하며), 그 결정을 충실히 지키는(약속을 지키는) 정도가 그 사람의 성숙함을 측정하는 척도이다. 반면에 약속을 지키지 '않거나' 약속을 하지 못하는 것은 성숙함(혹은 뻔뻔한 거짓말쟁이의 경우 진실성)의 부족을 나타낸다. 그리고 만약 우리가 일관성이 없고 불성실하다면, 우리에 대한 평판은 즉시 혹은 결국에 대가를 치르게 될 것이다.

2. 평판 문제

앞에서 말했듯이, 성격은 아무도 보지 않을 때의 바로 자신이다. 그리고 '성격은 감추어져 있을 수 없다'라는 것도 사실이다. 여러분이 정말 누구인지는 다른 사람들이 여러분을 알게 되면서 드러나고 분명해질 것이다. '다른 사람들이 여러분을 어떻게 생각하는지', 이것이 여러분의 평판을 형성할 것이다.

'성격'은 하나님 눈에 비친 우리 자신이지만, '평판'은 다른 사람의 눈에 비친 우리 자신이다. 예수님의 어린 시절에 대한 유일한 성경 기록인 누가복음 2장의 끝부분에서 예수님이 어떤 분이신지를 알 수 있다.

> 성격은 하나님 눈에 비친 우리 자신이지만, 평판은 다른 사람의 눈에 비친 우리 자신이다.

예수는 지혜와 키가 자라가며 하나님과 사람에게 더욱 사랑스러워 가시더라
(눅 2:52, 강조 추가됨).

내 생각에 예수님은 그 당시에 상당히 훌륭한 인성을 갖추신 것 같다. 성장하면서 우리도 또한 최선의 노력을 나타내는 수준 높은 일(숙제, 신문 배달, 아이 보기, 낙엽 치우기, 잔디 깎기, 커피 서빙)을 하고 다른 사람들을 존중함으로써 다른 사람들의 지지를 받으며 성장해야 한다. 이는 많은 재물보다 명예를 택해야 하기 때문에 중요하다(잠 22:1).

질문: 제 룸메이트들은 우리의 공유 공간에 대한 개념이 별로 없습니다. 그들은 종종 새벽 2시까지 비디오 게임을 하고, 제가 자고 싶고 공부하고 싶거나 캠퍼스 안에서 밤중에 딱히 갈 곳이 없다는 것을 전혀 고려하지 않습니다.
제가 바보처럼 보이지 않고도 제가 제 학업을 꽤 진지하게 받아들이고 있다는 것을 그들에게 이해시키려면 어떤 말이나 행동을 해야 할까요?
- 교회음악과 신입생 루크

대답: 이 문제는 정말 힘든, 그러나 흔한 걱정거리입니다.
이것에 대해 그들과 이야기해 보았나요?
아직 안 했다면 그것부터 시작하세요. 정직하고 분명히 하세요.
"얘들아, 내가 너희들을 짜증 나게 하는 일을 하고 있었다면, 내게 말해 주면 좋겠어. 걱정거리를 함께 나눠도 될까?"
어떤 창의적인 타협안들을 생각해 보세요.

> 그들이 게임을 하는 동안 헤드셋을 착용하고, 학생이 잠을 잘 수 있도록 모니터가 침대에서 멀리 향하도록 할 수 있을까요?
> 나는 신입생 때 룸메이트가 그의 고향 여자 친구와 통화할 때 방 밖으로 전화기를 들고 나가게 했습니다(그 시절은 휴대 전화 이전 시대였다).
> 바보처럼 보이는 것을 피하는 가장 좋은 방법은 그들의 생각이 형편없다는 것보다는 학생이 겪고 있는 영향에 집중하게 하는 것입니다. 새벽 2시까지 빈둥거리는 것은 현명하지 못한 선택이지만, 그것은 그들의 삶입니다. 그들은 어른입니다. 따라서 그들은 스스로 결정을 내리고 그 결과를 감수해야 합니다. 그들이 학생을 본받으면 좋겠지만, 그게 주안점이 아니죠. 문제는 그들이 그들의 취향을 추구하기 때문에 학생은 학생의 취향을 추구할 수 없다는 것입니다.
> 만약 문제가 계속되면 기숙사 조교나 사감에게 문제를 제기해 볼 수 있을 것입니다. 그런 상황을 해결하도록 돕는 것이 그들 업무의 일부입니다.

우리의 평판은 오랜 시간에 걸쳐서 축적되며, 종종 우리보다 앞서간다. 좋은 쪽으로든 나쁜 쪽으로든 우리가 만나 본 적도 없는 사람들이 우리에 대해 이미 들어 봤을지도 모른다. 따라서 모든 관계는 파급 효과가 있다는 것을 알아 두라. 여러분이 과제를 잘하고, (특히 교수님들과의) 약속 시각을 잘 지키며, 수업을 잘 준비해 올 때마다 자신의 평판을 좋게 만들어 준다. 개인적인 약속을 빼먹거나, 지나치게 늦거나, 단순히 어떤 일에서 바보짓을 할 때마다 여러분의 평판은 점점 나빠진다.

말은 하나님께 상당히 중요하다. 약속을 지키는 것에 대해 우리는 다음과 같이 들어 왔다.

네가 하나님께 서원하였거든 갚기를 더디게 하지 말라 하나님은 우매한 자들을 기뻐하지 아니하시나니 서원한 것을 갚으라 서원하고 갚지 아니하는 것보다 서원하지 아니하는 것이 더 나으니(전 5:4-5).

또한 흠잡을 데 없이 행동하는 것이 무엇을 의미하는지에 대한 설명을 시편 15편에서 들었다.

그의 마음에 서원한 것은 해로울지라도 변하지 아니하며(시 15:4).

이는 비록 손해를 보더라도 자기 말을 지키는 것을 의미한다. 마찬가지로 예수님도 우리에게 오직 옳다, 아니다로 충분해야 한다고 말씀하신다(마 5:37). "내 가슴에 십자를 긋고 서약한다"라거나 "맹세한다"라는 말은 필요 없다는 것이다.

약속에 관한 이야기를 계속하기 전에 우리가 우리에 대한 평판에 신경 쓰지 '않을' 때가 있는가?

그렇다. 성경은 사람을 두려워하는 것은 올무라고 경고한다(잠 29:25). 그것은 우리를 사람들이 보고 있을 때는 이렇게 행동하고 보지 않을 때는 다르게 행동하는 위선자로 만들 수 있다. 그런 위선은 종종 자존심에 뿌리를 두고 있으며, 이는 우리가 '성격'보다 '평판'을 우선시하도록 이끈다. 그리고 또한 우리 역시 범했던 근거 없는 비판에 귀를 기울이지 않는 것이 현명하다(전 7:21-22). 우리는 하나님 앞에서 잘 살아야 하며 우리에 관한 평판이 스스로 알아서 하도록 해야 한다.

그렇다고 해도 우리는 다른 사람들의 의견을 괜히 무시할 필요는 없다. 특히, 그것이 현명한 사람들의 의견이라면 말이다. 사실 그가 현명한 사람일수록 여러분은 그가 나에 대해 어떻게 생각하는지 더 신경 써야 한다. 남들이 어떻게 생각하는지에 너무 신경 쓰는(위선자나 사람의 환심을 사는 사람이 되는) 것이 건방진 것처럼, 전혀 신경 쓰지 않는 것은 더 건방지다.

3. 변명, 변명

그러므로 우리가 세운 기대치에 미치지 못하는 것은 무책임한 것이다. 그러나 무책임에 수반되는 나쁜 습관은 무엇일까?

여러분도 짐작했듯이 변명하는 것이다.

우리 모두 그래 왔다는 것을 알 수 있다. 그것은 일반적으로 두 가지 형태로 나타난다. 명백한 사실의 왜곡 같은 노골적이고 대담한 거짓말들이 있는데 이것들은 분명히 죄가 된다(출 20:16; 엡 4:25). 그리고 우리가 보통 중요한 세부 사항을 왜곡하거나 언급하지 않음으로써 가능한 한 긍정적인 시각에 우리 자신을 두기 위해 상황의 사실들을 '왜곡하거나' '가공하는' '가공'의 전체 범주가 있다. 이 책략에 가장 능숙한 사람들은 실제로 거짓 진술을 명백히 밝히는 것을 피한다.

우리는 단순히 모든 진실을 말하지 않으며 그렇게 함으로써 우리는 사실이나, 상황, 사건을 왜곡하기 때문에 기만하고 있다. 그러나 반쪽 진실은 전부가 거짓말이다. 그리고 시간이 지남에 따라 사람들은 대개 알아차린다. 그들이 그러지 않을 때조차도 하나님의 명예를 더럽히는 것이다.

솔직히 말해 보자. 우리는 부족할 때 변명하고 싶은 유혹이 엄청나게 강하다.

어째서?

왜냐하면, 우리는 당황하고 자신에게 실망하기 때문이다. 기분도 안 좋다. 아마도, 우리는 자신의 평판을 유지할 방법이 있다고 스스로 생각하고 있을 것이다.

변명이 무슨 소용이 있을까?

변명은 그 원인을 우리 외부의 뭔가로 돌린다.

그리고서 자 봐, 기분이 나아졌다!

최근에 내 아내는 어떤 손님들이 오기 전에 거실을 청소하는 것을 도와달라고 부탁했다. 나는 그러겠다고 했지만, 우선 내 사무실에서 한 가지 일을 먼저 했다. 내가 사무실에 도착했을 때, 나는 내 휴대 전화에 새로운 음성 메시지가 몇 개 있다는 것을 알았다.

그것들을 듣는 동안 나는 내가 왜 사무실에 갔는지 금세 잊어버렸다(그리고 아내의 거실 치우는 일을 돕기로 한 나의 약속은 '정말로' 레이더에서 사라져 버리고 말았다). 내게 온 음성 메시지들을 다 듣고 나서, 나는 몇 가지 이메일 답장을 작성하기 시작했다. 그러는 동안 집에는 손님들이 나타났다.

아차!

그날 밤늦게 내 아내가 내게 말했다.

"당신이 사무실에 갔을 때 무슨 일이 있었어요?

나는 우리가 거실을 같이 청소할 줄 알았어요."

그 시점에서 나는 비난을 받아들이고 내 잘못을 인정하거나 '어느 정도 합법적인' 설명을 찾을 수 있었다.

어떤 게 더 나았을까?

나는 이렇게 말했다.

"아, 그러려고 했는데, 정말 중요한 음성 메시지가 몇 개 있어서 바로 답장을 해야 했어요."

우리는 비난받을 만하다는 것을 알면서도 정작 비난받는 걸 힘들어한다. 그래서 우리는 '해명'을 하려 든다. (그녀는 그것을 받아들이지 않았다)

자, 오해하지 말라. 가끔 탈선한 것에 대한 아주 합리적인 설명을 '할' 때가 있다. 그 음성 메시지 중 하나가 우리 부모님이 교통사고로 다쳤다는 누나의 말이라고 가정해 보자. 좋아, 그건 중요한 일이라 모든 걸 제쳐놓을 만하다. 그러나 우리 '해명'의 대부분은 모두 다 아는 낡은 핑계에 더 가깝다. 그것들이 우리가 하지 못한 이유는 아니다. 나를 믿어라. 만약 여러분이 약속을 지키지 못한 것에 대해 이런 종류의 변명을 하는 습관을 들이면, 교수님들, 학우들, 친구들이 여러분을 간과할 것이다.

질문: 단순히 시간을 할애하고 싶지 않은 사람들과의 조별과제에 관한 교수님의 생각은 어떻습니까?
교수님은 변명하는 것에 반대하신다고 알고 있는데, 교수님은 이런 상황에 어떻게 접근하는 것을 제안하시겠습니까?
- 문예창작학과 신입생 케이트

대답: 좋은 소식은 이것이 얼마나 불만스러울 수 있든지 간에, 그것은 대학 졸업 후의 삶에 대한 매우 실제적인 맛보기라는 것입니다. 팀워크에 대한 평가를 자주 받게 될 것입니다.
적어도 학생 조 전체 안에 함께 시간을 보내고 싶은 다른 조원이 한 명은 있나요?
그와 학생의 좌절감을 함께 나누나요?
힘을 합쳐서 다른 사람들에게 동기를 부여할 전략을 생각해 내세요. 둘이서 하는 것이 혼자 하는 것보다 훨씬 낫습니다.
또 다른 전략은 리더, 총무, 그밖에 필요하다고 보는 직책들을 골라 역할을 맡기는 것입니다. 만나면 작업 항목을 문서로 만들어 각 조원에게 하나씩 할당하세요. 누가 어떤 책임을 담당했는지 보여 주는 페이지를 조별과제에 포함할 수도 있습니다. 따라서 어떤 부분이 형편없으면 교수님은 누가 그것을 했는지 알게 됩니다.

> 각자가 자기 일에 대한 공로를 인정받고 싶어 한다는 것을 조원들에게 말하세요. 게으른 조원들이 각자의 기여가 평가되고 있다는 것을 알게 되면, 그것이 그들에게 필요한 자극을 줄지도 모릅니다.
>
> 확실한 최후 수단으로 여러분의 교수님을 찾아갈 수 있습니다. 불평하거나 징징거리지 마세요. 여러분이 그간 시도했던 것을 말씀드리고 교수님의 추가 제안들이 있는지 알아보세요.

변명하는 것은 잘못이 없다고 자신을 속여 잠시 기분이 좋아지는 단점이 있다. 그러나 모든 책임을 지는 것은 장기적인 성공을 하게 해 준다. 내 말은 이렇다. 야구 선수가 비교적 받기 쉬운 플라이볼을 떨어뜨렸다고 가정해 보자.[1] 그 결과 상대 팀은 득점하고 그의 팀은 패배한다.

아이구!

그는 "햇빛에 눈이 부셨다"고 말할 수 있다. "어쩔 수 없었어"라는 느낌이 그에게 어느 정도 위안을 주는데, 그것이 어느 정도 사실일 수도 있다고 가정해 보자. 어쩌면 햇빛이 정말 그의 눈을 부시게 했을지도 모른다.

그러나 이제 그가 이런 식으로 반응한다고 가정해 보자.

"햇빛이 눈에 들어왔지만, 나는 선글라스와 모자가 있었고 그런 공을 잡는 훈련을 받았어. 내가 잡았어야 '했는데.' 내가 다 망쳤어. 우리 팀을 지게 했지. 이것은 내 잘못이고, 다시는 이런 일이 일어나지 않도록 열심히 노력할 거야."

---

[1] 나는 목사이자 작가인 더그 윌슨(Doug Wilson)의 이 예화를 인용했는데, 그가 오디오 메시지에서 비슷한 버전을 사용한다고 들었다.

첫 번째 경우, 그는 즉시 '감정적' 위안은 얻겠지만, 그의 '능력'은 계속해서 제자리걸음 하게 된다. 바꾸어 말해서, 그는 자신의 야구 경기 능력에 대해 더 낫게 느끼지만, '실제로' 더 나은 것은 아니다. 그의 좋아진 감정은 현실에 뿌리를 두고 있지 않다. 사실 공을 떨어뜨린 것이 자신의 잘못이 아니므로 개선할 동기는 약해졌고, 이는 앞으로 또다시 실패할 가능성을 높여 준다.

두 번째 경우, 그는 실패의 고통을 정면으로 받아들인다. 그는 쓴 약을 통째로 삼킨다. 그리고 그렇게 함으로써 그는 스스로 일어서서 앞으로 그런 실수를 저지르지 않도록 하는 데 필요한 개선을 할 가능성이 더 크다.

중요한 것은 다음과 같다.

'외부 환경만으로는 상황의 결과를 충분히 설명할 수 없다.'

우리의 결점이기도 한 결정은 거의 항상 한 가지 요소다. 그리고 외부 환경은 통제할 수 없으므로 우리는 우리가 통제'할 수 있는' 것, 즉 우리 자신에 초점을 맞춰야 한다. 아내에게 이렇게 말할 수 있다.

"당신, 그거 알아요?

내가 다 망쳤어요. 나는 일이 있어 사무실로 갔는데, 음성 메시지를 확인하기로 하는 바람에, 당신을 돕기보다는 이메일을 보내는 것으로 이어졌어요. 나는 잘못된 결정을 내렸고 이기적으로 행동했어요. 용서해요. 다음번에는 좀 더 조심하도록 노력할게요."

'심지어는' 여러분이 통제할 수 없는 타당한 요인들이 있을 때도 모든 책임을 지는 습관을 기르라. 여러분은 장래에 더 나은 결정을 내릴 수 있는 능력을 높이며 넘어졌다가도 스스로 일어설 것이다. 여러분의 성격은 더 단단해질 것이고, 여러분은 겸손, 성실, 책임감에서 좋은 평판을 쌓아 갈 것이다. 그리고 여러분은 무엇을 하든 좋아질 것이다.

4. 정직한 사람이 되어라

부정직의 또 다른 형태인 과장에 관련된 위험은 또한 여러분의 평판을 손상할 수 있다.

내 아내에게 친구가 하나 있는데, 그를 조라고 부르자. 만약 조가 중요한 연사가 참석하는 큰 만찬 행사에 참석한다면, 그는 친구들에게 마치 유명한 사람들과 개인적 친분으로 그 자리에서 함께 연사의 이야기를 즐긴 것처럼 "나는 요전 날 밤에 모모한 인사들과 저녁을 먹었어"라고 말할 것이다.

나는 일터에서 자기네 조직이 얼마나 훌륭한 점이 있는지 발표하는 사람들을 보았다. 그들은 자기의 주장을 약화할 수 있는 어떤 정보도 쉽게 배제한다. 우리는 정치가들이 자기의 업적이 얼마나 대단한지 말하면서, 자신의 이미지를 더럽힐 수 있는 질문은 회피하는 것을 흔히 본다.

마찬가지로, 학생들은 내게 자신이 우리가 다룬 '모든 것'을 알고 있는데, 시험 점수가 그의 확고한 이해를 제대로 반영하지 않는다고 말한다. 이런 주장이 옳을 때도 있다. 그 경우 시험 보는 기술 몇 가지를 연습하면 된다. 그러나 학생들과 내가 시험에 관해 토론하고, 또 다른 질문을 해 보면, 학생들은 자신이 생각한 만큼 '모든 것'을 제대로 알지 못했다는 것을 깨닫게 된다.

> 장황한 해명은 종종 변명이 동반되지만, 또한 과장이 동반되는 경향도 있다. 무슨 일이 일어났는지 정확하게 말하는 정직한 사람이 돼라.

장황한 해명은 종종 변명이 동반되지만, 또한 과장이 동반되는 경향도 있다. 책임을 회피하거나 다른 사람들에게 깊은 인상을 주기 위해 자신의 업적을 과장하려 들지 말고, 무슨 일이 일어났는지 정확하게 말하는 정직한 사람이 돼라.

가능하면 언제나 다른 사람과 공적을 나누고 자신을 칭찬하는 것을 피하라.

> 타인이 너를 칭찬하게 하고 네 입으로는 하지 말며 외인이 너를 칭찬하게 하고 네 입술로는 하지 말지니라(잠 27:2).

그것은 이기심과 자랑거리로 기울여지기 마련인 경향을 감소시킬 수 있는 좋은 습관이다.

예를 들어, 면접에서 그룹 프로젝트에서의 자신의 역할을 자세히 설명하라는 요청을 받으면 면접관에게 상황, 팀 전체가 한 일과 자신이 개인적으로 한 일, 결과에 대해 간략하게 설명하라. 여러분의 기여 중요성을 전달하되, 적절한 때 다른 사람의 공을 언급하는 것을 잊지 않도록 하라.

"스테이시와 저는 학생 숙소에 재활용 쓰레기통이 없다는 것을 알아챘습니다. 우리는 그것을 우리 캠퍼스와 지구에 대한 임무와 연결할 기회로 보았습니다. 우리는 논리적 과제들을 조사하고 가능한 해결책을 전개했습니다. 스테이시는 신입생 기숙사에 초점을 맞췄고, 저는 일반적으로 2, 3, 4학년이 사는 학생용 아파트와 연립주택에 초점을 맞췄습니다.

지난달 스테이시와 저는 학생회에 우리가 제안한 해결책이 어떻게 구현될 수 있는지에 대한 개요를 설명하는 발표를 해 달라는 요청을 받았습니다. 학생회는 우리의 제안을 승인했고, 이제는 재활용 쓰레기통이 학생들의 숙소 곳곳에 설치되고 있습니다."

5. 개인적 실패는 공적 실패보다 선행된다

우리의 책임을 다하지 못했지만 다른 사람들이 우리와 한 애초의 약속을 잊었거나 아니면 우리가 한 어리석은 변명을 받아들이거나 해서 이 사실을 눈치채지 못했다고 가정해 보자. 우리는 자신의 평판은 지켰지만, 우리의 성실함은 지키지 못했다. 우리는 약속을 지킴으로 성숙함을 보여줘야 하는데 그러지 못했다.

이런 상황이 계속되고 자기의 잘못을 감추는 데 익숙해지면, 자신에 대한 가짜 이미지를 객관화하는 위선의 영역으로 이동하게 된다. 이것이 내가 말하는 개인적 실패다. 아무도 그 사실을 모르지만, 우리는 크게 잘못한 것이다.

기억해야 할 중요한 원칙은 다음과 같다.

'모든 공적 실패에는 개인적 실패가 선행된다.'

유명한 목사가 난데없이 불륜을 저질렀다든지 덕망의 대명사로 내세워졌던 정치인이 거액을 횡령한 것이 적발돼 사퇴한 얘기를 뉴스에서 가끔 듣는다.

"와! 어떻게 그런 일이 갑자기 일어날 수 있지?"

그러나 실상 그런 게 아니다. 갑자기 일어난 것이 아니었다. 알다시피, 큰 실패가 일어나기 전에 천 개의 '작은' 경솔한 언동이나, 개인적 실패, 그 사람이 '아마도 자신에게만' 했을 악의 없는 거짓말들이 있었다. 이것들 모두가 일련의 도미노처럼 더는 숨길 수 없는 실패의 요인이 되어 한 순간에 그 명성이 모래집처럼 무너져 버렸다.

여기서 우리는 예수님이 산상수훈을 통해 내리신 결론을 떠올리게 된다.

> 그러므로 누구든지 나의 이 말을 듣고 행하는 자는 그 집을 반석 위에 지은 지혜로운 사람 같으리니 비가 내리고 창수가 나고 바람이 불어 그 집에 부딪치되 무너지지 아니하나니 이는 주추를 반석 위에 놓은 까닭이요 나의 이 말을 듣고 행하지 아니하는 자는 그 집을 모래 위에 지은 어리석은 사람 같으리니 비가 내리고 창수가 나고 바람이 불어 그 집에 부딪치매 무너져 그 무너짐이 심하니라 (마 7:24-27).

이 성경 말씀은 우리가 무엇을 심든지 그대로 거둔다거나(갈 6:7), 구약 성경 구절 "너희 죄가 반드시 너희를 찾아낼 줄 알라"(민 32:23)는 원칙을 잘 보여 준다. 한순간에 개인적 실패의 패턴은 공적 실패를 초래할 수 있다. 따라서 자신이 형성하는 습관을 살펴보라.

> 네 마음을 지키라 생명의 근원이 이에서 남이니라 … 네 눈은 바로 보며 네 눈꺼풀은 네 앞을 곧게 살펴 네 발이 행할 길을 평탄하게 하며 네 모든 길을 든든히 하라 (잠 4:23-26).

6. 근본 원인

자, 더 깊이 파 보자.

무엇이 우리에게 기대치를 세우고, 그것들을 지키지 않고 (실패의 고통에서) 자기 방어 또는 (평판의 상실에서) 자기 보존의 한 형태로 변명하거나 과장하는 것에 의존하게 '하는가?'

나는 살아오면서 몇 가지 공통적인 근본 원인을 발견했다.

1) (종종 다른 사람을 기쁘게 하기 위한) 무리한 약속

선천적으로 그런 사람도 있지만, 우리는 모두 아마도 자신이 인정하는 것보다는 다른 사람들의 인정을 더 갈망하는지 모른다. 우리는 다른 사람들이 우리를 단지 우리의 능력뿐만 아니라, 우리의 관대함, 도움을 주고자 하는 의지, 원만한 사람으로 존중해 주기를 원한다.

이런 욕구는 무리한 약속이 왜 그렇게 자연스럽게 나타나는지를 정확하게 설명해 준다. 누군가가 우리에게 뭔가를 요청하면, 우리는 그 사람이 우리를 좋아하기를 원하며, 그 요청은 타당하게 들린다. 그들은 정말로 우리의 도움이 필요하며 우리를 존중한 것 때문에 박정하게 굴고 싶지 않다. 불편한 침묵의 몇 초가 지나고 나서, 우리는 그 요청을 받아들인다.

여러분이 대학에서 어떻게 전공을 선택했는지를 고등학교 선생님에게 설명한다고 가정해 보자. 선생님은 이렇게 말씀하실 것이다.

"와, 정말 훌륭하구나!

내 역사 수업 시간에 와서 그 공부한 것을 나눌 수 있겠니?"

그 시점에, 여러분의 자아는 살살 구슬려졌다.

'와, 선생님은 내가 와서 말해 줄 것을 정말 좋아하셔. 내가 다니던 고등학교를 방문해 발표하는 것은 멋질 거야.'

그러나 관련된 시간과 현재의 약속에 맞게 작업할 수 있는지는 아직 아무 생각도 하지 않았다.

이런 순간에 우리는 종종 '선택하는' 것이 아니라 '반응하는' 우리 자신을 발견한다. 우리는 속으로 보통 이렇게 생각한다.

'만약 내가 거절하면, 선생님은 내가 원하지 않거나, 또는 해낼 수 없어서 그런다고 생각하실 거야'

이것은 우리에게 요청하는 사람을 우리가 존경하거나 (교수님 또는 우리 부모님의 친구분과 같이) 우리를 좋아 "했으면" 하는 사람일 경우에 특히 어렵다.

우리가 보통 사람의 힘으로 가능한 것보다 더 많은 것을 할 수 있다고 생각하는 것은 사실 오만의 한 형태가 될 수 있다. 우리의 바쁜 삶을 고려할 때 '오만'이라는 꼬리표는 과잉처럼 보일 수 있다.

결국, 여러분이 뭔가를 하겠다고 약속을 하는 것이 어떻게 '오만'하다는 것인가?

만약 그 약속이 하나님에 대한 여러분의 필요와 하나님이 여러분과 (잠에 대한 필요를 포함한) 인간의 나머지 부분에 부여한 한계를 인정하지 않는 것이라면 오만하다고 할 수 있다.[2]

조쉬가 학기 도중 나를 보러 온 것은 그가 낙제할 것이기 때문이다. 부끄럽게도 그는 그가 공부에 시간을 들이지 않았다는 것을 인정했고 그는 자기 방식을 바꿀 준비가 되어 있었다. 나는 "좋아"라고 말했다.

"자네는 일주일에 몇 시간을 더 수업을 위해 쓸 수 있도록 무엇을 포기하거나 하지 않을 계획인가?"

"아무것도요, 체디악 박사님.

그렇게 할 수 없어요!

저는 (매주 토요일 아침에 달리기하고 거의 매일 연습하는) 크로스컨트리팀에 가입하고 있고, (일주일에 4시간 연습 외에 일요일 오후에 공연하는) 대학합창단과 다섯 개의 또 다른 수업이 있어요. 그러나 최선을 다할 것을 약속합니다!"

조쉬의 의도는 좋았다. 그는 좋은 사람이었다. 그러나 그가 성공하지 못했을 때 나는 별로 놀라지 않았다. 그는 무리한 약속을 했다. 그는 다만

---

2 유사한 경고가 야고보서에 있다.
[약 4:13-16] "들으라 너희 중에 말하기를 오늘이나 내일이나 우리가 어떤 도시에 가서 거기서 일 년을 머물며 장사하여 이익을 보리라 하는 자들아 내일 일을 너희가 알지 못하는도다 너희 생명이 무엇이냐 너희는 잠깐 보이다가 없어지는 안개니라 너희가 도리어 말하기를 주의 뜻이면 우리가 살기도 하고 이것이나 저것을 하리라 할 것이거늘 이제도 너희가 허탄한 자랑을 하니 그러한 자랑은 다 악한 것이라."

그 모든 책임의 균형을 맞출 수 없었다. 너무 과중했다. 조쉬는 그의 계획에서 자연스러운 한계를 이해하는 데 실패했다. 그는 대가를 미리 계산해서 그 학기에 너무 많은 부담을 지지 말았어야 했다. 그는 비현실적이었고, 자신의 능력에 대해 사실보다 더 많은 자신감을 느끼고 있었다.

조쉬와 우리 나머지 사람들을 위한 대응책은 하나님은 하나님이고 우리는 그렇지 않다는 것을 더 크게 인식하는 것이다. 하나님은 전능하시며, 주무시지도 아니하신다(시 121:4). 우리의 타고난 한계 외에도 우리는 때때로 일이 잘못되도록 그르칠 수 있는 것들을 우리의 일정에 채워 넣고 싶어 한다.

우리는 수학 시험이나 연구 보고서를 위해 추가적 도움이 필요할지도 모른다. 하나님이 우리가 통제할 수 없는 천 가지 세부 사항을 다스린다는 지속적인 인식은 우리가 우리의 능력과 계획에 관해 말하는 방법에 대해 더 조심하게 만든다(약 4:13-16), 겸손한 마음과 우리는 작고 하나님은 크다는 인식은 무리한 약속과 싸우는 데 확실히 도움이 된다.

하나님이 우리에게 크게 보일 때, 사람들(심지어 우리의 윗사람들)은 작아 보일 것이고, 우리는 그들을 실망하게 할 것에 대해 별로 겁내지 않을 것이다. 사실 우리는 종종 정중하게 거절하고 하나님이 우리 삶에 두었다고 믿는 우선순위와 책임을 설명함으로써 그들에게서 인정을 받을 것이다. 우아하게 기회를 거절하는 것은 성숙함과 겸손의 표시이다. 적당한 시간 내에 알려 주기만 하면 일반적으로 사람들이 그것을 꽤 잘 받아들인다는 것을 알게 될 것이다(그렇게 함으로써 우리는 그들에게 잘못된 기대를 주지 않게 된다).

2) 결단력 부족, 일반적 변덕

무리한 약속이 우리를 미흡하게 만들지 않는다면, 다른 큰 문제는 일반적으로 결단력이나 집중력이 부족하다는 것이다. 상황이 어려워지거나 더 흥미로운 일이 생기면, 우리는 그만둔다.

이 문제에 대해서는 내가 길게 말할 것이 없다. 왜냐하면, 이 문제와 싸우는 방법이 우리가 무리한 약속에 맞서 싸우는 방법과 아주 유사하기 때문이다. '먼저, 약속할 때, 우리는 대가를 계산해야 한다.'

> 네가 하나님께 서원하였거든 갚기를 더디게 하지 말라 하나님은 우매한 자들을 기뻐하지 아니하시나니 서원한 것을 갚으라 서원하고 갚지 아니하는 것보다 서원하지 아니하는 것이 더 나으니(전 5:4-5).

비록 이 구절이 (기숙사 회장을 맡겠다고 동의하는 것보다 훨씬 더 심각한 문제인) 하나님께 서원하는 것에 관해 이야기하고 있지만, 일반적 원칙이 적용된다. 예수님은 제자도의 대가를 계산하는 것에 대해 비슷한 논점으로 말씀하셨다(눅 14:27-30).

만약 여러분이 뭔가를 하고 싶은지 확신이 없다면, 이렇게 말하는 것이 훨씬 낫다.

"토요일에 거기에 가고 싶지만, 할 일이 많아요. 유감스럽게도 저는 아마 못갈 것 같아요."

그것은 기대하게 하고 나서 그에 미치지 못하는 것보다 훨씬 낫다. 토요일에 시간이 된다면 가면 되는 것이고, 못 올 줄 알았는데 나타나면 그들은 모두 기뻐할 것이다. 적게 약속하고 충실히 지키는 습관을 들여라.

> 적게 약속하고 충실히 지키는 습관을 들여라.

7. 손해 보더라도 약속을 지켜라

되도록 약속을 지켜라. 한 학기 동안 교수님의 숙제를 채점하기로 동의 했다고 가정해 보자. 여러분은 돈과 경험을 위해 그러겠다고 했지만, 학기 중간쯤에 자기의 수업 과제와 학생회 직책에 예상했던 것보다 더 많은 시간을 빼앗기고 있다는 것을 깨닫는다.

그래서 교수님에게 교수님을 위해 더는 채점을 할 수 없을 것이라고 말할 생각이다. 만약 여러분이 그렇게 한다면, 교수님은 "그래, 괜찮아"라고 말씀할 수 있을 것이다. 그분은 마음이 내켜 하지 않는 누군가가 자신을 위해 일하는 것을 원치 않기 때문이다. 그러나 교수님은 여러분이 항상 시작한 것을 끝내지 않는다고 기억할 것이다.[3]

약속하기 전에 거절하는 것이 중간에 물러서는 것보다 항상 훨씬 낫다. 이 점에서 비록 그것이 여러분이 원했던 것보다 더 바쁘게 학기를 보내는 것을 의미할지라도, 그것을 완수하는 것이 좋을 것이다. 교수님에게 다른 조처를 하시도록 요청하는 것보다 여러분의 자유 시간을 희생하라. 해로울지라도 약속을 지켜라(시 15:4). 또 다른 이점은 이런 방식으로 더 많은 것을 배울 수 있을 것이고 앞으로 무리하게 약속할 가능성이 없을 것이라는 점이다.[4]

---

[3] 잠언 6:1-5은 "(우리의) 입의 말로 인하여 잡히게 되었느니라"라는 것과 이웃에게 곧 가서 스스로 구원하되(3절), "노루 같이 (스스로) 구원하라"라고 말한다. 나는 이것이 우리가 한 약속을 해제해 달라는 사죄의 요청이라고 생각한다. 때때로 이것이 필요하다. 다른 사람들도 대개 이해할 것이다. 왜냐하면, 그들 역시 때때로 약속을 지키지 못하기 때문이다. 그러나 우리는 조심해야 한다. 그런 요청은 우리의 평판에 영향을 미칠 수 있다.

[4] 나는 대학 시절 수학 교수이기도 했던 거장 모리츠(Moritz) 박사에게서 체스 수업을 들었다. 그는 매주 반 전체와 동시에 경기했고 대개 우리 모두를 이겼다. 그는 우리가 그 말에서 손을 떼는 순간 우리의 움직임이 이루어졌고 그것은 되돌릴 수 없다고 우리에게 가르쳤다.
만약 우리가 몇 초 후에 실수한 것을 알아차렸다면 어떨까?

8. 기타 언행 관련 문제

지금까지 우리는 우리의 행동이 어떻게 우리의 말과 일치해야 하는지에 비추어 성숙함에 초점을 맞추어 왔다. 그러나 약속을 지키지 않는 것이나 변명하는 것, 과장하는 것만이 언행과 관련해서 여러분의 평판을 손상하는 것은 아니다. 험담이나 뒷담화, 적절하지 않은 시간의 수다도 있다.

험담이나 뒷담화를 예를 들어 보자.

사라는 칼리에게 다가가 애슐리에게 "문제가 있어"라고 말한다. 칼리는 열심히 들어 주거나, 만약 그녀가 현명하다면, 그 이야기를 중단시키고 그런 대화에 참여하는 것을 거부할 것이다. 친구가 나에게 다른 친구에 대해 험담을 할 때마다, 첫 번째 드는 생각은 '내가 없을 때 그들이 나에 대해 뭐라고 말할까' 하는 것이다.

적절하지 않은 시간에 이야기하는 것은 더 민감한 잘못이 되기 쉽다. 내 학생 타일러는 내가 막 수업을 시작하려고 할 때 개인적인 사적 대화로 내게 접근하는 것을 좋아한다. 내가 그에게 이렇게 말하면 그는 늘 놀란다.

"우리는 지금 그런 대화를 할 수 없다네. 수업이 끝나고 오거나, 근무 시간에 와 주면 그때 기꺼이 이야기를 나누지."

"아, 근무 시간이 언제인가요?"

"강의 시간표를 확인해 보게, 타일러 … 자네가 지난번 내게 물었을 때와 바뀐 것이 없다네."

타일러는 심지어 30명이 듣는 교실에서도 나와 일대일 대화를 이어 가려고도 했다. 나는 타일러가 모자라는 사람이라고는 생각하지 않지만, 그

너무 늦었다. 우리는 완전히 집중해서 경기하고 그 어떤 결과도 견뎌야 할 필요가 있다. 그는 최선을 다해 경기하고 그 결과는 되돌릴 수 없다는 것이 우리가 실수에서 배울 수 있는 유일한 점이라고 말했다. 체스에서도 그렇고 인생에서도 그렇다.

는 다소 경솔하고 참을성이 없다는 평판을 얻었다.

9. 온라인 상태를 살펴보라

　나는 신입생들이 1년 과정을 준비할 수 있도록 도와줄 사람을 고용해야 했다. 나는 단지 지적이고 유능한 사람이 아니라 모범적인 직업 윤리를 가지고 있고 학생들에게 확고한 롤모델이 될 수 있는 사람을 원했다.
　베서니와 키스가 지원했다. 나는 그들 둘 다 좋은 학생으로 기억했다. 그래서 나는 그들이 각각 그 자리에 있을 때의 장단점을 고려하기 전에 그들의 페이스북에서 그들이 무엇을 하고 있는지 보았다. 우리는 '친구'는 아니었지만, 그들의 월(wall, 게시판-역주), 정보, 사진은 모두 공개적이었다. 베서니는 문제가 될 만한 사진과 포스팅이 많이 있었다. 그것이 내 결정을 쉽게 만들었다. 키스로 정했다.
　여러분은 페이스북, 아이엠(IM, Instant Messaging 메신저 프로그램), 스카이프가 있으므로 (학생들이 내게 말했듯이) 더는 아무도 이메일을 사용하지 않는 시대에 인터넷과 함께 자랐다. 그러나 많은 교수가 페이스북을 사용할 줄 알고 있으므로 여러분은 친구들이 태그한 사진을 포함하여 여러분이 공개한 정보를 통해 여러분 자신을 세상에 퍼뜨리고 있다는 것을 기억하라. 성숙하지 못한 말과 행동으로 평판이 손상될 수 있는 것처럼, 온라인 평판은 여러분보다 앞서가고 앞으로의 기회를 제한할 수 있다.

10. 결론

학기 중에 여러분이 발전시키는 평판은 그 학기에 여러분이 맺고 있는 관계 이상으로 영향을 미친다. 다른 사람들은 좋든 나쁘든 여러분에 대해 듣고, 그것으로 앞으로의 관계가 영향을 받을 수 있다. 따라서 수업을 듣기도 전에, 교수님은 이미 여러분에 관한 것들을 들었을지도 모른다.

성격의 우수성을 개발하기 위해 부지런히 노력하라. 약속할 때 신중하고, 다른 사람들에 관한 두려움과 자신의 능력에 관한 비현실적인 기대와 같은 근본적인 원인을 찾아내려고 하라.

약속하면 지켜라. 적게 약속하고 충실히 지키도록 하라. 항상 겸손하라. 여러분의 일과 다른 사람들의 입으로 여러분을 칭찬하게 하라. 책임을 받아들이고 변명하거나 과장하는 것을 피하라. 그리고 여러분의 친구들도 그같이 하도록 격려하라.

흥미로운 사실

누군가에게서 벗어나기 위해 "나중에 다시 올게"라고 말하는 자신을 발견한 적이 있는가?
여러분은 그에게 다시 올 생각이 없다는 것을 이미 알고 있다. 그런 상황에서, 우리는 사실상 요령이라는 이름으로 사람을 속이는 것이다. 여러분은 간단히 관심이 없노라고 정중하게 말할 정도로 정직하라.

토론

1. 누군가가 여러분을 바람맞혔을 때의 예를 들어 보라.
   기분이 어땠는가?
   여러분은 그 사람이 대신 무엇을 하기를 원하는가?

2. 이제 여러분이 다른 사람을 실망하게 했을 때의 예를 들어 보라.
   여러분은 그 당시 무엇을 달리했으면 하는가?

3. 친한 친구들에게 다음과 같은 분야에서 자신의 성격에 대해 건설적인 비판을 해 달라고 요청해 보라.
   하고자 한다고 말한 것을 마무리 짓기, 자신의 행동에 대해 책임지기, 험담 피하기, 정직하게 말하기, 온라인상의 됨됨이를 훌륭하게 유지하기.

제2장

흔히 저지르는 실수 #7: 균형을 잃어버린 생활

> ≫ 성장의 원칙: 공부와 놀이의 균형을 잡아라

1. 하나님 관점에서 공부와 여가의 문제

어느 학기에 친구 몇 명과 나는 큰 시험을 함께 공부하려고 토요일 아침 시간을 따로 냈다. 시험이 6개 영역으로 나뉘어 있어서, 약 3개월 동안 우리는 매주 토요일 한 부분씩 준비했다. 우리는 열심히 준비했다. 나는 긴장을 풀기 위해 윈드서핑을 하러 버클리 마리나(Berkeley Marina)로 향하곤 했다. 이 신나는 취미는 나를 육체적으로 지치게 했지만, 도서관에서 그렇게 많은 시간을 보낸 후 내게 필요했던 기분 전환이었다.

열심히 공부하고 열심히 논 것으로 나의 학교생활을 요약할 수 있겠다. 공부 부담량은 매우 힘들고 지치게 할 수 있다. 그러나 이 즐거운 취미는 매우 필요한 기분 전환을 할 수 있게 해 주고 평생 지속되는 관계와 추억으로 이어질 수 있다. 둘 다 중요하다.

윈드서핑을 하면서 물 위를 질주하는 상쾌한 탈출은 내 학습 과정이 요구하는 열성적인 정신 작업과 완벽한 균형을 이루었다. 그러나 우리가 조심하지 않으면, 즐거운 시간은 그 자체로 끝이 될 수 있다. 비디오 게임을 예로 들면, 상쾌한 휴식이 될 수도 있고 너무 빠지면 해로운 시간 낭비를 더 하는 것이 될 수도 있어 건강과 성적 모두 위험할 수도 있다.

> **흥미로운 사실**
> 퓨리서치센터(Pew Research Center)의 한 연구에 따르면, 비디오, 컴퓨터, 또는 온라인 게임을 하는 대학생들의 거의 절반은 그것들이 공부할 시간을 '일부' 또는 '많이' 빼앗는다는 것을 인정한다.[1]

    사실 많은 대학생(그리고 대학 졸업생)이 그것을 거꾸로 생각해서, 재미, 오락, 친구들을 위한 시간을 최대로 하기 위해 가능한 한 빨리 공부를 끝내려고 한다. 그러나 놀이는 사실 우리가 공부할 수 있도록 하기 위한 것이지 그 반대가 아니다.
    여기에도 똑같이 두 가지 심각한 위험이 있다. 충분히 공부하지 않고 너무 많이 노는 것과 충분히 놀지 않고 너무 많이 공부하는 것이다. 여러분은 때때로 이 두 극단적 상황 모두와 씨름할지도 모르지만, 여러분의 기질이 이중 한쪽으로 기울어지게 할 것이다. 학업과 평생 걸친 성공에서 균형 잡히고, 생산적이며, 건강을 유지하기 위해 여러분이 어떤 위험에 더 잘 노출되는지 알고 안전장치를 만드는 것을 필요로 한다.
    제3부 제2장의 실수는 균형을 잃고 사는 것으로 6학년 선생님이 "모든 것에는 때와 장소가 있다"라고 내게 말씀하신 함축된 진실을 인식하지 못하고 너무 열심히 공부하거나 너무 열심히 노는 데서 비롯된 것이다. 대학에서 성장하기 위해서는 하나님의 영광을 위해 공부하는 동시에 여가를 즐길 필요가 있을 것이다.
    여러분은 하나님을 위해 공부한다는 말은 들어 봤을지 모르지만, 하나님을 위해 '여가를 즐기는' 것에 대해 들어본 적이 있는가?

---

1 Jane Weaver, "College Students Are Avid Gamers," *MSNBC.com*, July 6, 2010, http://www.msnbc.msn.com/id/3078424.

제3부 제2장이 끝나기 전 그 말의 의미를 보여 주겠다. 그러나 먼저 공부와 여가의 균형이 맞지 않는 예를 몇 가지 살펴보자.

2. 온통 놀기만 하고 공부하지 않는 것

내게는 몇 년 전에 마이크라는 똑똑한 학생이 있었다. 우등생인 그는 가을 학기와 봄학기에 모두 내 수업 중 한 과목을 수강했고, 나는 또한 그의 지도교수가 되었다. 마이크는 내 가을 학기 수업 중 첫 번째 시험에서 25분을 남겨 놓고 답안을 제출했다. 다른 학생들이 땀을 흘리며 체념하고 거기에 앉아 있는 동안, 나는 그의 시험지를 휙 넘겨 보았다. 재빨리 힐끗 보는 것만으로 그가 100퍼센트 득점했다는 것을 나는 충분히 알 수 있었다.

나는 다음날 마이크에게 축하해 주며 좋은 소식을 전했다. 그가 열심히 노력한다면 대학에서 성공할 수 있다고 격려했다. 그러나 마이크는 그저 미소만 지었을 뿐, 차분해 보였다. 나는 약간 어리둥절해서 그에게 시험 공부를 얼마나 했냐고 물었다. 그는 공부를 전혀 오래 하지 않았으며, 고등학교 때와 마찬가지로 시험이 쉽다고 말했다.

나는 그에게 다른 학생들에게는 필요하지 않은 추가적 문제들을 풀어 봄으로써 스스로 도전할 것을 제안했다. 나는 그에게 그 문제들은 더 어려울 것이라서 다음 시험은 아마도 그에게 그렇게 쉽다고 느껴지지 않을 것이라고 장담했다. 그러나 그는 여전히 무덤덤했다. 농담이지만, 나는 그 자료가 너무 쉬운 것에 대해 사과했고 그 학기가 끝날 때까지 그 수업이 적어도 그를 깨어 있게 할 것이라고 약속했다. 여전히 그는 반응이 없었다.

마이크는 전혀 관심이 없는 것처럼 보였다. 나는 그의 머릿속에 들어가 보고 싶었다.

그는 대학에서 무엇을 바랐을까?

그는 졸업하면 무엇을 하고 싶어 할까?

마이크 자신은 아무 생각이 없는 것 같았다.

마이크가 삶에 관심이 없었던 것은 아니다. 나는 곧 그가 기숙사에서 알아주는 비디오 게임 일인자이었고 그의 밤 대부분을 게임과 영화로 깨어 있다는 것을 알게 되었다. 10월에 그는 수업 시간에 맞춰 도착하는 데 어려움을 겪었다. 11월이 되었을 때, 그는 때때로 완전히 수업에 빠졌고, 아침에 일어날 수 없었다. 그는 높은 점수인 A로 시작했지만, 가을에 B로, 그리고 이어서 봄에는 D로 끝났다. 그다음 해, 마이크는 학사경고를 받았으며 공학 프로그램을 끝낼 수 없었다.

왜 이런 일이 일어났는가?

너무 많이 놀고 너무 적게 공부했기 때문이다. 물론, 그는 기숙사에 있는 남학우들과 유대가 있었고, 의심할 여지 없이 그의 인생에서 가장 즐겁게 지내고 있었다. 그러나 당시 대학 한 학기당 학비가 10,000달러였으며, 마이크는 한 학기에 5과목을 들었으니, 이는 그가 재수강해야 하는 모든 과목당 2,000달러를 손해 보게 된다는 것을 의미했다. 현명한 투자가 아니다.

아이러니하게도, 마이크 문제의 일부는 고등학교 공부가 너무 쉽다는 것이었다. 나는 제1부 제2장에서 이 잠재적 문제에 대해 언급했다. 학생들이 고등학교에서 A와 B를 받는 것은 드문 일이 아니지만, 결코 스스로 정말로 공부에 몰두하는 방법을 배우는 것은 아니다.

마이크가 나의 첫 시험이 비교적 쉽다는 것을 알았을 때, 그는 내 수업이 고등학교와 똑같을 것으로 생각했다. 그는 결코 공부하는 훈련을 확실하게 받아 본 적이 없었다. 불행하게도 그의 머릿속에서 경보를 알리는 벨소리가 울릴 때쯤, 학기는 거의 끝나 가고 있었다. 그는 스스로 나쁜 습관의 희생자가 되었다.

흥미로운 사실

다음번에 수업을 빠지고 잠을 자려고 할 때 생각해 볼 것: 대학 한 학기 학비가 (기숙사비를 제외하고) 12,500달러이고, 여러분이 5과목의 수업을 듣는다면, 그것은 한 과목당 2,500달러이다. 만약 한 과목이 14주 동안 1주일에 세 번 듣는다면, 그것은 한 수업 당 약 60달러. 1분에 약 1달러 정도이다. (그게 다 여러분의 교수님들에게 돌아가는 건 아니다.)

질문: 교수님은 수업에 빠지는 것을 반대하십니다(교수님이니까 이해합니다).

그러나 한 과목 수업(아마 전공과목 수업이나 일반적으로 더 중요한 과목 수업)에 아주 많은 공부를 해야 할 상황에 대해 어떻게 생각하시나요?

교수님은 다른 수업 공부를 하기 위해 덜 중요한 수업을 빠지는 것에 대해 어떻게 생각하시나요?

- 문예창작학과 1학년 케이트

대답: 고백하건대, 학생 시절 나도 그랬습니다. 나는 전공과목이 아닌 어떤 과목을 1주일에 네 번 듣게 되자 숙제를 제출하러 종종 1주일에 한 번씩만 수업에 갔는데도 그 과목의 중요한 것을 놓치지 않을 만했습니다. 여러분이 특정한 바로 그 이유, 즉 더 중요한 과정에 집중하기 위해서 수업에 빠졌죠.

이상적으로 말하면, 나는 여러분이 수업에 참여하기보다는 차라리 빠지고 싶은 수업은 수강하지 말라고 말하고 싶습니다. 그러나 때때로 여러분은 흥미도 도전할 마음도 없는 수업을 들어야 할 때가 있을 것입니다. 어떤 과정들은 다른 과정보다 더 많은 시간이 걸립니다. 그래서 나는 학생이 자신의 결정에 대한 모든 책임을 진다면 가끔 빠지는 것은 문제가 없다고 생각합니다. 교수님의 방침을 꼭 알아 두세요.

수업 참여가 성적에 영향을 줄까요?

수업 참여는 일반적으로 수업 출석을 포함하지만, 종종 수업 중 손을 들고 이해하고 있는 것을 나타내는 것들도 포함합니다. 만약 수업에 빠진다면 시험이나 리포트, 다른 과제들에 대한 준비가 제대로 되지 않을 수도 있습니다.

학생 자신을 풍부하게 해 줄 수 있는 개념과 토론을 놓쳐도 정말 괜찮겠어요?

성적을 받기 위해서만 대학에 있는 것은 아니라는 것을 기억하세요. 그러나 바쁜 학기 중 뭔가에 대해 가부를 결정하는 것은 결국 학생 자신이 해야 할 일입니다.

여가는 삶의 태만 상태를 의미하는 것은 아니다. 아니, 여가는 하나님을 경배하는 일에서 '일시적' 기분 전환이다. 그러니 여러분은 즐기기 위해 무엇을 하든, 그것이 중독성 있는 오락이 되지 않도록 하라. 대학생이 되면 부모님을 떠나게 되며 고등학교에서 속해 있던 많은 조직은 사라진다. 대학에서는 실제로 수업 시간이 고등학교 보다 훨씬 적기 때문에 자신이 원하는 것을 할 수 있는 시간이 더 많은 것처럼 느껴질 수 있다. 그러나 피할 수 없는 이 원칙을 알아 두라.

네가 좀더 자자, 좀더 졸자, 손을 모으고 좀더 누워 있자 하니 네 빈궁이 강도같이 오며 네 곤핍이 군사같이 이르리라(잠 24:33-34).

그 유형은 이러하다. 맡은 일을 등한시하면 그것들이 여러분을 어쩔 줄 모르게 할 것이다. 그러나 절제력 있는 노력을 통해 맡은 일을 공략하면, 여러분은 공부의 결실(성공, 다져진 성격, 향상된 능력)을 즐길 뿐만 아니라, 여러분의 삶을 소모하지 않고 진정으로 여가를 즐길 수 있을 것이다.

> 절제력 있는 노력을 통해 맡은 일을 공략하면, 여러분은 공부의 결실(성공, 강화된 성격, 향상된 기술)을 즐길 뿐만 아니라, 여러분의 삶을 소모하지 않고 진정으로 여가를 즐길 수 있을 것이다.

3. 온통 공부만 하고 놀지 않는 것

에밀리는 외향적이고, 명랑하며, 열심히 공부하는 학생이었다. 그녀는 언제나 나에게 내 수업을 이수하기를 희망했는데, 수업이 매우 어려우며, 성적에 대해 끊임없이 불안감을 느낀다고 말했다. 매번 나는 같은 방식으로 대답했다.

"사실, 자네는 지금 수업에서 A나 A⁻를 받고 있네. 계속 공부 잘하고, 너무 걱정하지 말도록 하게."

에밀리와 대화하면서 나는 나의 대학 시절을 회상하게 되었다. 사실 나는 인정하고 싶지는 않지만, 에밀리와 아주 비슷했다.

감사하게도 하나님은 내게 잘하고 싶다는 소망을 주셨고, 나는 첫 학기에 평점 4.0을 받을 수 있었다. 그러나 잘하면 잘 할수록 나는 더 불안해졌다. 심지어 A⁻라는 점수가 내 평점을 떨어뜨릴 것이라고 한탄하기 시작했다. 모든 시험이 끝나고, 모든 과제를 제출하고 나서는 불안감에 시달렸다. 걱정 그리고 기다림.

"어, 존스 박사님, 시험 결과는 언제쯤 나오나요?"

"시그문드슨 박사님, 아직 시험 점수를 채점하지 않으셨다고 들었는데, 혹시 이번 학기에 성적을 올릴 다른 기회를 주실 수 있나요? 제가 잘하지 못한 것 같아서요."

내가 교수가 된 지금, 나는 내가 그 불쌍한 사람들을 애먹였던 것에 대해 미안하게 생각한다. 왜냐하면, 나도 그와 같은 말을 듣고 있기 때문이다.

공감되는가?

여러분은 평점을 유지하기 위해 열심히 공부하는 것이 모든 것을 소모하는 것처럼 느껴진다는 것을 알아차렸는가?

혼자만의 문제가 아니다. 그 주제에 관한 박사 학위 논문에 따르면, 평균적으로 보아 1990년대 대학생은 1950년대 대학생보다 85퍼센트 더 걱정했다.[2] 그리고 그 문제는 지난 10년 동안 더 나빠졌다.

어떤 일이 일어나고 있는 걸까?

문제는 적어도 고등학교 때부터 시작된다. 성공에 대한 과중한 압박이 있다. 즉, '제대로 된 배경'을 가져야 하고, '제대로 된 대학'에 들어갈 수 있어야 하며, 대학에서는 높은 점수를 받고, 운동이나 음악 또는 연극 분야에서 두각을 나타내고, 일주일에 한 번 노숙자들에게 음식 제공 봉사도 해야 하며, 리더십 잠재력도 어느 정도 보여 주어야 하고, 교회 활동도 계속해서 참여하면서 한편으로는 사회생활과 가정생활을 유지하고 잠도 충분히 자야 한다. 우리가 걱정하는 세대인 것은 당연하다.

---

[2] Jean Twenge, *Generation Me: Why Today's Young Americans Are More Confident, Assertive, Entitled—and More Miserable Than Ever Before* (New York: Free Press, 2007; 『제너레이션: 세대란 무엇인가』, 매일경제신문사 刊).

지표는 다음과 같다. 과목 '공부'보다 성적 '걱정'에 더 많은 시간을 할애하면서 성적이 지나치게 중요해졌다. 그렇게 되면 우리는 '하나님의' 인정을 받는 게 아니라 '사람의' 인정을 받기 위해 공부하는 것이다. 우리는 하나님의 세계와 하나님의 방식에 대해 더 많은 것을 발견하기보다는 사람이 만든 작은 (그리고 덧없는) 명예를 성취하기 위해 공부하는 것이다. 좋은 성적은 일차적이고 소모적인 목표가 아니라 우수한 공부의 결과이어야 한다.

> 좋은 성적은 일차적이고 소모적인 목표가 아니라 우수한 공부의 결과이어야 한다.

대학은 우리의 온 마음으로 하나님을 사랑하고, 진리와 아름다움의 하나님 없이는 그 본질과 아름다움의 전 존재가 존재하는 것이 불가능한 지식의 집합체로서의 수학, 화학, 영어, 역사를 점점 더 숙달할 기회를 제공해 준다. 우리는 다양한 학문 분야에 대한 우리의 이해를 높임으로써 그를 기쁘시게 할 것이다. 왜냐하면, 모든 진리는 하나님의 진리이기 때문이다.

4. 걱정 없이 공부하고 배움을 즐기는 법을 배우라

그렇다면 우리는 어떻게 걱정 없이 공부하고 배울 수 있을까?

오직 우리의 수업 과정에 시간을 집중함으로써 우리는 새로운 것의 발견, 도전, 이해의 성장과 같은 배움의 '과정'을 사랑하는 것을 배우게 된다. 공부하는 순간을 충분히 즐겨라. 그럴 때 결과에 대한 불안감이 사라지기 시작한다는 것을 알게 될 것이다. 전도서는 말한다.

> 네 손이 일을 얻는 대로 힘을 다하여 할지어다(전 9:10).

골로새서 3:23-24을 기억하라.

> 무슨 일을 하든지 마음을 다하여 주께 하듯 하고 사람에게 하듯 하지 말라 … 너희는 주 그리스도를 섬기느니라(골 3:23-24).

여러분이 원했던 것만큼 훌륭하지는 않더라도, 배우는 것과 학문적 기량을 개발하고 하나님의 주신 지적 능력의 훌륭한 청지기가 되는 것에 확실하게 전념하라. 여러분의 그리스도 같은 태도와 은혜 의존적 노력은 여러분이 어떤 성적을 받든 그를 기쁘시게 한다(빌 2:13; 벧전 4:11).

질문: 주말은 재미있게 보내고, 그 주간의 학교 공부 대부분을 뒤로 미뤄 두는 데 더 초점을 맞춰야 할까요?
아니면 학교 공부를 더 먼저하고 재미있게 노는 데 시간을 덜 쓰는 편이 나은가요?
- 간호학과 2학년 재키

대답: 제1부 제2장에서 나는 일정의 예를 제시했습니다. 내 기본적인 생각은 대학은 풀타임 학생 대상의 풀타임 일이라는 것입니다. 수업 외의 공부량을 고려할 때 16~18학점짜리 일정은 직장으로 치면 주당 50시간으로 볼 수 있습니다. 만약 학기 중에 부업을 할 필요가 없다면, 그야말로 이상적이겠지만 주말은 (보충하거나 예습하는) 학교 공부와 (아마 보충하는) 잠, 친구들과의 시간, 교회와 관련된 활동들에 할애할 수 있습니다.
나는 주말 내내 공부하는 것을 권하지 않습니다. 적어도 크게 두 차례 (5시간에서 7시간) 정도는 휴식을 취하세요. 학생에게 그것이 필요할 것

입니다. 주중에 학업에 힘쓰려면 그렇게 할 수 있어야 합니다. 공부할 때는 공부하고, 놀 때는 노세요(전 3:1).

하나님과 교수님을 혼동하지 말라. 이 말의 의미는, 교수님의 일은 여러분이 공부하는 것을 돕고 점수를 매기는 것이다. 그러나 하나님은 여러분의 진정한 주인이시다. 그분은 여러분이 공부하는 목적이 되고 기쁘시게 해 드릴 대상이시며, 그분을 기쁘시게 하는 것이 좋은 점수를 받는 것보다 더 중요하다.

여러분이 수업에서 C를 받아도 A를 받은 사람보다 하나님의 눈에는 더 성공한 것일 수 있다. 교수님의 일은 외적이고 객관적인 기준에 따라 점수를 매기는 것이지만, 하나님은 미숙한 결과보다는 주어진 것으로 여러분이 무엇을 하는가를 더 기뻐하신다.

자신을 다른 사람들과 비교하려는 유혹을 피하라. 비교는 필연적으로 질투, 불만, 좌절로 이어진다. 대신에 하나님이 주신 것을 보살피는 좋은 청지기가 돼라. 불평하지 말고, 징징대지 말며 변명하지 말라. 할 수 있는 최선을 다하고 할 수 있는 최선을 다했을 때 잠자리에 들라. 나머지는 하나님께 맡겨라.

> 불평하지 말고, 징징대지 말며 변명하지 말라. 할 수 있는 최선을 다하고 할 수 있는 최선을 다했을 때 잠자리에 들라. 나머지는 하나님께 맡겨라.

본서의 후반부에서 여러분의 성적이 어떻게 여러분의 재능과 기량에 대한 좋은 자료가 될 수 있는지, 그리고 그것들이 어떻게 여러분을 졸업 전과 후에 특정 분야의 일로 인도할 수 있는지에 대해 다룰 것이다.

공부는 근본적으로 좋은 것이다. 그것에 더해 사실 공부는 하나님이 주신 선물이다. 학생으로서 열심히 공부하는 것은 역도 선수가 근육을 발달시키는 것처럼, 여러분의 두뇌를 힘차게 발전시키는 것을 포함한다. 그래서 여러분의 앞날을 위해 하나님이 예비하신 선한 일에 대해 여러분이 준비하도록 한다(엡 2:10).

그러나 앞서 언급했듯이, 공부는 그 자체가 전부는 아니다. 여가 또한 중요하다. 사실 여가가 없다면 우리의 몸과 뇌가 지치고 쇠약해진다. 여가를 통해 심신의 능력을 회복하고, 창조에 대한 하나님의 선하심을 되새기고 누리며 관계를 발전시킨다. 여가를 가질 때 우리는 더 많은 공부를 할 수 있도록 재충전되어야 한다. 우리는 여가를 통해 이렇게 말한다.

"충분해요. 최선을 다했어요. 나는 결과에 대해 하나님을 신뢰할 수 있어요."

학생으로서 성적을 걱정할 때 나는 쉴 수가 없었다. 걱정은 공부에 필요한 에너지와 적절히 쉬는 능력을 약하게 한다. 부지런한 학생은 마음을 놓을 수 있고, 유익한 휴식을 취할 수 있으며, 밤에 잠을 잘 수 있다.

그래서 우리는 균형을 잡고 살아야 한다. 너무 열심히 놀거나 너무 열심히 공부하기 쉽다. 그렇다고 둘 다 무시할 수도 없다. 각각 매우 중요하다. 공부와 여가에 내재한 장점과 둘 중 하나를 너무 사랑하는 것의 잠재적인 함정을 탐구해 보자.

5. 공부의 장점

우리는 공부하는 것과 걱정하는 것의 차이점에 관해 언급했다. 그리고 나는 여가의 필요성을 언급했다. 그러나 우리는 아직 학업을 포함한 일의 '가치'나 '내재한 장점'에 대해서는 이야기하지 않았다. 우리 문화에서 일에 대한 태도는 "일하기에 좋은 날보다 낚시하기에 나쁜 날이 낫다"라는 차량스티커로 요약할 수 있다. 만약 우리가 이 믿음을 대학 캠퍼스에 적용한다면, 나는 대부분의 학생이 수업에 가는 것보다 노는 것이 낫다는 일반적 개념에 동의할 것으로 생각한다.

다시 말해서, 우리의 문화는 일을 필요악으로 본다. 우리는 모두 그것을 '해야 한다'는 것을 알고 있지만, 하지 않으려고 한다.

솔직히 말해서 성적과 상관 없다면, 여러분은 실제로 수업에 들어갈 것인가?

수업이란 단지 주말 휴식 중간에 참고 견뎌야 할 그런 것인가?

전 세계적으로 많은 노동자의 주된 관심은 돈을 많이 벌고, 특정한 생활양식이나 문화적 지위를 얻고, 더 많은 소일거리와 여가를 즐기며, 다른 사람들에게 권위를 행사할 수 있는 수준으로 승진하는 것이다. 그러나 성경은 우리가 하나님과 다른 사람들, 그리고 '일하는 것 자체의 본질적인 가치'에 대한 사랑의 표현으로서 하나님의 얼굴 앞에서 일하고 (공부해야) 한다고 가르친다. 우리의 일은 그리스도에 대한 헌신의 창조적이고 의미 있는 표현이 되어야 한다.[3]

대학에서 하는 공부는 나중에 우리가 일할 수 있도록 준비하게 해 준다. 그러나 지금은 '공부'가 우리의 '일'이다. 앞서 걱정 대신 공부를 이야기할 때 학습 과정에서 즐거움을 찾는 것을 언급했다. 그것은 공부 자체의 본질적인 가치를 연구하는 것이다.

그러나 우리는 종종 공부가 어렵거나 단조롭다고 생각하지 않는가?

우리는 창세기 3장의 타락의 원인에 대해 읽고 하나님의 저주가 일을 '만들었다'라고 생각할 수 있다.

> 네가 흙으로 돌아갈 때까지 얼굴에 땀을 흘려야 먹을 것을 먹으리니 네가 그것에서 취함을 입었음이라(창 3:19).

---

3 일에 대한 나의 관점은 Dorothy Sayers, *Creed or Chaos* (Sophia Institute Press, 1999)에 실린 훌륭한 수필 "Why Work?"에서 형성되었다.

사실 타락은 우리의 일에 대한 관계를 '왜곡'시켰을 뿐이다. 하나님은 타락하기 전에 아담과 하와를 위해 일을 정하셨다(창 2:15).

왜?

하나님의 형상을 지닌 사람들에게 그들이 사는 세상을 열매 맺도록 경작하여, 땅 자체를 정복하고 하나님이 그들의 번성과 즐거움을 위해 창조하신 동식물의 생명에 책임 있는 통치권을 행사하도록 하신 것이다. 의심할 여지 없이, 그 금단의 열매를 결정적으로 깨물기 전까지 일은 존재했다.

그러나 타락의 결과로 하나님의 저주는 앞으로 나아가는 것이 항상 만족스러운 것은 아니라는 것을 의미했다(종종 그렇기는 하지만, 전 2:10, 24; 3:13, 22; 5:18-20; 9:9-10을 보라). 우리가 모두 알고 있는 현실은 일이 때때로 고통스럽고, 심지어 더 가중된 것이다(전 1:2-3). 요컨대, 하나님이 주신 명령을 이행하는 것은 이제 때때로 정신적, 신체적, 심지어 심리적 좌절을 수반하기도 한다.

타락하기 전, 하나님은 아담과 하와에게 말씀하셨다.

> 생육하고 번성하여 땅에 충만하라, 땅을 정복하라, 바다의 물고기와 하늘의 새와 땅에 움직이는 모든 생물을 다스리라(창 1:28).

창세기에서 "복종"을 의미하는 히브리어 용어 "카바쉬"(*kabash*)는 다른 곳에서는 사람들이나 땅을 굴복시키는 사람을 섬기는 것을 의미한다(예를 들어, 민 32:22, 29). 그 생각은 인류가 지구의 자원을 인류에게 유용하게 만드는 것이었다.

여기에는 과학적, 기술적 연구, 즉 하나님이 전해 주신 자연의 물리적 원형에 관한 탐구가 포함되며, 그 활용은 삶을 향상하는 제품으로 이어진다. 예를 들어, 나무가 물 위에 뜬다는 사실은 기본적인 카누를 만드는 데 사용될 수 있다. 모든 작용(힘)이 동등하고 반대되는 반응을 일으킨다는 사실(아이작 뉴턴의 제3운동의 법칙으로 정리됨)은 노 젓기를 가능하게 하여, 이제 물을 건너는 방법을 얻게 되었다. 도로, 자동차, 궁극적으로 비행기와 헬리콥터를 설계하고 건설하는 것은 하나님의 법칙을 작동시키는 또 다른 예들이다.

이공계의 모든 부문이 가능한 것은 하나님이 어떤 법칙을 발견하고 활용할 수 있는 질서정연한 세상을 만드셨기 때문이다. 이 원칙은 의학과 수의학, 그리고 모든 형태의 생물학과 보건학 분야로 확장된다. 우리는 하나님이 우리 몸을 일하도록 만드신 방법, 즉 질병과 싸우는 방법, 영양, 운동 등을 통해 건강을 증진하는 방법을 탐구하고 있다.

사물의 인간적 측면에서, 우리는 진리나 아름다움을 더욱 직접 탐구하거나(문학, 철학, 예술, 음악), 또는 아마도 수 세기에 걸쳐 다양한 문화와 국가의 사회적 관행과 법, 사회적 패턴을 이해하기 위해 문명의 역사를 연구하고 있다. 그런 연구는 우리가 사고의 결과를 이해하는 데 도움이 된다.

대학에서 공부는 우리의 일이다. 그것은 하나님에 대한 우리의 사랑의 표현과 하나님이 우리에게 주신 재능을 발전시키고 최대화하기 위한 소망, 그리고 우리 주변의 세상을 이해하고 대학을 졸업한 후에 알차고 생산적인 삶을 준비하기 위해 우리가 하는 것이다.

> 대학에서 공부는 우리의 일이다. 그것은 하나님에 대한 우리의 사랑의 표현과 하나님이 우리에게 주신 재능을 발전시키고 최대화하기 위한 소망, 그리고 우리 주변의 세상을 이해하고 대학을 졸업한 후에 알차고 생산적인 삶을 준비하기 위해 우리가 하는 것이다.

6. 여가의 장점

우리는 공부가 중요하다는 것을 안다. 그리고 대학에서는 확실히 공부를 많이 한다.

> 그러나 여가는 어떤가?
> 그 역할은 무엇일까?
> 하나님은 우리의 여가와 무슨 상관이 있을까?

아내와 나는 넷플릭스에서 2주간 영화를 무제한으로 구독할 수 있는 무료 서비스 중 하나를 얻게 된 적이 있다. 넷플릭스에서는 서비스를 2주 더 연장하겠다고 제안했지만, 우리는 취소하기로 했다. 그 끈질긴 여자 직원은 전화로 그 이유를 알고 싶어 했지만, 우리가 취소한 이유는 그 목록에 없었다.

그녀가 이렇게 물었다.

"즐겁게 보셨나요?"

우리는 그렇다고 대답하고 그녀에게 감사했다.

"원하시는 영화를 찾으셨나요?"

긍정.

"그 영화를 보실 시간이 있나요?"

다시 한번, 네.

"그럼 왜 취소하는 건가요?"

그녀는 믿을 수 없다는 듯이 물었다.

우리 문화의 세계관은 간단하다. 여러분은 다른 사람들이 여러분에게 하기를 바라는 것을 자신의 욕구를 희생해 가며 장시간 열심히 일했고, 금요일이 되면 여러분은 여러분 자신에게 보상해야 한다. 여러분은 돈을 벌었다. 그리고 다이어트 콜라와 멋진 잡지를 들고 수영장 옆에 앉아 있으면, 여러분은 '이것'이 여러분이 일하는 이유라는 것을 기억할 수 있을 것이다. 이보다 더 좋을 수 없다.

그러나 그런 사고방식은 성경의 틀에서 한 발짝 더 나아갈 수 없었다. 아니, 마치 우리가 돈을 위해서, 우리 자신을 위해서, 심지어 다른 사람들의 인정을 얻기 위해서가 아니라, 하나님을 위해서 일하게 되어 있는 것처럼 그래서 우리의 여가도 우리의 삶 전체가 하나님의 얼굴 앞에서 살아가는 좋은 위치에서 보아야 한다.

비록 우리의 죄로 벌을 받아 마땅하지만(시편 36:7-9, 롬 3:23, 6:23), 우리의 시간과 재능, 소유물을 통해, 우리는 인자하심이 생명보다 나은 주님(시 63:3), 산소와 음식, 그리고 때때로 얼티밋 프리스비(Ultimate Frisbee, 플라스틱으로 만든 원반을 던지거나 받는 경기) 게임을 포함하는 자비를 지니신 주님께 즐거운 희생을 드린다.

여가의 시간은 하나님의 과분한 선물이다. 그것들은 주신 분에 대한 더 큰 사랑과 우리가 주님께 전적으로 의존하는 느낌을 동반하는 더 깊은 겸손과 감사의 결과여야 한다. 여가는 또한 주님이 우리를 위해 정하신 선한 일을 위해 우리를 다시 젊어지게 할 것이다. 여가의 몇 가지 주요 요소를 살펴보자.

> 여가는 또한 주님이 우리를 위해 정하신 선한 일을 위해 우리를 다시 젊어지게 할 것이다.

1) 여가는 필수적이다

끊임없이 공부하는 것은 기껏해야 바보 같고 비효율적이어서 결국에는 소진으로 이어진다. 절대로 쉬지 않는다는 것은 우리가 이 말씀을 잊어버렸음을 의미할 수도 있다.

> 여호와께서 집을 세우지 아니하시면 세우는 자의 수고가 헛되며 여호와께서 성을 지키지 아니하시면 파수꾼의 깨어 있음이 헛되도다(시 127:1).

그것은 성취를 위한 성취를 탐닉하는 데서 오는 불가피한 결과인 불안, 두려움과 보조를 맞춘다. 그러나 우리는 불안한 마음가짐으로 공부할 필요는 없다. 우리는 휴식의 자세에서 공부할 수 있다. 최선을 다하고 결과는 항상 하나님의 손에 있다고 믿는 것이다. 결국, 이런 태도는 특히 장기적으로 우리 공부의 수준을 높인다.

우리의 재충전 필요성은 우리가 유한한 생명체라는 것과 오직 하나님만 무한하고 결코 휴식이 필요 없으시다는 것을 상기하여 주는 것이다(시 121:4). 그런 관점에서 우리는 영혼과 몸의 상쾌함을 위해 구별된 휴식을 취할 수 있다. 하나님은 일곱째 날에 안식하심으로 우리를 위해 창조에서 이를 본보기로 삼으셨다(창 2:2-3). 만약 안식이 하나님께 적합했다면, 우리에게는 얼마나 더 적합하겠는가.

2) 여가는 계획적이어야 한다

휴식 시간과 심지어 그 휴식 시간 동안 할 활동을 확보하는 것이 도움이 된다. 그런 식으로, 여러분은 주의를 다른 데로 돌리려는 충동에 휘둘리지 않는다. 문자, 페이스북, 트위터, 스카이프, 위 등, 우리가 직면하는 잠재적 방해의 가짓수는 압도적일 수 있다. 우리는 모든 재미있는 것이 이끄는 대로 여가의 노예가 되도록 자신을 내버려 둘 수는 없다. 오히려, 우리는 그것을 신중하고 현명하게 선택함으로써 우리의 제한된 여가를 최적화하여야 한다.

여가를 사용함에 우리가 흔히 구분에 실패하는 여가와 오락의 차이를 생각해 보라.『메리엄 웹스터 대학 사전』(*Merriam-Webster's Collegiate Dictio-*

nary)은 여가(recreation)를 "일을 마친 후 힘과 영혼을 새롭게 하는 것"으로 정의한다. 그러나 오락(entertainment)은 특히 배우나 연주자 등 "실행자가 제공하는 여흥이나 기분 전환"이라고 정의하고 있다. 둘 다 주위를 딴 데로 돌리기 때문에 우리의 마음을 공부에서 벗어나게 해 준다.

그러나 여가가 창조적 에너지를 회복하거나 새롭게 하기 위한 목적 있는 시도라면, 오락은 종종 정신적 에너지를 다시 일으키는 데 실패하면서 넋을 잃게 하는 지경까지 이르게 한다.

그렇다고 모든 오락이 나쁘다는 것은 아니다. 제한된 여가를 어떻게 보낼 것인지 결정할 때 고려해야 할 주의사항일 뿐이다. 에너지를 충전하기 위해서는, 뇌가 필요로 하는 것은 자극의 중단이 아니라 다른 (또는 더 낮은 강도의) 정신적 자극이다. 독서, 글쓰기, 가족과 함께 하는 멋진 식사와 운동은 일반적으로 수동적으로 흡수하는 TV나 인터넷보다 나에게 훨씬 쓸모가 있다.

여가는 혼자서 보낼 수도 있고, 관계를 형성하는 수단이 될 수도 있다. 대학 시절, 나는 3부 크로스컨트리 선수였다. 오늘날까지 나는 달리기가 깊은 생각과 기도, 계획 수립에서 훌륭한 기회임을 알고 있다. 그러나 교내 스포츠, 얼티밋 프리스비와 같은 것들을 통해 계획적으로 다른 사람들과 재충전하거나 여행을 가는 것은 기분 전환도 하고 수준 높은 관계를 맺는 좋은 방법이다.

학생으로서, 내 공부를 끝내기 위한 동기로서, 특히 내가 집중하고 단련해야 할 때, 재미있는 재충전 활동을 하는 것이 도움이 된다는 것을 알았다. 예를 들어, 학우와 내가 각각 써야 할 과제가 있을 때, 우리는 둘 다 과제를 끝낸 후에 테니스(테니스는 내가 하는 또 다른 운동이었다)를 하기로 합의했다. 실제로 해 보라. 재미있는 일이 기다리고 있을 때 그것이 여러분을 집중적이고 생산적으로 공부로 이끈다는 것을 알게 되리라고 생각한다.

그러고 나서 여러분이 재미있게 놀면, 여러분은 하지 않은 공부에 대한 죄책감이나 부담을 느끼지 않을 뿐만 아니라 여러분의 마음은 편안하고 할 일을 마칠 수 있도록 도와주신 하나님께 감사하게 될 것이다. 이 방법은 큰 프로젝트, 심지어 완료하는 데 몇 주가 걸리는 프로젝트에서도 통한다.

먼저, 큰 프로젝트를 몇 개의 더 작고 구체적인 작업으로 분류하라. 그런 다음, 이런 작업을 하나씩 수행하되, 각 단계에서 작업이 완료된 후 자신을 새롭게 하는 시간을 가지라(본서를 쓰면서 내가 그처럼 했다).

3) 여가는 제한되어야 한다

여가를 너무 적게 가지면 정신적 또는 신체적 쇠약을 초래할 수 있다. 사람들은 때때로 병에 걸리는데, 그들은 계속해서 공부에 몰두하면서 잠드는 데 어려움을 겪는다. 그러나 너무 많은 오락이나 여가는 하나님의 선물을 (우리에게 너무 중요한 것인) 우상으로 왜곡할 수 있다.

우리의 마음은 안으로 기울어지게 되고, 주변의 필요에서 무감각해지면서 공부를 잘한다는 만족감에만 사로잡혀 있게 된다. 우리는 결국 즐거움을 위해 살게 되는데, 즐거움은 시간이 지남에 따라 감소하고 목적 의식을 잃고 만다.

넷플릭스 2주간 무료 서비스를 기억하는가?

우리는 원하는 영화를 찾을 수 없거나 즐기지 못해서가 아니라, 그것이 너무 많은 시간을 소모해서, 책임에 '대해' 되살리기보다는 책임'에서' 멀어지기 때문에 취소했다. 우리는 오락을 건강하지 못한 수준으로 끌어올리고 있었다. 그렇다. 우리는 가끔 영화를 볼 것이며 매일 우편으로 새로운 DVD를 받아서 볼 필요는 없다.

4) 여가는 회복시킬 수 있어야지, 손상시켜서는 안 된다

여가에 맞는 우리의 태도는 하나님께 의존하고 믿음이 넘치는 감사 중 하나가 되어야 한다. 즉, 우리의 노력이 중요하지만, 휴식도 중요하기 때문에 일에서 쉴 수 있다는 인식이다. 우리는 유한하고 하나님만이 무한하시다는 것을 겸손히 인정한다.

그러나 이와 마찬가지로, 우리가 여가에서 취하는 태도 역시 공부의 은사에 대한 감사, 특히 하나님이 그의 은혜를 맡은 청지기로 우리에게 주신 개인적 책임에 대해 감사가 포함되어야 한다(벧전 4:10). 우리는 여가가 '일시적' 재충전을 나타내는 데 적합하다는 것을 알아채야 한다. 그리고 우리는 공부가 그리스도인 생활에서 규칙적이고 중요한 부분이라는 것에 감사해야 한다.

여가에는 많은 다양한 형태가 있다. 나는 달리기, 얼티밋 프리스비, 여행 가기와 같은 활동을 언급한 바 있다.

부적절한 여가의 종류는 없는가?

물론 있다. 포르노 영상을 보거나 가게에서 물건을 훔치는 것과 같은 일부 활동은 분명히 금지되어 있다. 온라인 포커게임에 돈을 쓰거나 필요 이상으로 폭력적 영화를 보거나 필요 이상으로 성적으로 노골적인 소설을 읽는 것과 같은 다른 활동도 마찬가지로 피해를 줄 수 있다. 만약 여러분의 뇌가 미적분학에서 벗어나서, 편안하고 희망을 주는 소설을 들고 읽을 수 있다면, 아마도 별생각이 없이 TV쇼를 보는 것보다 훨씬 기분을 상쾌하게 해 줄 것이다.

그러나 여가의 형태는 대부분 도덕적으로 중립적이라서, 여러분은 상황에 따라 가장 적합한 것을 선택할 수 있다. 내 제안은 제한된 여가 동안, 회복력이 있고, 해로운 중독성이 없으며, 다른 사람들과 지속적 관계를 구축할 수 있는 활동을 선택하는 것이다.

예를 들어, 성경에 비디오 게임이 본질상 악하다고 말하고 있지는 않지만, 나는 항상 그것이 너무 중독적이라고 생각해 왔기 때문에 거리를 유지해 왔다. 많은 TV 프로그램에 대해서도 같은 말을 할 수 있다(물론, 오늘날 많은 비디오 게임과 TV쇼는 거친 내용 때문에 사악하다고 본다). 여가가 여러분을 노예로 만드는 대신 여러분을 회복시킬 수 있도록 자신을 알고 적절한 경계를 설정하라.

7. 결론

공부와 여가는 둘 다 중요하다. 여러분이 성인이 될 때, (봉사와 함께) 공부와 여가의 균형이 여러분의 삶에서 자연스러운 리듬이 되어야 한다. 대학은 이것들의 건강한 균형을 구현하는 것을 시작할 좋은 기회를 제공한다. 졸업 전까지는 아니더라도 졸업 후 깨어 있는 시간은 일, 가족에 대한 책임, 봉사 활동(교회, 지역사회, 자원봉사 일), (혼자, 친구 또는 배우자, 아이들과의) 여가로 채워져야 할 것이다.

여러분의 시간을 질서 있게 계획하는 법을 배우고, 공부와 여가에 대해 건강하고 성경에서 말하는 관점을 가짐으로써, 여러분의 대학 경험을 최대한 활용하여, 앞에 놓여 있는 모든 것에서 성공을 준비하는 것이다.

토론

1. 여러분은 여러분의 공부에 어떻게 접근하는가?
   여러분은 그것이 힘들고 단조로운 일이라고 보는가, 가능한 한 빨리 해결할 수 있는 일이라고 보는가?

공부와 관련하여 태도 수정이 필요한 부분은 무엇인가?

2. 여러분은 한주에 얼마나 많은 시간을 여가에 보내는가?
어떤 것들이 여러분을 정말로 상쾌하게 하고 재충전하게 해 주는가?
여러분의 재충전 활동 중 어떤 해가 된 활동이 있는가?

3. 어떤 학생들은 너무 많이 여가를 갖지만, 다른 학생들은 공부에 많은 시간을 써 버려 휴식을 취하는 것이 어렵다.
이 두 가지 중 여러분은 어떤 쪽을 더 하기 쉬운가?
여러분은 그 오류에서 자신을 보호하기 위해 무엇을 할 것인가?

4. 여러분이 공부와 여가에서 하나님께 더 영광을 돌리기 위해 한두 가지 결심을 할 필요가 있는지 생각해 보라.

제4부
학업 문제

- **제1장**

    흔히 저지르는 실수 #8: 너무 소극적이거나 너무 나서거나

- **제2장**

    흔히 저지르는 실수 #9: 성적을 위해 사는 것

- **제3장**

    흔히 저지르는 실수 #10: 기회 허비

제1장

흔히 저지르는 실수 #8: 너무 소극적이거나 너무 나서거나

> ≫ 성장의 원칙 : 현명하게 전공을 선택하라

　이제 많은 사람이 대학에서 가장 중요한 면으로 생각하는 것, 즉 학문의 발전으로 우리의 관심을 옮겨 본다. 어떤 의미에서 학문은 가장 중심부에서 대학을 경험하는 것이다. 성격 형성과 인간관계만큼이나 중요한 것은 대학이 현대 경제에서 다양한 직업에 대비할 균형 잡힌 교육을 받을 수 있는 유일한 곳이라는 점이다.

　많은 고용주가 숙고하고, 상황을 파악하며, 명확성과 전문성을 가지고 소통할 줄 아는 직원들을 원하기 때문에 대졸자들만을 고용한다. 게다가 대학 학위는 훈련과 성숙의 정도를 의미한다. 그것은 여러분이 시작한 일을 끝낼 능력과 결단력, 인내심을 가졌고 특정한 학문 분야에서 일정 수준의 성취 능력을 갖추었음을 말해 준다.

　사실 미국의 고등학교 졸업생의 70퍼센트가 곧장 대학에 진학하지만, 30퍼센트는 1학년을 끝으로 자퇴하고, 절반은 결코 졸업하지 못한다. 졸업장은 여러분이 이 모든 과정을 이겨 냈다는 뜻이다.

> **흥미로운 사실**
>
> 미국노동통계국(미노동부)에 따르면 2009년 10월 현재 고등학교 졸업자 10명 중 7명이 대학에 진학한다.[1] 그러나 대학생의 30퍼센트는 1학년을 끝으로 자퇴하고 절반은 졸업하지 못한다. 무시험 전형의 대학은 평균적으로 입학생의 35퍼센트가 졸업하는 반면, 가장 경쟁이 치열한 대학은 88퍼센트가 졸업한다.[2]

그러나 졸업장 그 자체가 가치가 있는 것이 아니라, 졸업장이 반영하는 성과, 즉 졸업장이 무엇을 의미하는지가 중요하다. 다음 장들 곧 제4부 제2, 3장에서는 학업 준비를 극대화하는 방법에 관해 이야기하겠다.

다양한 학과에서 수업을 듣는 것은 여러분의 관심사를 탐색하고 여러분이 즐기는 것과 여러분이 정말 잘하는 것을 발견할 수 있게 해 줄 것이다. 그리고 학업 전공을 선택하는 것은 여러분이 특정한 분야를 깊이 파고들 수 있도록 해 줄 것이고, 하나님이 주신 재능을 가지고 언젠가 여러분이 생계를 유지하는 데 도움이 될 수 있는 중요한 기술을 연마할 수 있게 해 줄 것이다.

이번 제4부 제1장에서 다루는 실수는 두 가지 잘못된 방법 중 한 방법으로 전공을 선택하는 것이다. 잘못된 방법이 더 많을 수도 있지만, 이 방법들이 가장 흔하다.

---

1 "College Enrollment and Work Activity of 2009 High School Graduates," *United States Department of Labor*, April 27, 2010, http://www.bls.gov/news.release/hsgec.nr0.htm.
2 Mike Bowler, "Dropouts Loom Large for Schools," *U.S. News and World Report*, August 19, 2009, http://www.usnews.com/articles/education/best-colleges/2009/08/19/dropouts-loom-large-for-schools.html.

첫 번째 잘못된 방법은 너무 소심해서, 일이 년 동안 방관만 하고 있다가, 분명히 의견 내는 것이 두려워 그저 반쯤은 무작위로 여러 과목을 수강하는 것이다. 이런 종류의 소심함은 가끔 정답은 하나밖에 없고 틀리면 참담할 것이라는 생각에서 비롯된다. 여러분에게는 하나 이상의 훌륭한 전공이 있을 뿐만 아니라 전공을 바꾸는 것이 세상의 끝은 아니다. 어떤 것을 시도해 보고 작동하지 않으면 다루는 방법을 바꾸는 편이 아예 시도하지 않는 것보다 낫다.

> 어떤 것을 시도해 보고 작동하지 않으면 다루는 방법을 바꾸는 편이 아예 시도하지 않는 것보다 낫다.

두 번째 잘못된 방법은 그 정반대이다. 너무 자신감이 넘쳐 많은 생각 없이, 혹은 여러분을 가장 잘 아는 사람들의 정보에 입각한 의견을 노골적으로 무시하며 미리 정해 버리는 것이다. 이렇게 하는 학생들은 전공을 바꾸는 것이 얼마나 번거로울 수 있는지 과소평가하고, 자신의 재능에 대한 냉정한 평가를 제대로 존중할 줄 모른다.

먼저 많은 사람이 폭넓은 인문학 교육이라고 부르는 것의 가치를 탐구해 보자.

1. 생각하는 법을 배우는 것: 광범위한 인문학 교육의 이점

오늘날 사람들은 점점 더 자주 직장과 심지어 직업을 바꾼다. 이에 대한 통계는 다양하지만, 이런 경향이 점점 더 일반적이라는 것에 누구나 동의한다.[3] 그래서 여러분의 공부가 자신의 하는 일, 또는 적어도 몇 년

---

[3] 한 보고서에 따르면, 사람들은 이십 대 때 평균 7개의 직업을 거친다(Robin Marantz

이상 하는 일로 끝나지 않을 수도 있다. 인생에는 우연이 있다. 그렇다고 전공 선택이 중요하지 않다는 뜻은 아니다. 그것이 의미하는 것은 미래가 무엇을 담고 있는지에 대한 불확실성을 고려할 때, 여러분의 전공과 상관없이 다양한 교육적 배경을 갖는 것은 좋은 투자라는 것이다.

내가 이렇게 말하는 이유의 한 가지는 학생들이 다음과 같은 질문을 하는 것을 볼 수 있기 때문이다.

"내가 이런 것들을 언제 사용할 수 있을까요?"

그들은 자신의 급료가 언제쯤이나 인체 구도를 자유롭게 그리는 능력이나 제2차 세계대전의 주요 전환점을 인용하는 능력에 따라 정해지는지를 알기 원한다. 그리고 어떤 과정을 선택할 때나 특히 즐기지 않는 과정을 참으며 할 때 이런 질문하는 것은 자연스럽다.

> 여러분은 앞으로 살아가는 동안 잘 훈련된 정신으로 하나님을 점점 더 사랑하기 위해 대학에서 사고하는 방식을 배운다.

답은 여러분이 그것을 직접 사용하거나 (어쩌면) 간접적으로 사용할지도 모른다는 것이다. 살아가는 동안 논쟁을 자세히 분석할 수 있고, 논리적 오류를 찾아내며 효과적으로 의사소통하도록 잘 훈련된 정신으로 하나님을 점점 더 사랑하고, 숫자와 (스탠퍼드 출신 가정주부인 아내가 내게 말해 준 놀랍도록 실용적인 기술 일체인) 스프레드시트를 잘 다룰 수 있기 위해 대학에서 사고하는 방식을 배우는 것이다.

여러분의 전공과 상관없이, 대학에서 문학, 음악, 미술의 위대한 작품들을 감상하는 것을 배우고 설득력 있는 에세이, 연구 논문, 기술 보고서와 같은 다양한 글을 잘 쓰는 것을 익힌다. 대학에서는 또 연설하는 방법을

Henig, "What Is It about 20-Something?" *New York Times Magazine*, August 18, 2010). 나는 이런 직업 바꾸는 게 모두 필요하거나 현명한 일인지 잘 모르지만, 어느 정도 변화하는 경제의 필연적이고 도덕과 관계없는 부산물이라는 생각이 든다.

배우게 되는데, 대부분 직업이 대중 연설을 하게 되기 때문이다.

마지막으로, 여러분이 친구로서 선택하지 않을 수도 있는 동료들과 프로젝트를 수행하는 경험을 대학에서 얻게 된다. 그것이 인생이다. 여러분이 항상 동료를 선택하는 것은 아니다. 여러분은 다양한 환경에서 일할 수 있는 사람, 문제 해결, 의사소통, 대인관계 능력을 갖춘 사람, 균형 잡히고, 지적이며 말을 잘하고 유연한 사람으로 졸업하기를 원한다. 여러분이 엔지니어나 사회복지사, 중학교 교사 등 무엇이 되고 싶어 하든 간에 이런 능력들은 도움이 될 것이다.

그러니 수업 시간에 익히는 많은 것이 여러분이 앞으로 생각하거나 사는 데 있어서 도움이 될 수 있다는 것을 기억하라. 물리학 문제를 푸는 것은 분석적으로 사고하는 데 도움이 되고, 이는 회사의 영업 계획을 세우는 데 있어서 약점을 찾아내는 데 도움이 될 것이다.

역사 수업은 단지 쓸모없는 날짜, 장소, 사건들을 잔뜩 암기하는 것이 아니다. 과거가 어떻게 현재를 형성하는지 이해하고, 오늘날 정치적 이슈에 대해 잘 알게 되어 우리가 사는 변화하는 세상을 더 잘 이해하고, 역사적 사실과 해설자들의 의견 간의 차이를 식별하고, 명확하고 일관된 방식으로 자신의 관점을 효과적으로 표현하게 해 준다.

질문: 학생에게 목표를 달성하기 위해 1년을 쉬라거나 대학을 그만두라고 권하신 적이 있나요?
- 영어·철학과 최근 졸업생 조슈아

대답: 고등학교 졸업 후 1년간 쉬며 선교 여행을 간 사람들이 있습니다. 그들은 19세에 대학생활을 시작했는데, 18세에 시작한 학생들보다 훨씬 성숙해 있었습니다. 그들은 고등학교를 졸업하는 즉시 대학생

> 활을 해낼 수 없었을지도 모릅니다. 모든 18세가 엄격한 학업을 수행
> 할 수 있을 정도로 성숙하진 않다는 것이 현실입니다. 일부 학생은 형
> 편없는 투자가 될 막대한 비용 지출을 늦추는 것이 더 낫습니다. 그리
> 고 하나님이 알려 주신 일을 하는 데 있어서 전통적 대학이 필요하지
> 않은 사람들도 있습니다.
> 진 베이스(Gene Veith)는 그의 책 『일터에서의 하나님』(God at Work)에서
> 헌신적이기는 하지만 자신의 학습 과정은 통과하지 못한 대학생의 이
> 야기를 들려줍니다.
> 그는 기진맥진해서 한 학기 휴학하고는 자기가 좋아하는 자동차 관련
> 일자리를 얻었습니다. 그는 정비 공장에서 뛰어나 높은 평가를 받게
> 되었고, 더 많은 돈을 벌고 더 많은 책임을 지게 되었죠. 그는 일을 그
> 만두고 대학을 마쳐야겠다는 생각을 계속했고, 다른 사람들에게 이에
> 대해 변명했지만 그러지 말았어야 했습니다. 그는 자신의 직업을 찾
> 았습니다.
> 우리 문화는 어떤 직업은 다른 직업보다 더 우월하다고 말하지만, 그
> 리스도인이라면 학위, 돈, 지위에 대한 세상의 관점을 받아들여서는
> 안 됩니다. 하나님께는 모든 합법적 직업이 다 귀합니다.

물론, 어떤 전공들은 자연스럽게 더 많은 전문화를 요구하는데, 이것은 '해당 전공' 과목은 많이 선택하면서 '비전공' 과목은 상대적으로 적게 선택하게 될 것이다. 영어 전공자는 40학점의 영어 과목을 이수해야 하지만, 핵공학 전공자는 70학점의 '전공' 과목과 수학, 화학, 물리학 과목을 이수해야 할 것이다. 이것은 영어 전공자가 다른 분야의 강좌를 듣거나, 복수 전공을 할 수도 있고, 단지 전체적으로 강좌를 적게 들을 수도 있다는 것을 의미한다.

이것은 더 큰 의미가 있다. 어떤 전공들은 본질적으로 다른 전공들보다 선택의 폭이 더 넓다. 의예과 학생이라는 것은 단지 몇몇 특정한 수업을 듣게 되었다는 것을 의미한다. 이 기간에 그 제한된 필수 과목들 외에 의과대학 입학 자격시험이나 의대에서 도움이 될 것 같은 것은 무엇이든 수강할 수 있다(물론 선택한 전공의 요건을 충족하는 동안 말이다). 보건학 같은 전공은 학생들이 졸업과 동시에 치과나 물리치료, 또는 의사 보조와 같은 다양한 분야를 추구할 수 있도록 넓은 기반을 마련하는 것을 의미한다.

반대로 대학과 전공을 바꿀 생각을 하는 항공공학과 2학년 학생과 이야기를 나눈 적이 있다. 그는 다른 대학의 다른 전공으로 편입하려는데 이수해야 할 과목이 우리 대학에 없었기 때문에 실망했다. 그는 좀 더 제한된 전공을 선택한 셈이다.

폭넓은 전공과 제한된 전공 모두 장단점이 있다. 폭넓은 전공의 경우, 많은 시간을 낭비하지 않고 초점을 바꿀 수 있는 충분한 여지가 있는 장점이 있는 방면, 취업 시장에서 자신을 차별화하기 어려워서 졸업 후 추가 교육이 필요할 가능성이 크다는 단점이 있다.

그에 비해, 나는 세라믹공학을 공부했는데, 아마 여러분은 들어 보지 못했을 분야일 것이다. 그 당시에 이 분야에서 학사학위를 주는 대학교는 전국에 13곳 정도밖에 없었다. (내가 다녔던) 알프레드대학교(Alfred University)가 가장 잘 알려져 있었다. 대학교에서 공부를 잘했다는 것은 직업을 얻기가 꽤 쉽다는 것을 의미했다.

내 분야에 일자리가 많지는 않지만, 졸업생도 많지 않았다. 그래서 어떤 의미에서 나는 위험을 더 감수한 셈이다. 내가 전공을 바꾸고자 했다면, 아마 더 힘들었을 것이다. 나는 그 항공공학과 2학년 학생과 같은 문제를 겪었을 것이다. 따라서 내가 학생들에게 하는 말은 제한된 전공을 택할 경우, 전과에 따른 더 높은 대가를 치러야 하므로 선택에 대해 더 확신을 가질 필요가 있다는 것이다.

> **흥미로운 사실**
>
> 공립대학교 학생들의 3분의 1 이상이 4년 안에 졸업한다는 사실을 알고 있었는가?
> 한편, 절반 좀 넘는 정규 신입생이 5년 이내에 학위를 받게 된다.[4]

그러나 폭넓은 교양 교육의 혜택으로 돌아가 보면, 나처럼 제한된 전공자들에게도 다양한 과목을 수강하는 것은 중요하다고 생각한다. 철학 교수 아더 홈즈(Arthur Holmes)는 이렇게 말한다.

> 교육에 관한 질문은 "내가 그것으로 무엇을 할 수 있는가"가 아니라 "그것은 인간으로서의 나에게 무엇을 해 줄 것인가" 하는 것이어야 한다. 교육은 인격을 형성하는 것과 연관이 있다.[5]

그가 무슨 말을 하는지 알겠는가?

교육에는 개인적이고 변화를 주는 효력이 있다. 그것은 여러분의 삶을 풍요롭게 하고 여러분의 시야를 넓혀 준다. 여러분이 배우는 모든 것이 가시적 의미에서 즉시 유용하기를 기대하지는 말라.

다재다능한 것은 예상치 못한 방법으로 도움이 된다. 나는 주로 철학과 영문학 수업에서 글 쓰는 법을 배웠다. 나는 기술 보고서와 엔지니어링 출판물을 작성해야 할 때 이런 기술을 기초로 했다. 우등 프로그램을 통해 음악, 창작 글쓰기, 체스 등의 수업을 듣고, 주요 공연장에서 열리는

---

4 Jeanne Sahadi, "College in 4 years? Try 5 or 6," *CNNMoney.com*, June 22, 2004, http://money.cnn.com/2004/06/21/pf/college/graduation_rates.

5 Arthur F. Holmes, *The Idea of a Christian College*, Revised Edition (Grand Rapids, MI: Eerdmans, 2002), 25 (『기독교대학의 이념』, CUP 刊).

연극 행사와 콘서트에도 참석했다. 이 모든 것이 나의 지평을 넓혀 주고 내 삶을 풍요롭게 했다. 전공에 상관없이 이런 종류의 기회를 모색하라. 졸업하고 나면 그런 가능성은 그렇게 쉽게 오지 않을 것이다.

기회에 대해 말하면, 대학에서 시간을 내 단순히 여러분을 매료시키는 한두 과목의 수강 신청을 하라. 내 아내는 셰익스피어(Shakespeare)에 관한 수업과 중세 유럽에서 페스트의 영향에 관한 수업을 들었다. 그 수업이 요구 조건을 충족하거나 그녀의 삶에 직접 영향을 미치지는 않은 것처럼 보였지만, 두 과목 다 참신함과 다양성, 훌륭한 기억은 말할 것도 없고, 역사와 문화에 대한 폭넓은 시각을 제공해 주었다.

이라크(Iraq) 전쟁에 관한 논쟁이 한창이던 2003년 봄에, 나는 미국과 이라크 관계에 대한 세미나 수업을 청강했다. 다가오는 전쟁에 대해 매주 다른 강사가 어떤 사람은 찬성하고, 어떤 사람은 반대하는 조망을 내놓았는데 그건 놀라웠다.

마찬가지로, 만약 어떤 교수가 훌륭하다는 말을 들으면, 가능하다면 그 교수의 수업을 들으려고 노력해 보라. 과목에 상관없이, 여러분은 좋은 선생님에게서 많은 것을 배울 것이고, 그의 열정은 여러분이 평생 배움을 사랑하도록 도와줄 것이다. 이것은 하나님의 세계에서 기독교인에게 올바른 태도다. 우리는 눈을 크게 뜨고 계속해서 더 많은 것을 배우면서 삶을 살아내기를 원한다.

2. 너무 소심하지 말라, 결정을 내려라

여러분이 최종적으로 어떤 전공을 택하게 될지는 아무도 모른다. 적어도 아직은 모른다. 그러나 그것은 '도덕과 관계없는' 결정이기 때문에 하나님은 우리가 역사와 맞을지 건축이나 영어가 더 맞을지 성경에서 우리에게 밝히지 않으신다. 도덕과 관계없는 결정이므로 우리는 하나님의 말씀에 정해진 한계 안에서 자유롭게 선택할 수 있다. 전공을 선택할 때 하나님의 답을 얻기 위해 기드온처럼 양털을 내놓을 필요는 없다(삿 6:36-40).[6]

"하나님의 뜻을 안다"라는 주제는 항상 청년 그리스도인들에게 뜨거운 쟁점이었다. 하나님의 도덕적 뜻이 성경에 드러나 있는 것은 우리가 모두 동의한다. 즉, 음란을 버리고(살전 4:3-7), 하나님께 감사와 기도하는 태도를 유지하며(살전 5:16-18), 너희 부모님께 순종하고(엡 6:1), 다른 사람에게 예수님에 대해 말하며(마 28:19-20), 도둑질하지 말고(엡 4:28), 참된 것을 말하라(엡 4:25) 등이다.

우리는 또한 하나님이 대학을 어디로 갈지, 무엇을 전공할지, 결혼할 것인가 말 것인가, 한다면 누구와 할 것인가, 대학 졸업 이후에 무엇을 할지 등 도덕과 관계없는 결정들을 포함하는 우리의 삶에 대한 개인적이고 구체적인 의지를 갖고 계시다는 것에 동의한다. 예레미야 29:11, 로마서 8:28과 같은 구절들을 보라. 하나님은 우리의 선을 위해 우리의 삶과 주

---

6 어떤 사람들은 기드온을 경건한 믿음의 모델로 내세웠는데, 이는 (여호수아 9:14에 나오는 이스라엘 사람들 같은 어떤 성경의 인물과는 달리) 기드온이 미디안 사람들에게서 이스라엘 사람을 구하라는 자신의 큰 사명에 대해 하나님께 조심스럽게 여쭤 봤기 때문이다. 그러나 그 구절을 문맥상 보면 기드온이 실제로 하나님을 '시험하고 있었다'라는 것을 알 수 있을 것이다. 그래서 39절에서 그가 그렇게 사죄하는 것이다. 하나님은 이미 기드온에게 해야 할 일을 말씀하셨다. 하나님이 기드온의 약한 믿음에 대해 '양보하는 것'으로 끝을 맺는다. 성경에서 어떤 일이 일어났다고 해서 그것을 따라 할 필요가 없다는 것을 기억할 필요가 있다. 누군가가 영리하게 말했듯이 성경이 '묘사하는' 모든 것이 '규정되어 있는 것'은 아니다.

변의 사건들을 조정하고, 우리의 미래를 손에 쥐고 계신다.

논쟁거리가 있다. 즉, 어떤 그리스도인들은 하나님의 가장 큰 축복을 경험하면서 "올바른" 선택을 하고 하나님의 "뜻 가운데"에 머물기 위하여 우리의 도덕과 관계없는 하나님의 개인적, 구체적인 뜻을 미리 구분할 수 있다고 (또 그래야 한다고) 생각한다.

질문: 제 친구 중에는 전공을 위해 고군분투하는 친구들이 많이 있습니다. 그들 중 상당수가 약간의 가벼운 학문적 흥미나 장점은 느끼고 있어도 전공에서 특별한 것을 발견하지 못했습니다.
정말 공감이 가는 전공을 찾지 못한 채 2학년, 3학년으로 올라가는 학생들에게 무엇을 제안하시겠습니까?
- 물리학·공학 3학년 켈빈

대답: 그것은 정말 어려운 일입니다. 학문적으로 재능이 있는 학생들은 그들이 잘하는 것과 그들에게 흥미를 주는 것들이 너무 많아서 전공을 결정하는 데 어려움을 겪는 것이 일반적입니다. 그 밖의 학생들은 뛰어난 재능을 갖고 있지는 않을 것입니다. 그들은 단지 그저 그런 학생일 뿐입니다.
나는 우선 그들이 미래의 취업에 대한 걱정을 덜고 그들의 수업을 사랑하게 되고 잘하도록 격려하는 것부터 시작할 것입니다. 이것 자체가 졸업 후 문을 열어 줄 것입니다. 고용주들은 생각하고 배울 줄 아는 똑똑한 직원들을 원합니다. 그런 직원들은 종종 필요에 따라 새로운 기술을 습득하는 평생 학습자입니다. 대학 전반기에는 뚜렷한 열정이 없는 사람은 취업에 대해 걱정을 하기보다는 다양한 분야의 수업을 들으면 될 것입니다.

> 그러나 그런다 해도 '어떤' 전공을 택할 것인가 하는 문제는 여전히 남습니다. 간단히 말해서, 나는 (부채를 최소화하기 위해) 꽤 빨리 졸업할 수 있도록, 그들이 좋아하며 상당히 잘할 수 있는, 가장 어려운 전공을 선택할 것을 권하고 싶습니다. 그것들은 정말로 그들을 다그쳐 다음에 무엇이 오든 좋은 기반을 마련할 것입니다.

또 다른 사람들은 우리가 도덕과 관계없는 결정을 내리기 전에 개인에 관한 하나님의 구체적인 뜻을 알 수 없다고 생각한다. 우리는 살아가면서 그것을 단계적으로 발견한다. 하나님의 뜻은 우리가 (그리스도인을 위한 성경의 도덕적 지침을 따르는) 거룩한 삶을 사는 것이며, 매일 예수님을 닮아 가는 것이다.

우리는 도덕과 관계없는 문제에 대해 현명하고 정보에 입각한 결정을 내리기 위해 마음을 쓰며, 하나님께 죄스러운 동기에서 우리의 마음을 보호해 달라고 부탁하지만, 궁극적으로 (자신이 주권자인) 하나님이 이런 결정을 통해 우리의 삶에 대한 자신의 이야기를 수행하시리라는 것을 알고 우리의 결정을 받아들이게 된다.

> 그럼 어느 쪽일까?
> 수학을 전공해야 할지 화학을 전공해야 할지와 같은 우리 개인의 의사에 관한 하나님의 뜻을 그 선택을 하기 전에 알 수 있는가?
> 결정을 내리기 전에 하나님이 구체적으로 말해 주실 때까지 기다려야 하는가?

난 그렇게 생각 하지 않는다. 이 견해의 문제점은 성경이 결코 우리에게 이런 종류의 지식을 추구하도록 장려하지 않는다는 사실 외에도, 그것이 매우 주관적이라는 것이다.

첫째, 하나님이 모세와 다윗을 각각 이름 없는 목자에서 큰 선지자이자 기적의 일꾼과 왕으로 인도하신 것처럼 우리의 결정을 이끌어 주실 것을 기대하는 것은 일반적으로 현명하지 않다고 생각한다. 이들은 하나님의 구원 계획에서 매우 특별한 역할을 했다. 마찬가지로 사도 바울도 때로는 비범한 방식으로 인도되기도 했다(행 16:6-10). 그러나 '일반적으로' 바울은 하나님이 우리에게 기대하시는 것과 같은 결정을 내리려고 했다. 즉, 건전한 판단과 계획을 실행하는 것이다(예, 행 20:16; 고전 16:5-9).[7]

둘째, 하나님이 우리에게 '적절한 전공'을 미리 발견하고 선택하기를 기대한다면, 다른 결정에도 같은 논리가 적용되는가?

우리가 결혼하기에 적절한 남자나 여자는 단 한 명뿐인가?

졸업 후 적절한 일은 한 가지뿐인가?

하계 인턴십은 또 어떤가?

기숙사에 있는 친구들과 페인트볼(paintball, 서로에게 페인트가 든 탄환을 쏘는 게임)을 할 것인가 아니면 축구를 할 것인가?

어떤 주차공간을 선택해야 할까? 등.

흥미로운 사실

대다수 학생이 대학생활 중 적어도 한 번 이상 전공을 바꾼다. 그리고 대학생활을 하면서 전공을 여러 번 바꾸는 학생들도 많다.[8]

---

[7] 이 관점에 관한 방어를 다룬 책, Kevin DeYoung, *Just Do Something: A Liberating Approach to Finding God's Will*를 참조하라(『왜 우리는 하나님의 인도를 바르게 받아야 하는가』, 부흥과개혁사 刊).

[8] Randall S. Hansen, "Choosing a College Major: How to Chart Your Ideal Path," *Quintessential Careers*, http://www.quintcareers.com/choosing_major.html.

그러나 하나님이 여러분이 하기를 원하는 것을 정확히 여러분이 하고 있다는 것을 알 수 있다면 더 많은 평안함이 오지 않을까?

이론적으로, 그렇다. 그러나 하나님이 이런 지식을 미리 허락한다고 믿는 사람들은 단지 주관적으로 확신하는 방법으로만 하려고 할 것이며, 이는 우리의 결정을 끝없이 되짚어 보게 하는데, (흔히 있는 일이지만) 특히 일이 우리가 바라던 대로 되지 않을 때는 더욱 그렇다. 우리는 결국 그것이 하나님의 뜻이 아니었을지도 모른다고 생각하게 된다. 우리가 기도를 충분히 못 했나 보다. 어쩌면 우리가 문이 열려 있다고 생각했던 것은 악마의 유혹이었을지도 모른다.

아마 우리의 동기가 완전히 순수한 것은 결코 아니다. 우리가 거울을 한참 들여다보면 아마도 잘못을 발견할 수 있을 것이다. 그러나 하나님께는 우리가 계속 막연한 생각을 분석하는 것보다 더 나은 방법이 있다. 우리를 위한 하나님의 도덕적 뜻을 드러냈을 뿐이지 개인적 뜻을 드러내지는 않으신다(신 29:29).

우리는 하나님의 도덕적인 뜻에 따를 때 평안을(롬 8:6), 따르지 않을 때는 하나님이 우리를 꾸짖으신다는 것을 경험할 수 있다(히 12:6-7). 우리는 미래에 대해 듣지 못했고, 그래서 우리의 계획조차도 하나님이 다른 결정을 내릴지도 모른다는 것을 인정해야 한다(약 4:13-16).

> 개인에 대한 하나님의 뜻을 알 수 있다는 생각은 목숨을 요구하는 스트레스를 미리 확대할 것이다. 하나님의 관리를 믿는 것이 평안과 안식을 가져다준다.

개인에 대한 하나님의 뜻을 알 수 있다는 생각은 목숨을 요구하는 스트레스를 미리 확대할 것이다. 하나님의 관리를 믿는 것이 평안과 안식을 가져다준다. 하나님은 우리가 우리의 길 걷기를 우리보다 더 원하신다. 우리가 실수할 수 없다는 것이 아니라, 실수할 수도 있고, 때로는 고통스러울 때도 있다.

그러나 하나님은 우리의 (그리고 다른 모든 사람의) 실수조차도 우리를 위한 완벽한 계획을 세우기 위해 사용한다(롬 8:28). 그것은 우리의 전공이 무엇인지, 어디서 사는지, 어떤 직업을 가지는지, 또는 다른 어떤 도덕과 관계없는 결정을 내리는지에 상관없이 우리가 더욱 예수님처럼 된다는 것이다.

어떤 전공을 선택해야 할지와 같은 큰 결정에 대해 기도하지 말자는 것이 아니다. 나는 나쁜 선택이 없다는 뜻도 아니다. 내가 성악이나 그림을 전공했다면 정말 나빴을 것이다. 그 재앙은 곧 내 학점에서 분명하게 드러났을 것이다. 우리는 지혜를 위해 기도해야 한다(약 1:5). 하나님은 우리가 성경 지식에 근거한 동기를 가지고 현명한 결정을 내리도록 도와주기를 원하신다.

우리는 현명하고 믿을 만한 상담가들, 특히 우리보다 나이 들고 더 성숙한 상담가들의 조언을 구해야 한다(잠 11:14; 히 13:7). 그리고 우리는 단지 많은 돈을 벌기 위해 특정한 전공을 원하거나(딤전 6:10), 다른 사람들이 어떻게 생각할까에 신경 쓰는(잠 29:25) 것과 같은 우리의 죄악된 태도와 동기를 드러낼 수 있는 것들을 하나님의 말씀 안에서 볼 수 있도록 구해야 한다.

간단히 말해서, 성경이 우리에게 말해 주는 하나님을 기쁘시게 하는 것을 하도록 하나님의 뜻에 순종하게 해 달라고 구해야 한다. 그 외에 수학 전공자든 영어 전공자든 간호학 전공자든 우리는 최선의 결정을 내리고, 하나님은 영광을 거두실 것을 믿는다. 모든 합법적 전공과 직업은 하나님께 영광을 돌리는 발판으로 사용될 수 있다.

3. 다른 사람의 반응을 따져 보는 것

이것이 원하는 '어떤' 전공이든 선택할 수 있다는 뜻인가?

꼭 그렇다고 할 수는 없다. 물론, 본인의 관심이 중요하며, 마음에 들지 않는 전공을 선택하는 것은 현명하지 못할 것이다. 그러나 여러분은 또한 여러분의 '재능'을 알아보고 싶어 할 것이다.

여러분은 무엇을 잘하고, 여러분이 알고 있는 현명한 사람들, 여러분을 그간 보살펴 온 사람들은 여러분이 뭘 잘한다고 보는가?

어떤 분야에서 성공을 거두었는가?

전공을 선택할 때는 현실적이어야 한다. 만약 여러분이 고등학교에서 작문에 점수를 C와 D를 받았고, 읽는 것을 즐기지 않는다면, 그것은 아마도 영어, 언론, 역사, 철학과 같이 읽기와 쓰기를 많이 필요로 하는 전공들은 제외해야 할 것이다.

만약 여러분이 수학을 아주 썩 잘하지 못했고, 그 과목에 대한 흥미가 그리 많지 않다면, 수학, 물리학, 또는 대부분의 공학 전공 중 하나가 비록 여러분이 추구하고 싶은 것일 수 있더라도, 그것으로 고통을 당하게 될 것이다. 필요로 하는 것이 무엇인지 확인해 보라.

이 모든 것이 다 무슨 의미인가?

만약 여러분이 어떤 전공을 좋아하고, 여러분이 고등학교 경험으로 볼 때 가능할 것 같으면, 해 보라. 그러나 교수님들의 의견을 들어 보라. 다른 과정이 여러분에게 더 나을 수도 있다는 것을 보여 줄지도 모른다.

여러분이 항공 엔지니어가 되고 싶다고 가정해 보자. 모형비행기를 만들고 수동 조종의 비행 패턴을 상상하며 자랐을 것이다. 여러분은 열심히 공부하고 훈련받지만, 미적분학에 실패하고 물리학은 이해하기가 너무 어렵다. 과외를 받고 교수님들과 업무 시간에 함께 시간을 보내지만, 일이 전혀 풀리지 않는다. 두 과목을 모두 재수강하지만, 그래도 통과하지 못한다.

뭐가 문제인가?

하나님은 자비롭게도 여러분의 선택들을 제한하시는지 모른다. 교내 취업지원센터에 문의해 보라. 아마도 항공기에 대한 여러분의 사랑을 계속해 나갈 다른 방법들이 있을 것이다(성적이 우리의 직업 의식을 강화하거나 약화하는 데 어떻게 도움이 되는지는 다음 제4부 제2장에서 더 자세히 이야기할 것이다.)

4. 직업의 개념

이것은 우리에게 '천직'(vocation)의 개념을 가져다준다. 궁극적으로 그리고 장기적으로, 여러분은 자신의 직업을 찾으려고 노력할 것이다. 천직이라는 단어는 라틴어 *vocatio*에서 왔는데, 이는 '소환 또는 소명'을 의미한다. 오늘날에도 우리는 사람들이 요리사, 자동차 정비사, 배관공이 될 수 있는 전문학교와 같은 직업 훈련 기회에 관해 이야기한다. 그러나 교육이나 건축, 글쓰기와 같은 다른 분야들도 직업이나 천직으로 언급될 수 있다.

기독교인들은 흔히 '소명'을 우리가 하나님에 의해서 부름을 받았다는 책임감 일체라고 말한다. 예를 들어, 여러분이 부모님께 아들이나 딸이고, 부모님이 여러분의 대학 학비를 도와주신다면, 부모님은 아마도 여러분에게 (실제로 수업에 가서 공부하는 것 같은) 기대하시는 것들이 있을 것이다. 아들이나 딸이 되는 것은 소명이다. 스타벅스에서 일주일에 10시간씩 일한다면 그건 직업이다. 벤티 카라멜 모카는 정해진 시간에 만들어야 한다.

제4부 제1장에서 우리가 말하고 있는 그 밖의 모든 것은 여러분의 재능과 관심을 인식하고 학문 분야를 선택하는 것에 관한 것이었다. 그러나 '소명'이라는 단어는 부르신 분, 즉 하나님을 의미한다. 우리가 소명에 관해 이야기할 때, 우리는 자신의 외부에서 우리에게 오는 어떤 것에 관해

이야기하는 것이다.

알다시피, 비록 우리는 중요한 과정인 자신의 재능과 관심을 인식하려고 노력하지만, 궁극적으로 우리를 특정 분야로 이끄시는 분은 하나님이다. 우리의 역할은 이 소명을 인식하고, 받아들이고, 추구함으로써 그분께 응답하는 것이다. 그러고 보면 우리가 어떤 종류의 일에 대한 욕구, 어떤 관심을 추구하게 한 우리 삶의 경험조차도 하나님에 의해 조율된다는 것을 알 수 있다.

결혼의 비유를 생각해 보라. 누군가와 결혼하기를 원하는 것만으로는 충분하지 않다. 대부분 문화에서 그 사람도 여러분과 결혼하고 싶어 해야 한다. 탱고를 추려면 두 사람이 필요하다. 하나님이 주신 재능과 수고와 결합한 우리의 관심과 열정은 (우리가 다른 사람들에게 보수의 대가로 제공할 수 있는 활동이나 서비스) 능력과 역량의 형성으로 이어진다.

동전의 다른 면은 무엇인가?

어떤 조직이나 단체는 우리를 고용하고, 우리의 능력을 쓰기 위해 돈을 지급할 용의가 있어야 한다. 여러분의 직업은 여러분 외부에서 오는 것이다.

그래서 비록 여러분이 좋아하는 전공을 선택하고, 그 선택을 하는 데 있어서 다른 사람들의 의견을 따져 보더라도, 시간만이 하나님이 무엇을 준비해 두고 계신지 알 수 있을 것이다. 자신은 농구를 잘한다고 생각할 수도 있지만, 팀에 합류하지 못하면 그렇지 못하다는 것이 드러날 것이다. 마찬가지로 많은 신입생이 의대에 진학할 것으로 생각하지만, 자신의 학점이나 의과대학 입학 자격시험 점수는 다른 이야기를 들려줄 뿐이다.

그래서 하나님의 부르심을 감지하고 자신의 관심과 재능, 다른 사람들의 의견을 바탕으로 전공을 선택하더라도, 그 전공을 감당할 수 있는지는 성적으로 알 수 있을 것이다. 필수 과목을 다 들을 수 있으려면 그 전공에 관한 관심이 계속될 필요가 있다. 그리고 졸업 후에는 누군가가 여러분을 고용해야 한다.

> **흥미로운 사실**
>
> 의사가 되기를 열망하는 대학 신입생 중에서, 실제로 의사가 되는 학생들은 10퍼센트 미만이다.[9]

이제 정신이 없을 테니, 적절한 질문을 해 보자.

대학 졸업을 했는데도 원하는 종류의 직업을 얻지 못한다면 어떻게 될까?

그 말은 여러분이 그 특정 분야에 그다지 능숙하지 못하다는 뜻인가?

그럴 수도 있고 아닐 수도 있다. 가장 경쟁이 치열한 분야에서는 꽤 좋은 성적을 거두면서도 임금을 받지 못할 수 있다. 얼마나 많은 훌륭한 야구 선수가 빅리그에 진출하지 못하는지 생각해 보라.

나의 친한 고등학교 친구는 내가 아는 한 최고의 놀랄 만한 운동선수였다. 그는 마이너리그에 진출했지만, 단 한 번도 큰 기회를 얻지 못했다. 스포츠라면, 어느 정도 나이가 지나면, 거의 패배를 인정할 수 있다. 마찬가지로, 훌륭한 작가 중 상당수가 글 쓰는 것만으로 생계를 유지하지 못하고 있다. 연극이나 음악 분야도 마찬가지다.

그러나 대부분의 대학 전공은 다른 것들보다 더 다양한 직업을 준비시켜 준다. 앞에서 나는 폭넓은 전공과 제한된 전공 그리고 그 장단점에 관해 이야기한 바 있다. 제한된 전공은 일자리가 적지만 졸업생 수가 적어 일자리를 얻기 위한 경쟁이 덜하다. 폭넓은 전공은 일자리는 많지만, 전

---

[9] Jean Twenge, *Generation Me: Why Today's Young Americans Are More Confident, Assertive, Entitled-and More Miserable Than Ever Before* (『제너레이션: 세대란 무엇인가』, 매일경제신문사 刊).

공한 졸업생들도 많다.

　이 모든 것에 비추어 보면, 전공을 잘 해내면 보통 일자리를 구하는 것은 옳은 방향 끝에 얻기 마련이다. 이에 대해서는 나중에 말하겠다. 여기서 내 요점은 다른 사람의 의견을 포함하여, 여러분의 관심사와 여러분이 인식하는 재능을 바탕으로 전공을 선택하는 것은 여정의 시작일 뿐이라는 것이다. (성적과 문을 여는 것으로) 하나님은 여러분의 직업 의식을 확인하시거나 방향을 바꾸실 것이다.

　그리고 프로 스포츠와 같은 경쟁 분야로 돌아와서, 만일 여러분이 창의적으로 된다면, 그런 분야들에도 문을 열 수 있을 것이다. 결코, 프로 야구를 할 수 없을지는 몰라도, 고등학교 야구를 지도하고 체육 과목을 가르칠 수 있을 것이다(그러나 운전 등을 가르치는 것도 참으며 해야 할 수도 있다). 브로드웨이 여배우가 될 수는 없어도, 대학원에 진학해 순수예술 석사학위를 받고 대학 수준에서 연극을 가르칠 수 있다. 그러니 열심히 해 보되, 이상주의와 현실주의의 균형을 맞추라.

　물론, 돈이 되지 못 하는 일 중에서 하고 싶은 일이 많지도 모른다. 대부분의 사람은 한 가지의 급여를 받는 본업과 급여와 관련 없는 여러 가지의 부업을 가지고 있다. 부업은 심심풀이, 취미, 덤으로 하는 어떤 것이다. 대학은 새로운 것을 추구하는 중요한 시기로서 그중 어떤 것은 모든 종류의 즐거움과 새로운 우정을 가져다주는 평생의 취미는 될 수 있지만, 반드시 수입과 직결되는 것은 아니다. 많은 사람이 소묘나 그림을 좋아하지만, 그것으로 돈을 버는 사람은 극히 소수이다.

5. 자신의 직업을 인식하라

여기 전공을 결정하고 직업을 인식하는 방법에 대한 몇 가지 실용적인 지침이 있다. 고등학생 때도 이것을 시작할 수 있다. 우선, 관심사, 열정, 재능의 범위를 좁혀라.

[관심사/열정]

- 무엇을 하고 싶은가?
- 그간 살아오면서 하고 싶어서 이룬 것은 무엇인가?
  그것을 어떻게 했는가?
  여러분은 그 분야에서 뭔가 더 하고 싶은가?
- 흥미를 느끼는 과목은 무엇인가?
  특히, 관심 있는 주제는?
- 만약 원하는 일을 할 수 있고, 돈을 버는 것은 중요하지 않다면 여러분은 무엇을 할 것인가?
  마음껏 창의적으로 하라. (나중에 실용적으로 될 수 있다.)

[재능]

- 여러분을 잘 아는 사람들(부모님, 목사님, 멘토)은 여러분이 무엇을 잘한다고 말하는가?
  그들은 여러분이 실제로 어떤 일을 하는 것을 볼 수 있을까? (실용적인 부분은 여기 있다.)
- 여러분은 지금까지 그것이 비록 소박한 것이라 해도 어떤 성공을 거두었는가? (특정 수업, 프로젝트, 동아리 활동, 음악, 연극, 스포츠 등.)

다음으로 첫 번째 목록과 두 번째 목록 사이에서 중복되는 것을 찾아보라. 만약 여러분이 강한 흥미를 느끼고 있으면서도 아직 실제로 해 본 적이 없는 것이 있다면, 그것을 시도해 볼 방법을 찾아보고 어떻게 진행되는지 보라. 자, 지금쯤이면 상당히 짧은 목록을 가지고 있을 것이다. 어떤 것이 여러분의 열정과 재능의 더 강한 조합을 나타내는가를 생각하기 위해 그것들의 순위를 매기는 것이 좋을 것이다.

몇몇 전공 목록을 만들어 보라. 온라인에서 이 분야들에 대해 알아보라. 부모님과 교수님에게 이 목록에 대해 말씀드리고, 어떻게 생각하는지 여쭤 보라. 또한, 이 분야에 종사한 지 오래된 사람들(아마도 여러분의 부모님, 그분들의 친구들, 교회의 선배들, 또는 여러분 친구들의 부모님)과 (분야가 발전한 이후) 학교를 졸업한 지 몇 년밖에 되지 않은 사람들 모두와 이야기를 나누어 보라. 어떤지 물어보라.

그분들은 어떤 점을 좋아하는지?
그분들은 평소에 실제로 무엇을 하는지?
그분들이 여러분에게 돈을 줄 수는 없더라도 여러분이 그분들을 직장에서 관찰하거나 도울 수 있는지?
이 전공을 선택하면 어떤 종류의 직업이 가능한지?
안정적인 자리를 잡는 데 시간이 오래 걸릴지?
3년을 노력하면 무엇을 기대할 수 있나?
여러분이 이 분야에서는 (한동안은 플러스가 될 수 있지만, 대부분은 나이가 들거나 특히 결혼하여 가정을 꾸리고 나면 별로라고 대부분 말하는) 여행을 많이 할 수 있을 것 같은가?
여러분이 성공적으로 추구할 수 있다고 생각하는 전공이 여럿이 있다면 어떻게 될까?

현명하고 정보에 입각한 결정을 내려라. 만약 여러분이 열심히 하는 걸 좋아하고 대학원에 관심이 있다고 생각할 경우, 고용주들보다 대학원에서 학점을 더 많이 보기 때문에, 학점을 잘 받을 수만 있다면 복수 전공이 여러분에게 맞을 수도 있다.

그러나 학위 계획을 잘 살펴보라. 공학과 물리학, 혹은 철학과 영어와 같이 서로 겹치는 두 개의 관련 분야를 복수 전공하는 것은 추가로 수업을 많이 들어야 하는 것을 의미하지 않을지 모르지만, 신학과 수학을 모두 추구하는 것은 분명히 추가로 수업을 많이 들어야 할 것이다. 인턴십이나 다른 일의 경험도 관심사를 좁히는 데 도움이 될 수 있다. 제4부 제3장에서 그런 것들을 알아보겠다.

1학년 때 전공에 대한 확신이 서지 않는다고 서두르거나 당황할 필요는 없다. 최고의 역동적인 교수들의 다양한 수업을 가능한 한 광범위하게 들어 보라. 1학년은 일반적이고 핵심적인 수업 요구 사항을 처리하기에 좋은 시기다. 여러분의 관심사, 열정, 재능에 관한 연습을 계속하면서, 2학년까지 전공에 관한 결정을 내리는 것을 목표로 하라.

6. 현실 점검 두 가지

어떤 학생들은 부모님이 특정 분야로 진학하기를 원하지만, 그들의 마음은 그 분야에 있지 않아 어려움을 겪는다. 이런 경우에 부모님이 위신이나 경제적(그들은 자녀가 의사, 변호사, 엔지니어가 되기를 원한다) 또는 전통적(그들은 자녀가 가업을 이어받기를 희망한다) 동기를 갖는 것은 흔한 일이다.

이런 상황에서는 어떻게 하는 것이 좋을까?

우선 부모님께 솔직히 말씀드릴 필요가 있다고 생각한다. 미루거나 이 문제가 저절로 사라질 것으로 생각하지 말라. 그렇게 되지 않을 것이다.

이야기할 때, 여러분에게 일어나지 않을지도 모르는 일에 대한 걱정과 질문에 마음을 터놓아라. 그분들이 제기하는 모든 분별 있는 주의를 진지하게 받아들여라.

여러분이 고려하고 있는 몇 가지 전공을 제시하는 것이 아마도 도움이 될 것이다. 그렇게 하는 것이 그분들에게 여러분이 자신의 결정을 진지하게 생각하고 있다는 것을 보여 줄 것이다. 만약 두 가지 모두 해결책이 되지 못한다면, 대학 교육에 대한 경제적 지원이 여러분의 특정한 전공 선택에 달려 있는지 여쭤 보라.

만약 그렇다면, 그리고 여러분이 그 점에 전혀 관심이 없다면, 그분들에게 여러분이 일하러 갈 시간을 낼 것이라고 말씀드려라. 집에서 지내면서 공립전문대학에서 일반 교육과정을 수강하는 것에 대해 집세를 내라. 그 전략은 여러분이 자신의 책임에 대해 진지하고, 부모님 덕을 볼 생각이 없으며, 자신은 하나님이 인도하실지도 모른다고 생각하는 영역에서 공부를 계속하고자 한다는 것을 그분들에게 보여 줄 것이다. 또한, 그분들의 신뢰와 존중을 얻음으로써 주께서 마음을 하나로 모으실 시간을 얻을 수 있을 것이다(잠언 16:7의 원리를 참조).

가장 최악의 경우, 예상했던 것보다 조금 일찍 성인으로서 대학 학비를 전적으로 부담해야 할지도 모른다. 궁극적으로 여러분은 여러분의 삶을 어떻게 할 것인지, 그리고 하나님이 여러분에게 주시는 직업적 열망, 재능, 기회에 대해 부모님이 아닌 '하나님'께 책임이 있다.[10] 그러나 그분들이 여러분의 성실함, 성숙함, 그리고 책임을 지려는 의지를 볼 때 여러분

---

10 우리가 제2부 제3장에서 상세히 논했듯이, 여러분은 항상 여러분의 부모님을 존경하고 존중해야 하지만, 성경은 '성인'이 된 자녀가 그 부모님께 복종하라고 명령하지는 않는다. 물론, 만일 부모님께 경제적으로 의존하고 있다면(그리고 아마 어느 정도는 그럴 것이다), 여러분은 아직 성인기로 완전히 넘어가지 않은 것이다. 그 점이 이 상황을 복잡하게 만드는 것이다.

은 그분들을 이길 가능성이 있다.

　마지막 경고 하나!

　빚에 신경 쓰라는 것이다. 학자금 대출이 있는 학생이라면 언제쯤 상환할 수 있을지 현실적 예상을 해 보라. 전공에 맞는 말단 지위에서 받을 수 있는 보수를 알아보고, 부모님의 도움을 받아 대출금을 얼마나 빨리 갚을 수 있는지 계산해 보라. 수업이 없을 때나 여름방학 중 최대한 돈을 벌어 재학 중 대출금을 갚는 것이 현명할 것이다.

　졸업 후 해마다 빚더미에 노예가 되고 싶지는 않을 것이다. 특히, (육아 등) 개인적 계획을 이유로 한동안 직장을 그만둘 수도 있다고 예상하거나, 하나님이 여러분을 더 낮은 임금을 받는 분야로 부르신다고 생각한다면 더욱 그렇다. 다시 한번 이상주의와 현실주의의 균형을 맞추라.

7. 결론

　여러분은 여러분 앞에 놓인 것을 위해 아직은 완전히 이해할 수 없는 방식으로 하나님이 자신을 준비시키고 있다는 것을 알고, 여러분의 학문에 온전히 임함으로써 하나님을 온 마음으로 사랑할 수 있다. 여러분이 수업에서 배우는 대부분은 앞으로 몇 년 동안 간접적으로 여러분에게 도움이 될 것인데, 그것은 넓은 기반의 교양 교육이 매우 가치 있는 이유다.

　가능하다면, 배움에 대한 사랑으로 여러분에게 영향을 끼칠 수 있는 선생님들의 수업을 들어라. 전공을 선택할 때, 여러분의 장점과 특정 분야의 일에 얼마나 적합한지에 대한 다른 사람들의 의견뿐만 아니라, 여러분의 관심사, 열정, 재능을 신중하게 고려하라.

　집중과 정확한 자기 평가, 장단점에 대한 현명한 고려로 결정하되, 전공 선택은 여정의 시작에 불과하다는 것을 인식해야 한다. 그리고 나서 하나님은 그들의 의견에 대한 여러분의 인식을 확인해 주거나 방향을 바꿔주실 것이다. 사실 그것이 다음 제4부 제2장의 주제이다.

토론

1. 전공 선택은 어떻게 했는가?
   여러분은 자신이 집중했다고 생각하는가?
   다른 사람들의 반응은 어떻게 고려했는가?

2. 개인에 대한 하나님의 뜻을 미리 알 수 없다는 생각에 대해 어떻게 생각하는가?

3. 여러분은 소명의 개념, 즉 외부에서 자신의 삶에 대한 하나님의 뜻이 온다는 것에 대해 어떻게 생각하는가?

4. 결국, 비현실적으로 판명될 수도 있는 자신의 능력에 대해 기대나 미래에 대해 전망을 하고 있는가?
   그 때문에 여러분은 망연자실할 것인가 아니면 하나님이 여러분에게 하나님을 섬길 수 있는 다른 길을 만드실 것이라고 믿는가?

제2장

흔히 저지르는 실수 #9: 성적을 위해 사는 것

> ≫ 성장의 원칙 : 성장을 위해서는 도전이 필요하다는 것을 인식하라

나는 오전 9시 철학 수업에 가는 것이 좋았다. 그것은 대학 1학년 공학 수업의 지루함에서 벗어나는 신선한 휴식이었다. 나는 앉아서 시몬스 박사가 플라톤(Plato), 흄(Hum), 칸트(Kant)의 사상을 설명하는 것을 들을 수 있었고, 어쩌면 가끔 손을 들어 동참하거나, 그저 그 생각들을 흡수할 수도 있었다. 과제를 읽고, 메모하고, 자료를 이해하기 위해 노력하는 것이 정말 즐거웠다.

나는 첫 수업 중 시험에 들어갈 준비가 되었다고 느꼈다. 나는 고등학교 마지막 학년 영어에서 완전한 A를 받았기 때문에 독자와 작가로서 먼 길을 왔다고 생각했다. 우리는 한 시간 동안 세 개의 논술 문제에 답해야 했다. 각각 20분이면 되니 문제없었다. 나는 끝낸 후 자신감에 가득 차서 방을 나갔다. 시험은 심지어 재미있었다.

일주일 후, 시몬스 박사는 시험지를 되돌려 주었다. 놀랍게도 그는 대담하게 나에게 B⁻를 주었다.

'그가 실수한 것이 분명해.'

이렇게 생각하면서 나는 재빨리 그의 붉은 글씨 나머지 부분을 훑어보았다. 그의 우려를 반박하고 내 사례를 밀고 나갈 준비를 했다.

그는 내가 A학점짜리 학생인 것을 몰랐나?

그는 왜 그러는 걸까?

점수 변경은 이루어지지 않았다. 시몬스 박사는 내 에세이가 그저 평범한 수준이었고, 그의 기준은 내 고등학교의 수준보다 분명히 높다고 설명했다. 이 때문에 철학을 배우고자 하는 나의 애정은 금세 실망과 좌절감, 억울함, 내 학점에 대한 불안감에 휩싸였다. 앞으로도 몇 주 동안 나는 그의 수업을 계속 싫어하게 될 것이다.

1. 학업 여정의 기쁨

대학 학업의 주안점은 배움인가, 아니면 좋은 성적을 받는 것인가?

내 대답을 빨리 알아맞힐 수 있기를 바란다. 흔히 말하듯이 학업 여정에 기쁨이 있다.

수업이 끝날 때까지 날짜를 세고 좋은 성적을 주요 목표 또는 독점 목표로 삼기는 쉽다. 학기가 끝나고, 원하는 성적을 받으면 안도의 한숨을 쉬지만 그렇지 않으면 몹시 흥분한다. 어느새 다음 학기가 진행되고, 이 순환은 처음부터 다시 시작된다. 여러분은 모든 시험과 프로젝트, 주요 과제에 대한 두려움 속에 살고 있다. 학점이 높을수록 불안감이 쌓이는데, 어떤 실수도 학점을 무너뜨릴 수 있기 때문이다.

내가 대학에 갔을 때, 우리 성적은 온라인에 게시되지도 않았다. 나는 보통 2~3주 정도 기다려 성적을 우편으로 받았다. 나로서는 어찌할 수 없는 어떤 것이 봉투에 담겨올지 매일 걱정할 때가 있었다. 그 주안점이 마치 그 단계를 통과하는 데 있는 것처럼 인생의 단계들을 서두르지 말라. '바로 지금' 하는 것에서 기쁨을 찾아라. 공부할 때는 적극적으로 뛰어들라. 배우고, 성장하며, 더 나아지는 데

> 그 주안점이 마치 그 단계를 통과하는 데 있는 것처럼 인생의 단계들을 서두르지 말라. '바로 지금' 하는 것에서 기쁨을 찾아라.

집중하라. 성적에 대해 놀라지 말라. 현재를 즐겨라.

그러나 성적이 중요하다는 것을 나는 알고 있다. 그래서 내가 어렵게 배운 몇 가지 공부 전략을 여러분과 공유하기 위해 지금 쓰는 것이다. 나는 여러분이 더 많이 배우고 (더욱이) 학점 평균을 높이는 데 이 내용이 도움이 될 것으로 생각한다. 또한, 성적을 내는 방법과 이유를 여러분과 공유하면서 그 과정에 대해 올바른 이해를 하게 하고자 한다.

제4부 제2장의 흔히 저지르는 실수는 성적을 위해 공부하는 것이 아니라 성적을 위해 사는 것이다. 성적을 위해 살지 말아야 할 이유가 '너무' 많지만, 내가 여러분의 상황에 있을 때 나 자신은 그 어떤 이유도 알지 못했다! 본서에 기록된 모든 실수 중에서, 이것이 내가 범한 가장 큰 실수이다. 내 성적은 내게 너무 중요했다. 나는 하루하루 나를 따라다니며 밤잠을 설치게 한 불필요한 스트레스와 불안감에서 여러분이 피할 수 있도록 꼭 도와주고 싶다.

여기서부터 시작해 보자.

우선, 한결같은 학점을 유지하는 것이 중요하지만, 여러분의 성적 증명서의 등급이 반드시 여러분의 진로 전망을 만들거나 깨지는 않을 것이다. 정말 그렇다. 대부분의 고용주는 최소한(아마도 3.0 또는 3.3 정도)만 참작할 뿐이며, 그 외에도 추천서, (인턴십, 프로젝트 등의) 과거 경험, 면접 과정 등을 토대로 채용 결정을 내릴 것이다. 사실 나는 추천서와 경험이 거의 항상 성적을 이긴다고 확신한다. 그들은 또한 성숙함을 보여 주는 성장을 추구하기 때문에 2학년이나 3학년을 더 잘하는 것이 도움이 된다.

또 다른 큰 요소는 동문이 채용을 위해 모교로 돌아가 성적 좋은 사람들을 30분 정도의 면접하고 그것을 토대로 채용하는 것이다. 그들은 그 학교에 다녔기 때문에 '좋은' 평점이 얼마인지 알고 있다.

성적을 위해 사는 사람들은 더 스트레스를 받고 불안해하는 경향이 있다. 그들은 아마도 "헤이워드 박사는 참으로 공정하지 않아. 그녀는 내가 얼마나 노력했는지 몰라"라고 말하면서 교수들이 불합리하다고 생각할 것이다. 이런 식으로 생각하는 것은 자신에게 힘을 실어 주기는커녕 일을 더 어렵게 만들 뿐이다.

그러나 학생으로서 우리는 모두 때때로 불평하고 비난한다. 나도 그랬다. 그리고 제2부 제1장에서 말했듯이 어떤 교수들은 사실 불합리하고 신경도 안 쓴다. 그러나 대부분, 내가 점수를 도둑맞았다고 생각했을 때 내가 틀렸다. 난 시몬스 박사 시험에서 B를 받아 마땅했다. 나는 공부하는 '방법', 즉 그저 열심히 공부하는 것이 아니라 '현명하게' 공부하는 것을 배울 필요가 있었다. 대학은 고등학교보다 더 어렵기 마련이다. 확실히 더 비싸지 않은가.

2. 마땅히 공부해야 할 것이 없더라도 공부는 매우 중요하다

제1부 제2장에서 우리는 공부할 때 공부하는 것에 관해 이야기했다. 공부할 시간을 넣어 세부적 시간표를 짜되 수업 시간 1시간마다 수업 외 공부에 2시간씩 할애할 것 등을 제안했다.

좋다. 그럼 그 공부 시간 동안 실제로 무엇을 '해야' 하는가?

고등학교와 대학은 두 가지, 즉 수업 출석과 숙제 방법에서 직접적이고 중요하게 다르다. 고등학교에서는 보통 일주일에 5일 선생님들을 만났다. 대학에서는 교수들에게 일주일에 두 번 또는 세 번 수업을 듣게 될 것이다. 월수금이나, 화목에 수업이 있으며, 때로는 일주일에 한 번, 보통 저녁에 몇 시간씩 하는 수업도 있다. 피할 수 있다면 까다로운 과목은 일주일에 하루 하는 수업으로 듣지 말라. 왜냐하면, 보통 도전이 필요한 과목을 교수와 일주일에 하루만 만나 배우는 것은 어렵기 때문이다. 수업 시간을 분산하는 게 좋을 것이다.

물론, 실제로 수업에 '가야' 교수들을 만날 것이며, '여러분을 가라고 떠미는 사람은 아무도 없을 것이다. 결코.' 그러나 우리는 이미 그것에 대해 다루었다. 그래서 제1부 제2장을 읽고 수업에 간다고 가정해 보자. 여러분이 발견할 고등학교와 대학의 또 다른 점은 수업을 갈 때마다 숙제가 없을 수도 있다는 것이다. 일주일에 한 번 (예를 들어 매주 금요일) 또는 2주에 한 번, 또는 아예 없을 수도 있다. 그리고 숙제 방식이 무엇이든 간에, 그 숙제는 아마도 여러분의 실제 성적에서 그다지 큰 가치는 없을 것이다.

여러분 중 대다수는 숙제를 더 많이 하기를 '바랄' 것이다. 왜냐하면, 숙제를 하는 한 (그리고 여러분은 과 친구들이나 교수님에게서 도움을 받을 수 있으므로), 여러분은 보통 그것에 대해 아주 높은 점수를 받기 때문이다. 그러나 연습용이기 때문에 큰 의미는 없다. 정말 중요한 것은 시험, 논문, 프로젝트다. 2학년, 3학년, 4학년, 대학원으로 올라갈수록 그런 식으로 한다.

자, 3학점짜리 수업이 있다고 가정해 보자. 수목금에 1시간씩 하는 수업이다. 적어도 교수님이나 대학원생이 실제로 과제물을 걸을 것이라는 의미는 아니라도, 여러분이 그 수업을 위해 일주일에 6시간을 숙제하는 데 쓸지는 의문이다. (역사, 영어 또는 철학 과목의 읽기, 수학, 물리 또는 공학 과목의 문제, 외국어 과목의 어휘 암기 등) 할당된 활동을 얼마나 빨리 감당하느냐에 따라 아마도 3-4시간 정도는 걸릴 것이다.

그래서 공부할 예정인 나머지 2-3시간을 어떻게 할 것인가?

우선 간단한 테스트나 시험 준비를 시작한다. 한 학기가 15주라면, 대부분의 수업은 적어도 5주마다, 더 자주는 아니더라도 간단한 테스트나 시험(즉 중간고사)을 치르게 될 것이다. 때로는 학기 중간에 큰 중간고사 하나만 보기도 한다.[1]

---

[1] 가끔 간단한 테스트나 시험 없이 하는 수업도 있고 숙제나 리포트, 프로젝트로만 평가하는 수업도 있다. 만약 그 과목이 3학점짜리라고 가정한다면, 여러분은 아마도 대부분의 학기 동안 수업 외에 일주일에 적어도 6시간은 공부해야겠지만, 리포트를 쓰거나 프

어느 쪽이든 시험이 있는 주까지 기다려 공부하면 너무 늦을 수도 있다. 내 경험에 따르면, 벼락치기(공부)는 일부 과목에서는 효과가 '있을 수 있지만'(실제로도 그랬고), 그것은 보통 단기적 학습만을 하는 것이기 때문에, 비록 시험을 잘못 보는 것보다는 낫더라도 피해야 한다.

'지식을 기반으로 하는 것'과 달리, 수업이 '기술을 기반으로 하는 것'이라면 벼락치기는 거의 효과가 없다.

악기를 연주해 본 적이 있는가?
연주회를 앞에 둔 적이 있는가?
만약 여러분이 9월 15일 모차르트(Mozart)의 피아노 협주곡 연주에 도전하기로 예정되어 있는데, 14일까지 손 놓고 있다가 하루 전날 밤을 새워 연습하고 레드 불을 들고 연주회에 나타나도 괜찮을까?

만약 여러분이 그 협주곡에 '관해' 많은 암기한 사실과 수치를 내뱉듯 말해야 한다면, 괜찮을지 모른다. 그러나 피아노를 '연주하는 것'은 기술이다. 비록 여러분이 타고난 재능이 있다고 할지라도(비록 여러분이 모차르트라고 '할지라도' - 그의 아버지는 그를 연습시켰다!), 연습이 필요하다.

그것은 체계화된 스포츠도 마찬가지이다. 금요일 밤 경기에 대비해서 실력이 빈틈없도록 매일 연습하지 않는가. 실제로 대부분 코치는 선수들을 경기 때보다 연습에 더 열심히 임하도록 한다. 그래야 게임이 쉬워 보인다. 같은 모토를 공부에 적용하라. 준비되어 있다면, 시험에 압도되지 않을 것이다. 그리고 압도되지 않으면 긴장을 풀 수 있고 시험을 보는 과정도 즐길 수 있어 결과적으로 더 좋은 성적을 거둘 수 있을 것이다.

로젝트를 완료해야 하는 데는 (아마도 일주일에 8시간까지) 작업에 박차를 가해야 할 것이다.

> **질문**: 수업이 끝난 후에도 자료가 기억에 오래 남을 수 있게 수업을 들으면서 공부하는 방법에 대해 조언해 주실 수 있나요?
> - 물리학·공학 3학년 켈빈
>
> **대답**: 벼락공부 대신 규칙적으로 공부하세요. 일주일에 6시간씩 공부할 계획인 3학점짜리 수업이 있다면 하루나 이틀에 몰아서 하지 말고 3-4일에 걸쳐 6시간을 분산시키도록 합니다. 시험마다 중요한 내용을 시험 참고용 쪽지로 만드세요. 이것은 내용을 오랫동안 기억할 수 있도록 해 주며, 특정 사항이 필요한 경우 나중에 다시 찾아보는 데 편리합니다.
>
> 어떤 수업이든 세부 사항을 잊어버리는 것은 흔한 일입니다. 우리의 기억은 많은 것을 간직하고 있을 뿐입니다. 중요한 것은 여러분이 물리학이나 미적분, 유럽의 역사나 해부학에 관해 생각하는 방법을 배웠다는 것입니다. 또는 미국 문학을 감상하고 그에 부합된 논문을 쓰는 법을 배웠다는 것입니다. 여러분이 논문을 쓰고자 할 때 세부 사항들을 얻으려면 어디를 찾아봐야 하는지 알고 있으며, (무엇보다도 중요한 것은) 여러분의 두뇌가 그 특정한 주제에 따라 생각하도록 훈련되어 있다는 것입니다.

여기서 우리가 이야기 한 것은 '현명하게' 공부한다는 것이다. 여러분은 '열심히' 공부해야 한다는 것을 이미 알고 있다. 몇 가지 전략을 구체적으로 알아보자.

1) 수업 시간에

　수업 중에는 필기를 많이 하라. 글을 쓰는 행위는 여러분의 뇌가 학습하는 데 도움을 준다. 여러분은 필기할 때 체계화하되, 교수님과 보조를 맞추는 것을 우선시하라. 파워포인트의 인기는 점점 보편적이 되고 있다. 실제로 우리 과 학생들은 학기 초에 (파워포인트 슬라이드 600개 정도를 약 100장의 종이에 출력하여 묶은) 내 노트를 구매하여 수업 시간에 모든 것을 책상 위에 놓고 있다. 그러나 나는 수강생들에게 학습 강화를 위해 여전히 자기 생각을 직접 쓰도록 권장한다.

　교수님의 말씀이 이해가 안 되면 여러분은 어떻게 하는가?

　손을 들어 질문하라. 일부 교수님은 강의당 2~3개 이상의 질문은 받지 않을 것이다. 수강생이 많으면 특히 그렇다. 그러나 적어도 교수님의 소통하려는 의지를 파악하기까지는 질문 한 가지 정도는 해 볼 만한 가치가 있다. 수업 규모가 작을수록 교수님이 질문을 즉시 받아 줄 가능성은 더 커진다. 특히, 빨리 요점을 말할 때 그렇다.

　그러나 여러분'만' 질문을 하면 안 된다. 왜냐하면, 여러분은 수업을 방해하는 것으로 여겨질 것이기 때문이다. 그 견해는 공정하게 들리지 않을 수도 있고 여러분의 질문이 매우 훌륭할 수도 있다. 또한, 다른 학생들이 수업 시간에 침묵한다고 해서 그들이 모든 것을 이해하고 있는 것은 아니다. 그러나 어떤 것이 옳고 그르든 간에, 그것은 일반적으로 그렇게 해석될 것이다. 따라서 손을 들더라도, 다른 학생들과 교수님을 유의하라.

　교수로서 나는 학생들의 질문을 좋아한다. 나는 하던 이야기를 멈추고 하나하나에 대해 아주 자세하게 답하고 싶다. 내가 아는 대부분의 교수님도 같은 생각이다. 그러나 현실은 그날, 그 주, 그 학기 중에 일정량의 수업을 끝내야 한다. 그러지 않으면 잠깐의 휴식을 취하고 있다고 생각할 수 있지만 실제로는 수업의 일정 부분을 떼어 내는 것이 된다. 생각해 보

라. 여러분은 수업의 전 과정을 배우기 위해 상당한 돈을 '냈다'. 등록금 일부를 환불받으려는 것도 아닐 것이다.

그럼 바로 질문을 '할 수 없을' 때는 어떻게 하는가?

나는 내 노트의 관련 본문을 네모나게 선으로 두르고 바로 옆에 질문의 요점을 기록했다. 그 네모로 표시한 부분이 나중에 생각해 보거나 읽어 보거나 수업이 끝난 직후 친구나 교수님과 이야기를 나누면서 이것을 생각나게 해 주었다. 수업 시간에 배운 내용에 대해 내가 잘 모르는 게 있었는데 친구들도 잘 모르거나 '잘못' 알고 있는 것을 확신에 차서 계속해서 주장하는 경우 수업이 끝난 직후 교수님께 물어보는 것이 좋다. 내 경험에서 나온 말이다.

2) 수업 외

주어진 과제의 구체적 내용이나, 독서의 추이 또는 숙제 문제에서부터 해당 과정 안에 함축된 개념으로 거슬러 올라가며 그 흐름을 규명하려고 노력하라. 수학과 과학, 공학 수업에서 문제들이 서로 어떻게 연관되어 있는지 생각해 보라. 인문학 과목에서 배정된 독서가 다른 독서와 어떤 관계가 있는지, 혹은 어떤 특정 소설의 주제나 역사의 시대나 여러분이 공부하고 있는 철학자나 철학적 주제와 어떤 관계가 있는지 생각해 보라.

여러분은 나무에서 숲으로 가듯 세부 사항에서 큰 그림으로 가고 싶어 한다. 예를 들어, 인체생물학에는 순환계, 소화계, 내분비계(호르몬 및 분비선), 면역계 등이 있다. 각 분야를 따로 연구할 수도 있고, (각 조직이 어떻게 서로 연관되어 있는지) 전체적으로 연구할 수도 있다.

내가 가르치는 수업 중 하나에서, 나는 정지 상태의 전기 전하(정지 상태의 전하)의 성질에 관해 두 장에서 다루며 운동하는 전하의 성질에 관해 두 장에서 다룬다. 각 장은 다섯 또는 여섯 부분으로 되어 있다. 나는 학생들에게 다음과 같이 말한다.

"먼저 개별 부분을 익힌 다음, 한 단원 안에서 각 부분이 어떻게 연관되어 있는지 살펴보고 나서, 정지 상태의 전기 전하에 관한 두 단원이 서로 어떻게 연관되어 있는지 살펴본 다음, 네 단원 모두가 연관되어 있다면, 어떻게 연관되어 있는지 살펴보세요.

네 장을 모두 다루는 테스트 중 첫 번째 핵심은 각 유형의 문제를 분류하는 것입니다.

정지 전하인가 아니면 운동하는 전하인가?

그러면 문제를 더 세분할 수 있으며 그런 문제에 맞는 적절한 방법을 사용해서 그 문제를 해결할 수 있습니다."

시몬스 박사의 철학 수업 시간에 우리는 소크라테스(Socrates)와 플라톤(Plato), 칸트(Kant), 흄(Hume), 헤겔(Hegel)과 그 외 몇 사람에 대해 (잠깐) 공부했다. 첫 번째 시험에서 B$^-$를 받은 후, 나는 철학자들의 주요 사상을 배웠다. 그리고 나서 그것들을 서로 비교하고 대조했다.

시몬스 박사는 또한 내게 연습 에세이를 쓰라고 제안하셨다. 20분 이내로 시간을 들여, 철학자의 어떤 것에 대해 주요 주장을 쓰고 나서, 그 주장들에 대한 평론을 한 후, 나는 내 의견과 숙고 끝에 얻은 감상을 내놓았다. 도서관 개인실에서 스톱워치로 이 연습을 했다.

나는 그 인식에 동의하지 않을 때도 명확하게 설명하는 법을 배웠다. 나는 또한 주어진 내용을 읽고 단순히 앵무새처럼 따라 하는 것에서 나아가 토론에서 내 생각을 표하는 데 점점 자신감을 느끼게 되었다.

이 마지막 측면은 A학점 학생의 특기할 만한 특징이기 때문에 조금 더 이야기할 만한 가치가 있다. 책에 실린 내용을 되새기는 것만으로도 쉬운 수업이나 많은 고등학교 수업에서는 A를 받을 수 있지만, 대부분의 대학 교수님은 더 많은 것을 기대할 것이다. 사실과 수치, 정의 등을 아는 것은 필요하고 또 중요하다.

그러나 이런 정보를 '새로운 상황에' 적용할 수 있어야 한다. 에세이 시험에서 교수님들은 '여러분이' 어떻게 생각하는지 알고 싶어 하는 것이지, 단지 다른 사람들의 생각을 앵무새처럼 따라 할 수 있는지 알고자 하는 것이 아니다(비록 '그렇게' 할 수 없더라도, 여러분은 C나 D를 기대할 수 있다).

내가 가르치는 물리 과목의 시험은 주로 문제를 푸는 것이다. 어떤 문제들은, 다른 문제들보다 더 어려우며, 항상 학생들을 긴장시키는 문제 하나씩은 늘 있다. 그 문제는 학생들에게 가르치지 않은 개념을 요구하지는 '않지만', 그들이 배운 것을 새롭고 아마도 특이한 상황에 '적용할' 것을 요구'한다.' A⁻학점 이상의 학생들이라면, 그것을 할 수 있을 것이다.

사실 나는 그런 식으로 A⁻학점과 A학점 학생들을 찾아낸다. 시험에서 그런 식의 출처는 공평하지 않다고 생각하는 학생들에 대한 나의 대답은 학업 수준을 낮춰서는 교수로서의 성실함을 유지할 수 없다는 것이다. 더 도전적인 문제 없이는, 가장 우수한 학생들이 정확하고 완벽하게 자신을 드러낼 방법이 없다.

학업의 진보를 원하는 학생은 누구나 업무 시간에 찾아오거나 튜터링 센터(일명 학술 서비스)에서 도움을 받을 수 있다. 어떤 학생이 한 학기에 다뤄야 할 모든 내용을 다 다루지는 못하더라도 '모든 학생'이 준비될 때까지 진도를 늦춰야 한다고 단호하게 이야기한 적이 있다. 이 주장은 더 우수한 학생들을 배려하지 않을 뿐만 아니라, 그런 방법은 전체 급우가 그 학기 내에 다룰 내용에 기초하여 앞으로 쌓아 가는 과정에 대해 준비를 하지 못하게 할 것이다.

수업과 상관없이 요령은 다음과 같다.

시험 준비를 시작하기 위해 공부할 자료가 '모두' 모일 때까지 기다릴 필요가 없다. 최고의 학생들은 평소 수업에서 조금씩 꾸준히 공부한다. 시험이 있는 주에 모든 것을 검토하는 것은 좋은 생각이지만, 처음으로 모든 것을 배우는 것처럼 느껴져서는 안 된다. 마지막 조각들을 모아서 머릿속에 다지고, 자료를 계속 검토하며, 익히기만 하면 된다. 이 단계에서 시험 참고용 쪽지에서 벗어나게 된다.

3) 시험 참고용 쪽지

시험을 준비하는 것은 스트레스가 될 수 있다. 약간의 아드레날린은 필요하다. 우리를 움직이게 하고, 에너지를 준다. 그러나 그것이 우리를 무력화시키지 않고 우리에게 도움이 되려면 방향을 잘 잡고 통제할 필요가 있다. 시험 참고용 쪽지는 나와 여러 친구가 시험 준비를 하던 도구인데 정말 도움이 됐다.

마지막 시험이 끝난 지 5주가 지났고, 또 다른 중간고사 시간이 되었다고 하자. 5주는 월수금 수업으로 치면 15차례의 수업을 의미한다. 수업당 4쪽의 필기를 했다고 가정해 보면, 즉 수업 중 노트 필기가 60쪽, 교과서 내용이 60쪽인데, 이 모든 것은 해 볼 만한 게임이다. 분량이 상당하다.

그러므로 이렇게 해 보라. 자료를 읽어 가면서 노트를 하나의 시험 참고용 쪽지(표준 A4 용지의 앞면과 뒷면)에 요약한다(요약하는 과정에서도 뇌가 학습한다). 노트를 다시 쓰는 것이 아니다. 그것은 매우 시간이 오래 걸리고, 일반적으로 수고할 가치가 없으며, 한 페이지에 모든 것을 다 넣을 수 없을 것이다. 이것은 자료를 '정리하여' 가장 중요한 것을 '뽑아 내는' 것이다. 시험 참고용 쪽지에 쓴 10줄 이면에는 여러분의 노트 10쪽 분량의 상세한 내용이 들어 있다.

나는 줄이 없는 종이에 이것을 하기 좋아했다. 왜냐하면, 내용을 네모나게 선으로 테두리를 만들고 심지어 그것을 돋보이게 하려고 다양한 색상의 펜을 사용하기 때문이다. 목표는 그 종이를 시험에 가지고 갈 수 있을 때, 모든 것을 쉽게 찾을 수 있게 하는 것이다. 전형적인 중간고사를 위해서는 한 장에 담아보되, 꼭 필요하다면 두 장을 사용하라. 기말고사를 위해 공부해야 할 시간이 되면, 학기 전체를 망라하여 이 쪽지 중 몇 장을 사용할 수 있을 것이다.

일부 시험의 경우 이 쪽지를 가지고 '갈 수 있다.' (내가 맡은) 수학, 과학, 공학 과정에서 가끔 그렇게 한다. 그러나 가져오게 되더라도 이제 노트가 아니라 '이 쪽지'로 공부한다. 여러분은 이미 (시험이 있기 전 몇 주 동안 수업 외 시간에 계속 강의 노트로 공부해 왔기 때문에) 요약 정리한 노트에 집중하고 있을 것이다. 이것은 문제 중심의 과정에서 많은 문제를 푸는 것을 대체하는 것이 '아니라', 오히려 ('모든' 수업에서 필수적인) 개념 숙달을 위한 도구다.

4) 기타 학습 / 시험 준비 전략

수업에 따라 다른 방법이 필요할 수 있다. 문제풀이 중심의 과목에서는 문제를 많이 풀어 보는 것이 필수이다. 교과서의 뒷면을 확인하라. 일반적으로 다루지는 않았지만, 여러분이 할 수 있는 문제가 많이 있다. 홀수 문제에 대한 답은 아마 책 뒤에 있을 것이기 때문에 자신의 답을 확인할 수 있다. 그리고 짝수 문제를 인터넷에서 해결할 수 없다면 여러분의 교수나 조교가 기꺼이 확인해 줄 것이다. 내가 지도하는 학생 중 재치 있는 학생들이 그렇게 하는 것으로 안다.

다른 수업의 경우, 다이어그램이나 플래시 카드를 만드는 것이 도움이 될 수 있다. 나는 암기가 많이 필요한 외국어 수업에서 플래시 카드를 사용했다. 시험 참고용 쪽지에서 언급했듯이 어떤 학생들은 여러 가지 색상의 형광펜을 사용하여 각 색상은 다른 정보를 나타내도록 한다.

나는 픽션이든 넌픽션이든 책의 주제를 내면화하는 데 도움이 되도록 책을 읽는 도중 또는 읽은 직후에 요약하는 것을 좋아한다. 그런 종류의 작업은 (내가 시몬스 박사의 수업에서 했던) 주어진 시간에 에세이 쓰기를 모의 시험처럼 연습하는 것이 도움이 되듯 다양한 인문 과목 수업에 도움이 된다. 모의 시험은 수학과 과학 수업에서도 효과적이다. 여러분은 단원(들) 뒤에서 몇 가지 좋은 문제를 골라내 조용한 곳에서 1시간 안에 그 문제들을 풀어 보도록 하라.

시험 전날 밤에는 밤샘 대신 일찍 자도 된다.

5) 업무 시간

어떤 학생들은 학교 업무 시간의 개념을 잘 이해하는 반면, 다른 학생들은 그렇지 않다. 스탠퍼드대를 졸업한 내 아내는 업무 시간이 언제인지 모른 채 대학을 마쳤다고 내게 말했다(그녀는 내가 본서에서 그 말을 하는 것을 허락했다). 그래서 이 부분은 그녀를 위한 것이다.

업무 시간은 교수들이 사무실에 둘러앉아 학생들이 나타나지 않기를 바라며, 이메일, 채점, 기타 관련 밀린 업무를 열심히 만회하는 시간이다. 좋다. 처음 부분은 농담이다. 우리는 엄지손가락을 돌리며 따분하게 시간을 보내는 것이 아니라 일을 하고 '있지만' 학생들이 질문하러 오기를 바란다. 학생 대부분은 절대 안 온다. 만약 학생이 정말로 내용을 이해하고 있어 추가적 도움이 필요하지 않다면, 그것도 한 가지 이유이다. 그러나 그들이 힘든데도 이 시간을 활용하지 않는 것은 어리석은 일이다.

대학에는 교직원들의 업무 시간을 얼마나 할지에 대한 규칙이 있다. 큰 대학에서는 그 시간이 아마도 여러분이 교수님들을 찾아뵐 수 있는 유일한 시간일 것이다. 더 작은 대학에서는 다른 시간에 찾을 기회가 있다. 그러나 가장 예의 바른 것은 공식적 업무 시간에 오는 것이다. 왜냐하면, 그 시간이 여러분과 같은 학생들을 돕기 위해 지정된 시간이기 때문이다.

다른 시간은 교수가 자신이 하던 일을 중단하고 싶지 않을 수도 있고, 비록 도와주더라도 절차상 여러분을 위해 그 시간을 사용할 의무가 없다.

아, 그리고 업무 시간은 강의 계획서에 나와 있다. 교수님들을 정말 짜증 나게 하고 싶다면, 업무 시간이 언제인지 반복해서 물어보라. 여러분이 업무 시간이 언제인지 '알고' 그 시간에 오면 인상을 남길 것이다.

업무 시간에 교수님을 뵈러 갔는데 거기에 다른 학생들이 있다고 하더라도, 대부분의 교수님은 (그리고 학생들은) 그 교수님이 다른 사람들의 질문에 대답하는 것을 듣더라도 개의치 않는다. 종종 그들이 노력하는 것은 여러분과 비슷하다. 어떤 학생들은 다른 친구 한두 명과 함께 업무 시간에 와서 교수님이 다른 사람들의 질문에 대답하는 것을 듣기만 하기도 한다.

교수님을 꼭 뵙고 싶은데, 교수님의 시간이 여의치 않다면?

약속을 잡아라. 일반적으로 이메일이 가장 좋다. 교수님께 세 가지 시간 선택을 보내면 그는 그중 하나를 선택해 답하실 것이다. 막연히 "저, 저는 교수님이 근무하는 시간에 바쁜데요, 다른 때는 만날 수 없나요"라고 말하는 것보다 낫다. 그가 여러분을 도울 수 있도록 하라.

질문: 한 학기 동안 학생들의 학력이 향상되면 교수님들은 눈치채시나요?
제가 B를 받고 시작했는데 학기 말에 A를 받으면 교수님들은 그걸 염두에 두시나요?
처음부터 잘 시작하는 것보다 발전하는 것이 나을까요?
- 금융학과 1학년 그레이스

대답: 그렇습니다. 교수님들은 수강생이 수백 명이 아니라면 분명히 알아차립니다. 그 경우는 여러분이 컴퓨터의 숫자에 불과할 것입니다. 그리고 그것은 여러분의 성적이 어떻게 계산되는지에 따라 '달라질 수

있습니다.' 여러분 성적의 몇 퍼센트가 수업 초반과 후반 과제에 따라 결정되는지에 달려 있습니다. 일부 수업에서는 학생의 최종 성적이 학기 마지막 주에 60퍼센트 이상 결정되기도 합니다. 다른 수업에서는 학기가 지날수록 평가가 더 획일적입니다. 학생으로서도 교수로서도 전자와 같은 것이 내 경험에서 더 흔합니다.

그것은 또한 교수의 '관용' 정책에 달려 있습니다. 일부 교수는 학생들의 시험 최저 성적의 무게를 '참작'합니다. 예를 들어, 만약 각각 세 가지 시험의 성적이 15퍼센트 정도라면, 교수님은 가장 낮은 성적을 5퍼센트로 치거나 심지어 백지화할 수 있습니다. 학생들이 기말고사를 특히 잘 보면 나는 기말고사를 더 인정해 줍니다.

그래서 모든 것이 평등하려면, 강하게 시작'해서' 강하게 끝내는 것이 가장 좋습니다. 그러나 일반적으로 성적 향상은 눈에 띄며, 특히 학생이 두 학년 사이의 경계선에서 학기를 마치게 되면 교수님들은 반올림으로 보상하기도 합니다.

6) 채점하는 방법(내부 비밀)

여러분에게는 학습이 중점이 되어야 하지만, 점수가 어떻게 매겨질지에 대해 아는 것이 좋다. 성적에 신경 과민하지 않으면서도 최적화하려고 노력하는 것이 현명하다.

그러면 요즘 성적은 어떻게 되나?

채점에는 두 가지 표준 방법이 있다. (예를 들어 90-100퍼센트는 A, 80-89는 B, 70-79는 C, 60-69는 D, 0-59는 F인) 설정된 척도를 기준으로 절대평가 하거나 상대평가로 점수를 매긴다. 상대평가에서 교수는 (역사적으로 B⁻가 종종 사용되었던) 수업 평균 등급을 선택한다. 그런 다음 상대평가의 구간별

간격을 얼마나 넓게 만들 것인가를 정하는 규칙을 결정한다. 최상위 그룹의 학생들은 A(정확한 비율은 아마도 25퍼센트로, 때때로 교수나 그의 학과에 따라 선택)를 받는다. 다음 그룹의 학생들은 그렇게 B(아마도 35퍼센트)를 이어서 받는다. 이 방법은 실행하기 쉽고 50명에서 수백 명의 학생이 듣는 대규모 수업에 자주 사용된다.

이 방법의 한 가지 문제점은 무분별한 경쟁을 부추길 수 있다는 것이다. 반에 100명이 있는데, 상위 25퍼센트는 A를 받는다고 하자. 상위 25위와 26위 학생이 그 자리를 놓고 싸울 것이다. 그들이 실제 시험 점수가 아무리 높더라도, 그 둘 중 한 명만이 A를 받을 것이다. 비록 서로 불과 몇 퍼센트 차이라고 하더라도, 하나는 A^-를 받고 다른 하나는 B^+를 얻게 될 것이다. 나는 어떤 학교의 학생들이 좀 더 우위를 차지하기 위해 급우들에게 책을 숨긴다는 것을 들어본 적이 있다. 대단히 못났다.

> **질문**: 교수님들은 학점을 어떻게 주시나요?
> 그분들은 학생들이 어느 수준에 있는지 파악한 후 조정하시나요?
> 아니면 그분들은 학생들이 그들의 실력을 향상하기를 기대하며 엄격한 평가 척도를 고수하시나요?
> - 교회음악과 1학년 루크
>
> **대답**: 두 번째 방식을 취합니다. 미안!
> 수업마다 학생들의 구성이 다르지만, 교수님들은 어느 정도 공부의 수준을 기대하는 것이 타당한지에 대한 감각이 있습니다. 강의를 처음 하는 교수님일 경우 이 원칙에 예외가 있을 수 있습니다. 반면, 일반적으로 신입생이 수강하거나 신입생을 위해 개설된 입문 과정은 동일과목의 상위 학년 과정보다 훨씬 더 관대하게 평가될 것입니다.

상대평가에서 점수를 내는 것의 묘미는 어려운 시험이 있어서 전체적으로 점수가 낮더라도, 어떤 의미에서 상관없다는 것이다. '상위 25퍼센트의 학생들은 여전히 A를 받을 것이다.' 그러나 그것도 문제가 있다. 우수한 학생들에게 있어서 '최고가 될 수 있는' 추진력이 단지 다른 학생들보다 더 낫다는 작은 목표로 대체될 수 있다.[2] 실제 점수와 상관없이 상위 25퍼센트의 학생들은 A, 그다음 35퍼센트는 B 등등을 받게 된다. 반 전체가 열등하거나 단순히 게으른 경우, 기준이 낮아지고, A는 별 의미가 없어진다.

교수가 C⁻가 아니라 B⁻로 70퍼센트의 기준을 만들 수 있어서, '상대평가의 등급을 매기는 것'은 종종 점수 인플레이션으로 이어져 왔다.

학생들이 시험을 본 것이 마음에 들지 않는가?

상대평가를 하라. 나를 믿으라, 이것은 쉬운 방법으로 학생들을 항상 더 만족하게 만든다. 그건 잘하는 것이 아니다. 나는 보통 절대평가 애호가이다. 척도가 정해진 과목을 수강할 경우 정확히 어떻게 해야 일정한 성적을 낼 수 있는지 알 수 있고, 학기 내내 자신의 성적을 계산할 수 있다. 과정이 자신에게 어떤 중요성이 있는지도 결정할 수 있다.

'나는 체디악 교수님의 과정에서 확실히 B를 받았고 현실적으로 A를 기대하지 않아. 그러나 나는 역사 수업에서 A를 잘 받을 거야. 역사 기말고사를 준비하는 데 더 많은 시간을 투자할 거야.'

그건 전적으로 존중할 만한 일이고, 나는 그런 생각에 모욕당한 적이 없다. 게다가 모두가 진지하게 집중하면 학우 전체가 A와 B를 받을 수 있다. 반대로 모든 학생이 형편없이 공부하면 결국 전부 D와 F로 끝날 수

---

[2] 이런 태도는 존 우든이 한 말을 떠올리게 한다.
"여러분이 가진 모든 것을 다 쏟아 부으면 점수는 절대로 여러분을 패배자가 되도록 하지 않을 것이다. 그리고 더 적게 부으면 마법처럼 여러분을 승자로 만들 수 없다."
"자기가 성취한 것으로 평가하지 말고, 자신의 능력으로 성취해야 할 것을 측정하라."

있다는 것이다.

절대평가의 문제는 (학생들이 알아낼 때까지만 적용하는 같은 시험 문제를 사용하지 않는 한) 매년 교수의 시험이 '정확하게' 같은 난이도가 아닐 수 있다는 것이다. 따라서 2011년 학생들이 2010년의 학생들보다 더 잘한다면 시험이 더 쉬웠기 때문일 수도 있다. 그래도 내가 보기에 그것은 두 가지 폐해 중 덜한 편이다. 나는 매년 동등한 난이도의 시험을 해 보려고 노력하며, 나의 마음은 더 높은 점수를 주고 싶어도 괴롭지만 절대평가로 학생들이 얻은 만큼의 점수를 주려고 한다.

물론, 절대평가에서 적어도 합리적으로 어렵게 시험을 만드는 것도 중요하다. 만약 모든 학생이 매 학기 A를 받았다면, 아마도 외부 사람들은 그 A학점의 의미에 대해 의문을 가질 것이다. 일반적으로 등급이 분포되어야 한다. 교수의 역할은 학생들을 구별하는 것이다.

학점 등급은 학생의 성적이 우수한지, 양호한지, 보통인지, 보통 이하인지, 용납할 수 없는지를 측정하는 수단이다. 그렇기는 하지만, 절대평가에서 내가 정말 좋아하는 것은 때때로 매우 열성적인 수업을 맡게 된다는 것이다. 그 수업들은 그렇지 않은 반보다 전체적으로 더 높은 점수를 받게 된다. 상대평가의 수업은 잘못해도 무조건 A와 B를 받지만, 절대평가로는 그렇지 않을 것이다.

교수가 어떻게 채점할 계획인지는 강의 계획서에 나와 있다. 잘 모르겠거든, 업무 시간 동안 정중하게 여쭤 보라.

3. 성적으로 소명 여부 확인

왜 이런 얘기를 하는가?

무엇보다도, 나는 여러분이 채점 과정에 대해 건전한 관심을 두기를 바란다. 교수직은 다양한 성취도를 구분하는 직업이다. 다들 A를 받았다면 사람들은 의심할 것이다. 채점은 오직 그것이 의미 있는 정도에서만 유용하다. 그리고 그 의미 있는 정도가 천직을 확인하는 데 도움이 된다.

엔지니어나 회계사, 의사 등이 되고 싶다면, 여러분이 바랄 것은 무엇보다도 교수님들이 후한 점수를 주어, 저절로 얻은 3.6 평점으로 대학을 졸업하는 것이다. 그러나 졸업하고 나면 여러분이 생각했던 것만큼 여러분이 선택한 분야에서 성공할 준비가 되어 있지 않았다는 것을 알게 될 것이다. 특히, 여러분이 학자금 대출로 갚아야 할 50,000달러가 남아 있다면 더 그럴 것이다.

'당신은 당신이 마음먹은 것은 무엇이든 해낼 수 있다'는 생각이 오늘날의 미국 문화에 널리 퍼져 있다.

사실 심지어 이에 의문을 제기하는 것조차 거의 틀린 것처럼 느껴지지 않는가?

우리 중 많은 사람은 우리가 특별하고, 승자이며, 재능 있고, 능력이 있다는 말을 듣고 자랐다. 그리고 부모들과 교사들이, 아이들이 자신에 대해 유능하게 느끼길 바라는 것이 옳을 수도 있다. 내 말은 아이들이 얼마나 한심한지를 말하며 아이들을 계속 깎아 내리는 부모에게 물어보라는 것이다.

여러분이 하는 일마다 실패할 것으로 생각하며 고개를 떨구고 인생을 살아간다면 비참할 것이다. 그 사고방식은 종종 자기 예언이 된다. 자신의 실패가 불가피하다고 생각한다면, 아마도 그렇게 될 것이다.

그러나 우리 사회는 그 추를 다른 극단으로 바꾸었다. 단지 보여 주기 위해 리틀 리그의 모든 팀이 트로피를 받고 축구팀의 모든 선수가 우승 리본을 받는 세상에서는 성장하는 데 도움이 되지 않는 어떤 것이 있다. '모두가 승자'라는 원리의 의도는 아무도 기분 나쁘지 않게 하려는 것이다. 패자는 벌칙을 받지 않고, 이겨도 축하받지 않는다.

> 단지 보여 주기 위해 리틀 리그의 모든 팀이 트로피를 받고 축구팀의 모든 선수가 우승 리본을 받는 세상에서는 성장하는 데 도움이 되지 않는 어떤 것이 있다.

모든 사람이 트로피를 받으면 트로피를 얻는 것의 의미가 적어진다.

모두가 승자라면 이길 동기는 어디에서 찾겠는가?

'성취'가 적절하게 인정되지 않는 것이다. 사실 아무리 노력했어도 모든 참가자가 똑같이 대우를 받기 때문에 '노력'조차 장려되지 않는다.

그리고 더 큰 문제는 여러분의 세대가 실제로 무엇을 했든 상관없이 끊임없이 긍정함으로써, (우리가 칭찬에서 자연스럽게 얻는) 자신감을 실제 능력 또는 성취와 혼동하도록 배웠다. 그러나 우리가 뭔가를 잘한다고 생각한다고 해서 그렇게 되는 것은 아니다. 사실 가끔은 자신이 최고라고 생각하는 사람들이 실제로는 최악이다.

최근의 한 연구에 따르면 미국의 8학년(한국의 중학교 2학년) 학생들의 39퍼센트가 수학에 자신 있다고 생각하고 있는 데 비해, 한국의 중학교 2학년(미국의 8학년) 학생들의 경우 6퍼센트가 그렇게 여긴다고 한다. 그러나 실제로는 수학 시험에서 한국인들이 미국인들보다 훨씬 더 성적이 좋았다.[3]

성취를 인정하고 격려하는 것이 왜 중요한가?

---

3 Jean Twenge and Keith Campbell, *The Narcissism Epidemic: Living in the Age of Entitlement* (New York: Free Press, 2010; 『나는 왜 나를 사랑하는가』, 옥당 刊).

왜냐하면, (높은 시험 점수 획득, 스포츠 기록 달성 등) '무엇이든' 해내고 싶은 욕구는 '모든' 참가자 속에 있는 최선의 노력을 끌어내기 때문이다. 모든 사람이 동등하게 재능이 있거나 동등한 노력을 하거나 똑같이 최상의 도움이나 지원을 받는 것이 아니므로 그 결과가 똑같지 않을 수 있지만, 추구 자체는 모든 사람을 더 좋게 만든다는 의미가 있다. 노력이 권장된다.

1) 성취 vs. 노력

좋다. 그래서 우리가 성취를 인정할 때, 우리는 모두의 노력을 격려한다. 그러나 성취와 노력은 다르다. 어떤 사람들은 적게 노력하고도 많은 것을 성취하는가 하면, 매우 열심히 노력하고도 거의 성취하지 못하는 사람들도 있다. 인생은 공평하지 않다.

사람들이 수업에서 A를 받거나, 스포츠 경기에서 우승하거나, 어떤 종류의 상을 받을 때 그 성과를 다른 사람들이 보게 된다. 그 사람은 열심히 노력했을 수도 있고 그렇지 않을 수도 있다. 교수는 (또는 심판, 또는 심사관은) 업적을 보상하지만, 그러나 하나님은 마음을 보시고, 노력으로 영광을 받으시며, 노력이 부족하면 영광을 받지 않으신다.

무엇이 하나님을 기쁘시게 하는가?

> 네 손이 일을 얻는 대로 힘을 다하여 할지어다(전 9:10).

경쟁에서 졌거나 C^+에 그친 사람들이 '최선을 다했다면' 다른 의미에서 여전히 '승자'이다. 하나님은 마음을 보신다. 기독교인이 겸손하고 순종적인 마음으로 하나님의 영광을 위해 최선을 다하면 미적분학에서 C^+를 받았거나 테니스나 수영 시합에서 졌다고 해도 하나님을 기쁘시게 한다.

오스왈드 챔버스(Oswald Chambers)가 말한 것처럼 우리가 우리의 "모든 것을 다 바쳐 주님께 영광을" 돌릴 때 하나님은 기뻐하신다. 요컨대 하나님은 다음과 같이 말씀하신다.

"네가 가진 모든 것을 다 내라!

너는 A, B, C, D, F를 받을 수 있으나, 너는 네 능력과 기회로 네가 할 수 있는 최선을 다해야 한다."

뭔가에 최선을 다하고, 쾌활한 태도를 유지하는 것은 하나님을 기쁘시게 하지만, 반드시 뭔가를 잘한다는 것과는 다르다. 교수로서 우리의 일은 여러분이 특정한 것을 얼마나 잘하거나 알고 있는지를 측정하는 것이다. 우리는 학생들의 성취도를 판단하고 성적표에 등급을 부여하는데, 이것은 본질상 여러분이 졸업한 후 세상과 미래의 직장 상사가 여러분을 판단하는 방법이다.

내가 근무하고 있는 대학은 내가 일을 잘한다고 생각하기 때문에 계속해서 급여를 준다. 그렇지 않다면 '내가 열심히 노력하고 있어도' 다른 사람을 찾아야 할 것이다.

여러분이 정규직이 되면 일주일에 40시간, 50시간, 또는 60시간을 일해도 그들은 상관하지 않을 것이다. 그들은 여러분이 얼마나 열심히 노력하는지가 아니라 무엇을 이루었는지에 신경 쓸 것이다. 그것으로 그들이 제품과 서비스를 판매하여 성공할 수 있다. 아이폰이 제대로 작동하지 않는다면 스티브 잡스(Steve Jobs)와 그의 친구들이 얼마나 열심히 노력했는지에 신경 쓰기보다는 여러분은 그 제품을 사는 데 돈을 쓰지 않을 것이다.

여러분은 무엇이든지 '마음먹은 대로' 할 수 있는가?

나는 '아무 말도' 하지 않을 것이다. 그러나 최대한의 노력과 집중으로 노력해 보기 전에는 자신이 어떤 것을 얼마나 잘할 수 있을지 모르는 것도 사실이다. 제4부 제1장에서 논한 바와 같이 실력이 발휘될 수 있도록 배우는 것은 성숙함과 인격의 성장을 함께 불러오는 경우가 많다.

고등학교 성적을 바탕으로 대학 1학년 때 지도교수님이 나에게 "평점 3.0을 목표로 하라"고 하셨다. 그는 나를 도우려고 한 것이지 모욕하려고 한 것이 아니다.[4] 현실적 기대치를 설정하는 것이 좋다. 그러나 하나님의 은혜로 나는 3.0보다 훨씬 더 잘했다.

무슨 일이 있었던 것인가?

나는 고등학교 대부분을 빈둥빈둥 놀았지만, 대학에 갈 때쯤에는 적어도 근면함과 관련해서는 조금 성장했다. 나는 그 정도의 헌신을 대학에 가져갔고, 지도교수의 기대치를 뛰어넘을 수 있었다.

그런 일이 항상 일어나지는 않을 것이다. 어떤 사람들은 어떤 특정 분야에서 엄청난 노력을 기울이지만 별로 성과를 거두지 못한다. 미적분학에서 그런 상황이 벌어진다면, 아마도 그들은 다른 분야를 추구해야 할 것이다.

2) 건전한 경쟁과 불건전한 경쟁

무엇을 잘하기 위해서는 하나님이 주신 재능과 좋은 태도, 노력, (특정한 학문을 배우기 위해 가장 좋은 방법을 사용하는) 영리한 공부의 조합이 필요하다. 후자는 좋은 선생님이나 멘토, 코치에 직접 영향받는 것을 포함한다. 좋은 태도의 부분에는 다른 사람들이 자신보다 더 재능이 있을 수 있다는 것을 인정하는 것이 들어 있다. 사실 그들은 별로 열심히 공부하지도 않는데도, '여전히' 자신보다 더 재능이 있을 수 있다.

나는 어떤 수업에서 잘하기 위해 소리 없이 노력하고 있는데 내 친구 하나는 나타나더니 시험을 완벽하게 끝내주던 게 생각난다. 여러분은 화

---

[4] 평균 대학 평점이 1960년대에 2.5 또는 2.6에서 오늘날 3.0을 훨씬 넘는 수준으로 상승했다는 사실에 대해 궁금할 것이다. Valen Johnson, *Grand Inflation: A Crisis in College Education* (Springer, 2003) 참조.

날 수 있겠지만, 그것에 영향받도록 자신을 내버려 둘 수는 없다. 우리는 오직 하나님을 위해 최선을 다할 수 있다. 다른 사람들과 비교하는 것에 매달려봤자 자신을 망칠 뿐이다.

사랑은 더 많이 성취하는 사람을 시기하거나 덜 성취하는 사람에게 뽐내지 않는다(고전 13:4). 대신 자신보다 나은 사람에게서 배우고 나보다 약한 사람을 도움으로써 다른 사람들과의 비교를 통해 나를 더 강하게 하는 데 집중하라.

나는 15살 때 취미로 테니스를 시작했다. 나는 다음 해인 고등학교 2학년 때 팀 선발에 나서고자 했다. 나는 3주 동안 정말 열심히 했으며 마지막에 탈락했다. 그 팀은 12명만 통과시켰는데, 나는 13번째였다. 선발될 뻔한 만큼 나는 그해 여름 테니스를 많이 했다. 레슨도 좀 받았다. 나는 3학년이 되어 다시 팀 선발에 도전하여 마침내 해냈다. 감독님은 내가 그의 선수 중 가장 열심히 하는 선수라고 자주 말씀하셨지만, 나는 거의 경기에 출전하지 못했다.

어째서?

상위 8명만 경기할 시간을 받았으니까. 그들 대부분은 나중에 엘리트 테니스 캠프에 들어갔으며 우리 선수 중 6명은 일리노이주에서 상위권에 들었다. 비록 몇몇 스타 선수가 연습을 게을리하기는 했지만, 그들은 여전히 나를 쉽게 이겼다. 나는 그 점이 나를 실망하게 하지 않도록 '선택' 해야 했다. 나는 점점 나아지고 있었으며, (안타깝게도) 그들 중 몇 명은 자신의 잠재력에 도달하지 못하고 있었다. 내가 대학에 갔을 때, 나는 우리 리그 3팀에서 최고의 선수 중 한 명이었다. 고등학교 때 훌륭한 선수들과 경기를 하지 않았다면 그런 일은 일어나지 않았을 것이다.

그러나 내가 내 잠재력에 도달하기 위해 다른 사람들이 자신의 잠재력에 도달하지 않을 필요는 없었다. 모두가 열심히 했다면 우리 '모두'가 자신의 잠재력에 도달하고 있었을 것이다.

> 건전하고 힘찬 경쟁이 모든 참가자를 끌어올린다. 우리가 '올라가는' 것의 대가로 다른 사람들이 '내려가는' 것을 바라는 것은 오로지 질투와 자만뿐이다.

> 스포츠, 대학, 인생에서 우리가 단지 하나님의 영광을 위해 좋은 태도로 최선을 다한다면, 드러난 결과나 다른 사람들과 비교해 상대적으로 어떤 순위에 오르든 관계없이 하나님을 기쁘시게 했다는 만족감을 느낄 수 있을 것이다.

건전하고 힘찬 경쟁이 모든 참가자를 끌어올린다. 우리가 '올라가는' 것의 대가로 다른 사람들이 '내려가는' 것을 바라는 것은 오로지 질투와 자만뿐이다.

스포츠, 대학, 인생에서 우리가 단지 하나님의 영광을 위해 좋은 태도로 최선을 다한다면, 드러난 결과나 다른 사람들과 비교해 상대적으로 어떤 순위에 오르든 관계없이 하나님을 기쁘시게 했다는 만족감을 느낄 수 있을 것이다. 현명하게 쏟은 (영리하게 일하는) 노력과 (열심히 일하는) 헌신은 우리가 특정한 영역에서 할 수 있는 것만큼 성취되도록 이끌 것이다. 물론, 이것은 단지 대학에서 추구하는 것 이상으로 평생의 목표이기도 하다.

달란트 비유(마 25:14-30)를 기억하는가? 그 이야기는 알다시피 다섯 달란트를 받은 자는 다섯 달란트를 남겼고, 두 달란트 받은 자도 두 달란트를 남겼다. 그러나 예수님은 그들에게 똑같은 방식으로 칭찬하신다. 둘 다 "적은" 일에 충성했다고 말씀하신다. 중요한 것은 그들이 얼마를 받았는지가 아니라 그들이 그것으로 무엇을 하였냐였다. 두 달란트와 다섯 달란트 둘 다 "적은" 것들이었다. 그러나 한 달란트를 받은 자가 혼났다는 것에 주목하라. 그 역시 "적은" 것을 받았지만, 그는 그것으로 아무것도 하지 않았다.

나는 그가 "굳은" 주인을 두려워하는 것은 물론(24절), 자신을 두 달란트 받은 자, 다섯 달란트 받은 자와 비교하느라 너무 바빴던 것은 아닌가 하는 생각을 가끔 하기도 한다. 그런 식의 비교는 자기 연민을 가져다주며 치명적인 결과를 가져오지만, 나는 그런 경우를 반복해서 보았고 나 자신도 그런 유혹을 받았다.

"나는 조만큼 잘하지 못하기 때문에 수학 전공자가 되지 말아야 해. 시도조차 하지 않는 게 좋아."

그렇지 않다. 여러분이 조만큼 뛰어나지 않아도 최선을 다하는 게 좋다. 조에게 배우고 그를 본받으면 하나님이 주신 것으로 최선을 다하게 될 것이다.

그러므로 교수님이 절대평가로 또는 상대평가로 점수를 매기든, 최선을 다하고 부산물로서 가능한 한 가장 높은 점수를 받도록 자극을 받아라. 그러나 변덕을 부리지 말고 모든 것에서 교수님을 끝없이 괴롭히지 말라. 비록 불완전할지라도 하나님이 통제하고 또 사용하고 계시다고 믿으면서 채점 과정을 따르라.[5] 그것을 통해 하나님은 여러분이 전공을 선택했을 때 가졌던 소명의식을 확인하도록 (또는 아닌 것을 확인하도록) 하기 시작하신다.

항공공학을 선택했지만, 미적분학과 물리학에서 번번이 낙제점을 받은 학생은 성적 피드백을 통해 하나님이 그의 방향을 바꾸신다. 한편, 회계학을 전공으로 결정하고 1학년 때 비영리단체 인턴십을 하면서 학점 3.2를 따낸 이 학생의 경우는 어느 정도 하나님의 부르심이라는 것이 확인되고 있다.

---

5 그렇다고 채점 오류를 범했다고 생각하는 교수님들에게 정중하게 접근할 수 없다는 뜻은 아니다. 우리는 본서의 관계 부분에서 교수진과의 소통에 관해 이야기했다.

4. 소명 여부를 확인하는 또 다른 요소

나는 성적의 역할에 대해서는 많이 말했지만, 하나님의 부르심이라는 의미에서 성적만이 확인 또는 방향을 바꾸는 '유일한' 요소라는 인상을 주고 싶지는 않다. 여러분의 관심사는 시간이 지남에 따라 발전하고 변화할 수 있으며, 특히 대학 1-2학년 때 더욱 그렇다. 운동 트레이너가 하는 일에 대해 더 많이 듣고 그것은 자신을 위한 것이 아니라고 결정할 수 있다. 많은 사람이 (둘 다 모두 최전선에서 수년간의 비싼 교육이 필요한 분야인) 의학이나 법학을 힘차게 시작했다가 나중에 다른 방향으로 간다.

아니면 전공 인턴십을 하다가 싫어하게 될 수도 있다. 내가 가장 좋아하는 학생 중 한 명인 제이크는 토목공학을 시작했다. 나는 그가 1학년을 마친 후 그 분야에서 인턴십을 시작하는 것을 도왔는데, 그는 그 분야를 싫어하게 되었다. 그는 전기공학으로 전과했고, 다음 여름에 다른 직업을 얻었으며 그것을 좋아했다. 그 후 그는 전기공학 학사와 석사학위를 모두 취득했으며 그 분야에서 정규직으로 일하고 있다.

5. 우유부단함

나는 새로운 전공으로 바꾸거나 전공 내에서 특정 분야를 선택해도 좋다는 설명을 마치며 주의할 점을 알리고자 한다. 전과하기 전에 자신의 이론적 근거를 고려하고 비용을 계산하라. 우리가 무엇을 하도록 만들어졌는지 알아낼 때, 그것이 항상 즐거운 경험이 될 것이고, 모든 것이 애쓰지 않아도 자연스럽게 옴으로 '일'이 '일'처럼 느껴지지 않으리라고 생각하는데 꼭 그렇지는 않다. 나는 거의 모든 사람이 때때로 직장에서 힘든 날을 보낸다고 확실하게 말할 수 있다. 우리가 그것을 '일'이라고 부르는 이유는 노력과 수고가 필요하고 항상 쉽지만은 않기 때문이다(창 3:19; 전 1:2-3).

나는 가르치는 것과 글 쓰는 것을 좋아하지만, 두 가지 다 훈련과 인내가 필요하다. 나는 보통 일하러 가는 것을 좋아하지만, 내 일은 완벽하지 않다. 내가 꼭 해야 할 일들이 있다. 그러나 그 애쓰는 것은 궁극적으로 보람 있고 내 능력과 기질에 있어 좋은 훈련이 된다. 내가 천직으로 삼고 싶은 다른 일은 없지만, '항상' 그렇게 느끼고 있는 것은 아니다.

우리는 힘든 날, 우리가 정말로 '낙심한 날'의 우리 감정에 관해 이야기하여, 하나님이 우리에게 그렇게 하셨다는 것을 알고 우리의 결의를 다져야 한다. 우리는 궁극적으로 주를 위해 일하는 것이다(시 42:5; 골 3:23-24). 우리는 일이 힘들어지면 그만두는 게 좋다고 생각하는 문화에서 살고 있다. 우리는 즉각적인 만족과 고통의 회피를 크게 장려한다. 더 큰 만족을 얻기 위해 사람들이 결혼이나, 교회, 또는 직장을 떠나더라도 별로 놀랍지 않다.

우리 시대에는 영속성이 그리 일반적은 아니다. 그러나 전공을 경솔하게 선택해서는 안 되는 것처럼, 경솔하게 그만두는 것도 안 된다. 여러분은 (결혼처럼) 갇혀 있지 않으며 바꿀 수 있다. 그냥 여러분의 마음을 잘 살피고 여러분을 아끼고 여러분의 삶에 관해 이야기할 수 있는 나이든 어른들과 여러분의 생각에 대해 의논하라. 대개 옹고집에 무자비한 교수님과 힘든 과정 중에서 나는 전공에서 도망치고 싶은 생각이 들었다. 그러나 우리는 때때로 이렇게 계속 흔들릴 필요가 있으며 그러다 보면, 상황이 나아질 것이다.

잠언은 이렇게 말하고 있다.

> 자기의 토지를 경작하는 자는 먹을 것이 많으려니와 방탕을 따르는 자는 궁핍함이 많으리라(잠 28:19).

이런 "방탕을 따르는" 것에는 다른 사람들이 가진 것을 흡수하는 사람들만 부유하게 만드는 도박이나 그밖에 다른 형태의 일확천금 계략이 포함될 수 있다. 그러나 이것에는 이것저것 건너뛴다거나, 2년마다 전공을 바꾸거나, 혹은 직업을 자주 바꿔 강력하고 시장성이 높은 기술을 개발하지 못하는 것들도 포함된다. 요즘 이십 대들은 평균 7개의 직업을 거친다.[6]

현실이 그렇다는 것은 알지만, 여러분은 그 모든 변화가 꼭 필요한 것인지 또는 유익한 것인지 생각해 봐야 한다. 장기적으로 볼 때 이 패턴은 당연히 일반적으로 부로 이끌지는 않는다. 2005년 기준으로, 이십 대 중반의 미국인들 중 절반만이 한 가정을 부양할 수 있을 정도의 수입을 올렸다.[7]

6. 결론

> 배우는 방법을 배우는 것은 대학의 커다란 측면이며, 그것은 여러분이 삶에 대해 준비하도록 해 줄 것이다.

배우는 방법을 배우는 것은 대학의 커다란 측면이며, 그것은 여러분이 삶에 대해 준비하도록 해 줄 것이다. 사실 내가 IBM에서 첫 직장을 얻었을 때, 그 일에 필요한 대부분을 그 직장에서 배웠다. 내가 대학에서 일을 배울 수 있었다는 것을 증명했기 때문에, 그들은 직장에서도 일

---

[6] Robin Marantz Henig, "What Is It about 20-Something?", *New York Times Magazine*, August, 18, 2010.
[7] 나는 여기에는 몇 가지 합당한 이유가 있다는 것을 인정한다. 예를 들어, 더 많은 사람이 학부에서가 아니라 대학원 수준의 고등교육을 통해 진로를 준비하는 데 더 많은 시간을 쓰고 있다. 이 과정은 시간뿐만 아니라 비용도 많이 든다. 그런데도 사람들은 이십 대의 어떤 경험이 직업 전환과 관련이 있지 않을까 하고 생각한다.

을 배울 수 있다고 믿어 나를 고용했다. 훌륭한 공부 능력들은 일을 열심히 하는 것뿐만 아니라 영리하게 일하는 데도 도움이 될 것이다. 성적을 받는 과정과 전문적 관심의 성숙을 통해 (더 많은 정보를 얻고 새로운 경험을 쌓을수록) 하나님은 여러분의 소명의식을 굳히거나 방향을 바꾸신다.

이 과정에서 여러분은 어디쯤 있는가?

지극히 높은 곳을 위해 계속 최선을 다하고, 주께서 여러분을 계속 지휘하고 이끌어 주실 것을 믿어라.

토론

1. 여러분은 성적에 대한 불안감 때문에 고심하는가?
   이에 대해 어떻게 대처하는가?

2. 학업의 여정에서 더 큰 즐거움을 쌓고 결과에 대한 불안감을 덜기 위해서는 무엇을 할 수 있는가?

3. 그냥 열심히 공부하는 것이 아니라 더 현명하게 공부하기 위해 무엇을 할 수 있는가?

4. 여러분보다 더 학문적으로 재능이 있어 보이는 다른 사람들에 대한 질투를 어떻게 극복했나?
   여러분보다 학문적으로 재능이 없어 보이는 사람들을 상대로 어떻게 자랑거리 경쟁을 벌였나?

5. 나는 "우리가 단지 하나님의 영광을 위해 좋은 태도로 최선을 다한다면, 드러난 결과나 다른 사람들과 비교해 상대적으로 어떤 순위에 오르든 관계없이 하나님을 기쁘시게 했다는 만족감을 느낄 수 있을 것이다"라고 썼다. 이것에서 해방감을 느끼는가?
   아니면 위축되는가?
   여러분은 그 질문에 대한 여러분의 대답이 여러분이 하나님을 찬미하기 위해 살고 있는지, 다른 사람에게 칭찬받기 위해 살고 있는지를 반영한다고 생각하는가?

6. 여러분의 전공과 관련하여 하나님의 부르심을 확인하는 과정에서 어디쯤 와 있다고 생각하는가?

제3장

혼히 저지르는 실수 #10: 기회 허비

≫ **성장의 원칙 : 자투리 시간을 현명하게 활용하라**

    지금까지 학업에서 성장하는 것에 대해 말한 내용을 검토해 보자. 전공을 선택할 때 우리는 다른 사람들의 피드백을 저울질하면서 우리의 관심사와 강점(또는 재능 일체)에 주의를 기울인다. 우리는 다른 사람들이 우리의 일을 인정하고 우리에게 (일자리를 주어) 일을 하라고 '부르는' 방법으로, (우리를 부르고 재능을 주는 방법을 통한) 일련의 일로 궁극적으로 우리를 부르시는 이가 하나님이라는 소명의 개념을 인식한 바 있다.

    전공을 선택하는 초기 단계에서 우리는 우리의 관심과 그간의 성공을 고려하여 하나님의 부르심을 감지하려고 노력한다. 학업적으로 발전해 가면서 우리는 성적뿐만 아니라 전공에 관한 관심의 증가나 감소하는 정도도 살펴보면서 우리의 소명을 계속해서 평가하고 있다.

    토목공학에서 전기공학으로 전과한 내 제자 제이크를 언급했었다. 내 아내 마르니는 의예과로 시작했지만, 그 직업에 대해 더 많이 알게 되면서, 의대에 학비와 열심을 쏟아붓지 않기로 했다. 그녀는 4학년 때는 교내에서 학생이 운영하는 의류 매장을 시작하고 관리하면서 많은 시간을 보냈고 비즈니스 분야의 중요한 과정으로 인체생물학 학위를 취득했다.

    졸업 후, 그녀는 과학이나 의학 분야 대신 비즈니스 분야에 종사했다. 그녀의 과외 활동은 학업만큼이나 사회생활 준비에 연관되었다. 매장 관리자가 지녀야 할 관심과 성공을 통해, 하나님은 그녀를 비즈니스 분야로 불러 AT&T에서 리더십 개발 프로그램을 담당하게 하셨다. 그녀는 나중에 가족 관리자로 승진했고, 지금은 우리 집에서 여왕으로 통치하고 있다.

제4부 제3장에서 우리는 어떤 것도 낭비하지 않는 것이 얼마나 중요한지에 대해 이야기해 보고자 한다. 대학은 하루 24시간, 한 주 7일 내내 기회로 가득하다. 피해야 할 산만함도 분명히 있지만, 강의실 밖에는 취미, 재능, 기술을 개발할 멋진 방법도 많이 있다.

'과외 활동'의 기치 아래 인턴십, 단기선교, 학생회, 운동 혹은 음악 활동을 하는 그룹에 관해 이야기하려 한다. 이외에 학업 영역 밖에서 파트타임 일로 바쁘게 지내는 사람들도 많이 있을 것이다. 여러분 중에는 매년 증가하는 등록금을 내기 위해 풀타임 일에 매달려야 하는 사람도 있을 것이다. 과외 활동은 중요하고 학창 생활의 한 부분을 이루고 있지만 신중하지 않으면 수업 출석과 공부 시간을 위축시킬 수 있다.

마지막으로, 여러분을 위축시킬 수 있는 또 다른 것, 즉 재정에 대해 논하고 싶다. 학생마다 상황은 다르겠지만, 부모의 직접 감독에서 벗어나 처음으로 수입과 저축, 지출을 스스로 관리하는 것이 대부분일 것이다. 친구들과 함께 아파트에서 월세를 나누든, 아니면 기숙사 생활을 하면서 용돈을 충당하든, 돈을 관리하는 것은 중요한 기술이며, 누구나 반드시 발전시켜야 한다.

본론으로 들어가 보자.

1. 인턴십

　인턴십을 경험하는 것은 졸업 후 그 분야에서 정규직으로 일할 가능성을 높이는 가장 좋은 방법일 것이다. 평점 3.3에 인턴십 경험이 있는 졸업자가 평점 3.7에 인턴십 경험이 없는 졸업자와 경쟁하는 경우, 인턴십을 경험한 학생이 채용 제안을 받을 가능성이 있다. 채용 회사는 IBM인데 AT&T에서 인턴십을 경험했어도 상관없다. 어떤 인턴십도 인턴십이 없는 것보다 낫다.

　『메리엄 웹스터 대학 사전』은 '인턴'(intern)을 "일반적으로 (의학이나 교수와 같은) 전문 분야에서 감독받으며 (병원이나 강의실에서) 실무 경험을 얻는 상급반 학생 또는 졸업생"으로 정의한다. 일반적으로 자기 분야에서 상급생일 때 인턴십을 얻기가 더 쉽지만, 실제로는 1학년 때부터 인턴십을 찾기 시작할 수 있다.

　인턴십은 어떤 의미로는 학업과 관련된 모든 일을 말한다. 그것은 지역 경제, 학교 또는 실험실에서 할 수 있으며, 고향 근처나 전국의 다른 대학에서 할 수도 있다. 그것은 (실험을 준비하거나 시행하는) 실험실에서 또는 (고대 문명의 어떤 측면을 조사하는) 도서관에서 여러분 학교의 교수님과 함께 연구하는 것일 수 있다.

　비록 몇몇 프로그램은 여러분에게 학교를 한 학기 쉬게 하기도 하지만, 대부분의 인턴십은 여름방학에 이뤄진다. 그런데도 일자리를 찾기 시작하는 시기는 늦가을, 늦어도 이른 봄이다. 대부분의 기관은 3월이나 4월까지 인턴을 선발할 것이다. 일부 소규모 기관은 4월이나 5월에 결정하기도 하지만, 그건 이례적이다. 온라인 신청 절차가 있으면 일찍 작성하라. 어떤 식으로든 지원서가 접수되었다는 확인을 받아라. 전화를 사용해도 나쁘지 않다.

질문: 이번 여름에 저는 제가 다음에 갈 학교에서 공학 전공으로 편입하는데 필요한 학점을 이수하기 위해 두세 과목의 수업을 들어야 합니다.
공학 관련 인턴십을 동시에 추구하는 것은 역효과를 가져오거나 지나치게 의욕적인 것일까요?
- 물리학·공학과 2학년 켈빈

대답: 나는 공학 전공자였고, 대학 시절에 인턴십을 여러 번 했습니다. 한때 단지 요건에 방해가 되지 않게, 인턴십을 하면서 대학에서 쉬운 스피치 수업을 들은 적이 있습니다.
계절 학기 수업은 일정이 다소 압축되어 있어서 일반 학기 강좌보다 더 빠르게 진행되는 경우가 많다는 점을 명심하세요. 인턴십을 하면서 그들 중 두세 과목을 여름에 듣는 것은 그 과정들이 특별히 쉽지 않다면 꽤 의욕적으로 들립니다.
인턴십에 어느 정도의 시간이 필요한지 알아보는 것이 좋을 것입니다. 주 40시간이 지켜지는지, 초과근무를 할 가능성이 있는지?
또한, 다른 일도 고려하고 싶을 것입니다.
장보기와 요리를 직접 할 것인가요?
내 생각에 가능하다면 교제, 휴식, 그 외 형태의 신체적, 정신적 유지를 위해 자기 시간을 확보하는 것이 좋을 것입니다.

때로는 신속한 현장 인터뷰로 이어지기도 한다. 소식이 없다면, 2월이나 3월에 다시 확인해 보라. 언제 채용 결정을 할 것인지 물어보라. 모든 과정에 존중을 표하고 그들에게 필요한 시간을 주되 약간의 끈질김은 나

쓰지 않다. 그것은 그들에게 인턴십이 여러분에게 중요하다는 것을 보여주고, 진취성이 있음을 나타내 준다.

1) 인턴 면접을 준비하는 방법에는 어떤 것들이 있나?

- 그 단체나 그룹을 조사하여 특히 면접 전에 그들에 대해 몇 가지 사항을 알아 두라.
- 질문을 너무 많이 하지 말고 좋은 질문 한두 개를 준비하라.
- 대화 중 자기가 조사한 내용을 주저하지 말고 공개하라. 이는 여러분이 준비한 것을 충분히 보여 주기 때문에 그들을 예우하는 방법이다.

본서의 부록 "대학 선택 과정"에서 설명하듯이 단과대학과 종합대학은 다른 면이 있다. 어떤 대학은 더 연구 지향적이고, 또 다른 대학은 더 수업 지향적이다. 빨리 알 방법은 교수가 실제로 교실에서 가르치는 데 얼마나 많은 (또는 적은) 시간을 보내는지를 알아보라는 것이다. 범위는 일반적으로 학기당 1~4과목의 수업이다.

가르치는 시간이 적을수록 교수는 연구에 더 많이 집중하게 된다. 이 경우 여러분이 수업 중 하나를 정말 잘 수행하면 프로젝트 중 하나에 참여하도록 요청받을 가능성이 더 크다는 것을 의미한다. 그것은 또한 그들이 얼마나 잘 가르치는지에 따라 업적이 좌우된다는 것을 의미한다.

교수님과 끈끈한 친밀감을 느낀다면, 언젠가 수업 후에 기회가 있는지 여쭤 보라. 교수님에게 수업을 듣거나 (또는 들었거나) 그 밖의 일에 관심이 있다는 것을 교수님께 알려드려라.

학문적 능력은 이전할 수 있다는 것에 대해 내가 말한 것을 기억하는가?

교수님이 여러분이 한 분야에서 좋은 학생이라는 것을 안다면, 그들은 일반 분야에서 다양한 일을 성공적으로 할 수 있다고 종종 생각할 것이다.

유급과 무급 (자원봉사) 기회가 있다. 여러분도 예상하겠지만, 무급으로 일할 의향이 있다면 할 수 있는 일이 훨씬 많다. 몇 가지 드문 예를 제외하고는, 유급 인턴십조차도 여러분이 얻을 수 있는 직업보다 더 적은 임금을 받는다. 웨이터나 웨이트리스로서 팁으로 더 많은 돈을 벌 수 있다는 사실과는 무관하다.

여러분은 돈을 벌기 위해 인턴십을 하는 것이 아니라 경험을 위해 인턴십을 하는 것이다. 선택한 분야에서 누군가가 여러분이 잠재력이 있다고 생각하고 요청한다면 영광이다. 그렇기는 하지만 일반적으로 (개인 기업 또는 큰 기존 기업) 회사 인턴십은 대학 인턴십보다 더 많은 급여를 받는다.

> 여러분은 돈을 벌기 위해 인턴십을 하는 것이 아니라 경험을 위해 인턴십을 하는 것이다.

또한, 역사와 영어를 가르치는 내 친구들은 시장성이 높은 기술을 더 즉시 습득할 수 있는 공학 및 컴퓨터과학 같은 분야에서 학생들에게 더 많은 유급 인턴십 자리가 있을 것이라는 데 동의한다. 공대생들이 1학년이 끝나고 나서 유급 인턴십을 받는 것을 봤다. 그러나 모든 인턴십이 똑같은 가치를 지닌 것은 아니다. 그들이 여러분에게 요구하는 실제 '작업'과 그 과정에서 여러분이 어떤 '기술'을 발전시킬 것인지 보라.

3개월 동안 회계 장부를 관리하고 200만 달러의 예산에 늘 주의하고 있는 것은 사무실에서 단순히 서류 작업을 하는 것보다 훨씬 성장에 도움이 될 것이다. 일단 발을 들여놓는 것이니 아무것도 안 하는 것보다 낫다.

자, 인턴십을 어떻게 '얻을 것인가?'

특히, 어떤 수업에서 좋은 성적을 거둔 경우 그 교수에게 접근하는 것에 대해 이미 언급했다. 또한, 어떤 학교의 경우는 대학과 기업, 연구소,

병원 및 처음에 파트타임으로 고용하다가 졸업 후 풀타임으로 고용할 비영리 요원인 외부 고객층 사이의 연락처 역할을 하는 전담직원 또는 사무실이 있다. 만약 여러분이 3~4천 명의 학생들로 구성된 소규모 대학에 있다면, 이 사무실은 아마도 교내 전체를 담당하여, 모든 학과 학생을 돕는다는 것을 의미한다. 만약 여러분이 만 명 이상의 대규모 학교에 있다면, 대학 내의 각 학과나 단과대학에 자체 사무실이 있을 가능성이 있다.

나는 알프레드 대학에 다녔는데 학부생이 2,400명 정도밖에 없었지만, 내가 다녔던 공학부에는 인턴십 사무실이 있어서 정말 큰 축복이었다.[1] 인터넷에서 직접 인턴십을 조사하거나 선배에게 추천할 만한 것이 있는지 물어볼 수도 있다. 마지막으로, 특정 분야에서 알고 있는 연락처에 타진하는 것을 주저하지 말라. (많은 사람과 그들이 무엇을 하는지 대체로 아는) 부모님, 부모님의 친구, 목사님, 교수님들에게 정중하게 문의하라.[2]

매년 여름 인턴십을 할 기회가 생겨 감사했다. 나는 이바지할 수 있다는 것에 힘이 났다. 첫해 여름 일을 한 후 이듬해에는 다른 지역에서 일했는데, 이것도 괜찮아 추천하고 싶다. 일단 여러분이 졸업하면, 풀타임으로 무엇을 하든 3개월마다 이동은 어려울 것이므로, 자신의 전공과 관련된 다양한 유형의 경험을 얻기 위해 여름방학을 활용하는 것은 좋은 생각이다(비록 여름이 지나고 어디서 일하든, 다음 여름에도 돌아가기를 원해 다른 일이 일어나지 않는 한 항상 그 자리에서 다시 일할 수 있다는 것 또한 좋은 일이다).

그러나 인턴십이 휴식 시간을 보내는 유일한 방법은 아니며, 여름방학이 유일한 휴식 기간도 아니다. 대부분의 학교는 크리스마스와 새해에

---

1 아직 대학을 정하지 않았다면 인턴십 연락사무실에 무엇을 갖추고 있는지 확인하는 것이 나쁘지 않을 것이다. 그들은 심지어 졸업 전에 인턴십 또는 풀타임 일자리를 획득한 학생들의 비율에 대한 통계를 보관할 수도 있다.
2 한편, 이것은 성인이 될 때 다양한 방법으로 조언하고 이끌어 줄 수 있는 사람들을 찾는 좋은 방법이다.

3~4주간의 방학이 있으며 1주일간의 봄방학도 있다. 내가 해 봤으면 하는 일들에 대한 다른 기회들을 살펴보자.

2. 선교 여행

만약 여러분이 기독교 대학에 다니고 있다면, 그곳에서는 주로 여름에 모든 종류의 선교 여행 기회가 제공될 것이다. 교직원과 교수들도 참여할 수 있다. 외부 단체뿐만 아니라 기독학생회(InterVarsity, IVF), 대학생선교회(Campus Crusade for Christ) 같은 교내 단체도 선교 여행을 후원한다.

왜 단기 선교 여행을 가는가?

팀원들과 형성할 수 있는 놀라운 유대감과 귀중한 추억 외에도 여러 가지 이유가 있다.

전형적으로 여러분은 세계에서 진정한 필요가 있는 곳에 갈 것이다. 아마도 여러분은 그런 대규모의 빈곤을 본 적이 없을 것이다. 그런 상황에서 어떤 재능이든지 봉사할 수 있다는 것은 여러분이 돕는 사람들에 못지않게 '여러분'을 변화시킨다.

우선 정상적으로 누리는 물질적 축복을 감사하게 될 것이다. 그러나 물질적 빈곤을 겪는 많은 사람이 종종 그렇지 않은 사람들보다 행복하다는 것을 이해하는 데도 도움이 될 것이다. 멕시코(Mexico)와 엘살바도르(El Salvador)의 관광지 이외의 지역에서 얼마간 시간을 보낸 적이 있는데, 그 경험이 나에게 그런 영향을 미쳤다. 게다가 여러분은 인생의 작은 부분을 나누어 줄, 그리고 그리스도께서 "주는 것이 받는 것보다 복이 있다"(행 20:35)라고 말씀하셨을 때 약속하신 것을 경험할 기회를 얻게 될 것이다.

전 세계에서 선교 활동하는 것이 평생의 본이 되어 우리나라에 만연한 물질주의 폐해에서 벗어날 수 있기를 바란다.

선교 여행은 예수 그리스도의 통치와 명령의 발전이라는 자신보다 큰 이유에 여러분을 명백하게 연결해 준다. 자기 몰두가 상습인 문화 속에서는 그 우선순위에 따른 판단을 놓치기 쉬우며 사람들은 (자신의 존재를 작고 하찮은 상태로 유지한 채) 영속하지 못하는 것들을 추구한다.

여러분 중 일부에게는 단기 선교 여행이 해외 취업의 전초전이 될 것이다. 내게는 공학도 친구가 한 명 있는데 그는 아프리카 전역을 여행하며 자신의 기술을 사용하여 병원을 세우고 유지하는 것을 도왔다. 다른 이들은 해외에서 영어를 가르치거나 기독교인이 거의 없는 지역에서 전략적으로 일상적인 직업을 갖기도 한다. 아니면 졸업 후에도 서구에 남아 있을 수 있지만, 이 세상의 요구를 더 인식하고 여러분이 특별한 애착을 가꿔온 세계 일부 지역의 전임 선교사들을 위해 전략적으로 투자할 수 있는 능력을 갖추라.

한 가지 제안은 학기 중에는 선교 여행을 하지 말라는 것이다. 여름방학, 겨울방학, 봄방학은 인생을 형성하는 이런 삶을 경험할 수 있는 많은 시간을 제공한다. 선교 여행으로 가을과 봄학기의 8개월 또는 9개월을 중단할 필요는 없다. 수업에 충실하게 출석하고 숙제하며 학기 프로젝트를 완수하고, 시험공부를 할 때도 주님을 섬기고 있다는 것을 기억하라.

질문: 어머니와 저는 여름방학에 대해 다른 생각을 하고 있습니다. 다가오는 여름 동안, 저는 어떤 지역사회에서 봉사하고 있는 그룹들을 이끄는 일종의 기독교 단체에서 함께 일해 볼까 하는 생각을 해 봤습니다. 그런데 이 직책들은 무보수인 경우가 많습니다. (회계사인) 우리 어머니는 제가 비록 하찮은 일자리일지라도 유급으로 일하기를 원하십니다.

저는 제가 선택한 이 경험이 제가 번 어떤 돈보다 더 가치 있을 것으로 생각하는데 이 문제에 대해 어떻게 생각하십니까?
- 문예창작학과 1학년 케이트

대답: 이상적인 세상에서 돈이 목적이 아니라면, 대학 시절에는 소득과 상관없이 성장 경험을 선택하는 것이 바람직하다는 데 동의합니다. 그러나 현실적으로 어머니께서 학생이 돈을 벌기 원하는 이유는 학생이 어머니께 빚을 지고 있기 때문입니다. 어머니의 말씀을 잘 들어 보세요.

어머니께서 본인이 일하지 않아도 학생이 수업과 과외 활동을 충분히 관리하면서 재학 기간 생활비를 마련해 주기를 기대하고 계시나요? 그렇다면, 일자리를 구해서 어머니의 의사를 존중하세요. 어머니는 너무 많은 빚을 지지 않고 학생이 수업에 집중할 수 있도록 학생의 능력을 보호하고 계십니다. 그리고 학생의 부모님이 이미 많은 돈을 내고 계실 가능성이 큽니다.

여름 동안 유급으로 일하기로 했다면 봉사 활동을 하는 기독교 단체나 국제 선교 사업에 참여할 다른 기회도 있습니다. 만약 여러분의 학교가 제공하는 것이라면, 봄방학이나 학기 사이, 또는 아마도 1월 학기 동안 기회를 찾아보세요. 대학은 시야를 넓히고 다양한 문화와 지역사회의 필요에 대해 배울 수 있는 좋은 시기이지만 가족의 예산을 고려하는 것도 중요합니다.

3. 학생회, 연설반 및 토론반, 기타 학업 중심 동아리

큰 대학에 있다면, 말 그대로 수백 개의 학생 단체가 있을 수 있다. 어떤 것들은 본질상 예술적이거나 문화적이고, 다른 것들은 (우수 학생 단체같이) 정치적이거나 전문적이다. 나머지 종류는 종교, 봉사 또는 학문과 관련된 것이다. (제4부 제2장에서 논했듯이) 특히 비기독교 대학에 다니는 경우 강력한 기독교 조직의 일원이 되는 것은 같은 생각을 하는 친구들을 사귀고 신앙을 성장시킬 수 있는 좋은 방법이다.

봉사 관련 활동과 선교 여행에 관해서는 이미 이야기를 했으니, 학술 지향 동아리에 대해서 몇 마디 해 보겠다.

학술 단체에 참가하는 것은 아마도 풀타임 일자리 구직을 준비하는 경험과 관련하여 인턴십 다음으로 중요할 것이다. 여러분의 전공이 무엇이든 간에, 교내에는 그 전공자들을 위한 단체나 클럽이 있을 가능성이 있다. 거기부터 시작하라. 그 모임에 참석해서 그들이 무엇을 하고 있는지 알아보라.

이 동아리들은 전공 내에서 인턴십을 얻는 방법에 대한 최신 내부 정보를 알고 있을 수 있다. 예를 들어, 그 동아리들은 여름 인턴을 고용하거나 인턴을 고용하는 다른 사람들과 연결된 연사를 교내에 초청하는 일을 할 수 있다.

연사에 대해 말하면, 직접적인 전문적 이익은 차치하더라도 정치 및 비즈니스 리더의 강연에 참석하는 것은 보통 그만한 가치가 있다. 그들의 견해에 동의하든 말든, 여러분은 분명히 앨 고어(Al Gore)나 스티브 잡스(Steve Jobs), 콘돌리자 라이스(Condoleezza Rice), 빌 게이츠(Bill Gates)와 같은 사람들에게서 뭔가를 배울 것이다.

만약 여러분이 기독교 대학이 아닌 일반 대학에 다닌다면, 여러분이 속한 기독교 단체는 잘 알려지고 인기 있는 연사를 초청하여 유명한 무신론자를 상대로 토론할 수 있다. 많은 학교에서 기독교 단체와 무신론자 단체가 이런 종류의 행사를 함께 계획·진행하기도 하며, 이것은 그리스도인들이 예수 그리스도와 아직 구원 관계를 맺지 못한 학우들에게 사랑과 은혜와 존중을 보여 줄 굉장히 좋은 기회이다.

특정 기술을 개발할 기회를 제공하는 동아리도 있다. 예를 들어, 학생회에 출마하게 되면 리더십 경험과 정치의 맛을 볼 기회를 얻게 된다. 연설 및 토론반은 언론이나 법률, 정치와 같이 법률 또는 매스컴 관련 직종에 관심이 있는 사람들에게 잘 맞는다. 학생서점을 운영하거나 투자 클럽에 가입하는 것은 비즈니스나 경영 또는 투자 기술을 개발하는 데 좋은 방법이다.

수학·과학·공학 쪽에는, 수학팀을 비롯하여 여러분이 상상할 수 있는 모든 공학 및 과학 분야의 전문 협회들이 있다. 이런 전문 협회 중에는 캠퍼스 지부를 두고 프로젝트를 주도하거나, 지역 또는 전국 대회에 출전, 또는 전공 분야에 필요한 과정을 위한 오래된 시험 족보와 같은 자료를 발굴해 내는 데 매우 적극적이다. 동아리들이 무엇을 하고 있는지 알면 알수록, 그리고 그 일원으로 열심을 낼수록 그 동아리가 필연적으로 쉽게 제공할 내부 정보와 네트워크의 혜택을 얻을 수 있다.

4. 스포츠, 음악, 연극

음악이나 연극, 스포츠에 참여하는 방법에는 두 가지가 있다. 교내 또는 여가 동아리에 가입하여 재미로 참여하는 것이다. 참여가 대학 차원일 경우에는, 특정 활동을 한다는 '조건부' 장학금을 받을 수 있다. 예를 들어, 일부 학생은 음악부나 대학 수영팀의 일원이라는 이유만으로 전액 장학금은 아니더라도 몇천 달러의 등록금 감면 혜택을 받는다. 이 경우, 나는 그것을 직업이라고 생각한다. 기본적으로 여러분은 어떤 성취를 위해 돈을 받는 것이다.

여러분이 장학금을 받기 원한다면 그것은 확고한 채무이다. 그러나 단지 재미로 스포츠나 뮤지컬, 연극 활동을 하면 큰 차이가 있다. 교내 스포츠는 그 주에 자기가 무엇을 하느냐에 따라서 갈 수도 있고 안 갈 수도 있다. 기분 전환과 교우관계 형성에 좋은 강화제이므로 여러분을 자만하게 하지 않는다.

그러나 음악이나 연극은 조심하라. 일반적으로 연습을 피할 수는 없다. 나는 학생이 연극이나 뮤지컬에서 주연을 맡음으로써 한 학기 동안 평점에 큰 타격을 입는 것을 자주 보았다. 연극을 반대하는 것은 아니다. 나 자신 그들의 공연 관람을 좋아한다. 교내 스포츠보다 훨씬 큰 헌신을 요구하므로 앞일을 짚어 보라는 말이다. 결심하기 전에 얼마나 많은 연습이 필요한지에 대한 사실을 파악하라.

제1부 제2장에서 얘기한 것처럼 기본 일정표에 연습 시간을 넣어 보고 그것이 괜찮을지 확인하라. 여러분에게 그것이 중요하다면, 여러분이 어쩔 줄 몰라 하지 않도록 그 학기에 가벼운 역할을 맡는 것이 좋을 것이다. 이것은 이상주의와 현실주의 간의 균형을 맞추는 또 하나의 경우이다. 여러분은 할 수 있는 것이 너무 많다.

5. 파트타임 또는 풀타임 일자리

그 어느 때보다 많은 학생이 대학을 다니면서 일을 하는 추세다. 힘든 시기이며, 돈은 빠듯하고, 대학 학비는 계속 비싸지고 있다.

학생이 수업을 들으면서 얼마나 일을 해야 할까?

내가 제1부 제2장에서 시간 관리와 대학과 고등학교의 차이점에 관해 이야기했던 것을 기억하는가?

내가 지적한 것 중 하나는 대학은 자유 시간이 훨씬 많아 보일지 모르나, 고등학교 때보다 수업 외에도 해야 할 것이 많다. 평균적으로 1시간 수업할 때마다 수업 외의 것에 2시간이 드는 것으로 예상한다. '평균이 그렇다'는 것이고, 어떤 학생들은 (내가 몇몇 수업에서 했던 것처럼) 더 많은 것을 해야 할 필요가 있을 것이고, 또 다른 학생들은 (나의 천재적 친구들처럼) 더 적은 시간을 들이고도 멋지게 성공한다.

16학점(4~5과목)을 듣는다면 수업 외에 32시간을 공부에 매달리니, 1주일에 총 48시간이 된다. 나는 제1부 제2장에서 주별 일정표를 예시로 올렸는데, 48시간이 학사와 관련된 일로 표시되어 있다. 1주일에 2시간씩 예배 시간을 정했는데, 이것은 여러분이 적용할 수도 있고 하지 않을 수도 있다.

그러나 나는 거기서 파트타임 일자리에 대해서 아무 말도 하지 않았다. 기본적으로 파트타임 일을 하려 한다면 학업이 아닌, 친구들과의 시간이나 다른 오락을 위한 시간을 쪼개서 해야 한다. 이제 일정을 짜고 현명하게 사용할 수 있도록 자신을 단련한다면 시간이 '있다'. 그러나 자신의 건강이나 온전한 정신을 희생하지 않고 정말로 일을 할 수 있는 시간이 1주일에 몇 시간일지 자문해 보라. 아프거나 체력과 감성이 고갈되면 좋지 않다.

어떤 파트타임 일자리는 정말 간단한 일이라서 심지어 여러분이 공부할 여유를 주기도 한다. 도서관 책상 뒤에서 일하거나 캠퍼스 보안을 위해 저녁에 전화를 받는 일이라면 근무 시간 대부분을 공부하는 데 사용할 수 있다. 그건 정말 좋은 계약이다. 1주일에 10시간을 일하면 아마 그중 7시간은 공부에 쓸 수 있을 것이다. 자신의 일정에 1주일에 3시간만 추가될 뿐이다.

그 밖의 매우 바람직한 파트타임 일자리는 내 생각에 학문적 훈련을 쌓을 수 있도록 해 주는 종류다.

예를 들어, 대부분 학교는 각 과목에서 잘하는 학생들을 고용하여 그 과목들에 대한 과외를 제공하는 일종의 학업 지원센터를 두고 있다. 그 일로는 최저임금 정도 받을 수밖에 없지만, 여러분이 이미 좋아하고 잘하는 과목을 한층 더 발전시켜 나갈 수 있는 대단히 좋은 방법이다. 마찬가지로 교수들은 채점과 그 밖의 일을 돕기 위해 종종 조교를 고용한다. 보수는 크지 않지만, (나중에 추천서를 요청할 수도 있을 만큼) 교수님과의 관계를 발전시킬 수 있는 좋은 방법이다.

그리고 정말 돈을 벌어야 하는 일들이 있다. 어디서 찾을 수 있는지 여러분이 나보다 더 잘 알고 있을 것이다. 단지 돈을 많이 쓰기 위해 학업을 희생하지 말라고 충고하고 싶다. 수업에 집중하고, 친구들과 즐기는 데 많은 돈 쓰지 말고, 되도록 외식은 피하는 것이 좋다. 대학 시절은 훈련의 기간이다. 훈련을 잘할수록 졸업 후 기회가 많아질 것이다.

나는 꽤 화려한 클럽에서 웨이터로 일하는 학생을 알고 있는데 그는 학생으로 정말 돈을 잘 번다. 그러나 그들은 학기 중 1주일에 20~30시간 일을 시키는 데다가 통근 시간은 편도 40분이다. 그 결과 그는 자주 지쳐 있어 숙제를 끝내지 못하고, 충분히 B 학점을 받을 수 있는 것을 C 학점을 받는다. 그러나 내가 그에게 덜 일하고 학업에 더 큰 노력을 기울이게 하려고 하자, 그는 그가 클럽에서 얼마나 많은 돈을 긁어 모으는지를 나에게 상기시킬 뿐이었다.

물론, 그는 정말 힘든 상황이고 돈이 절대적으로 필요로 할지 모른다. 그러나 나는 그가 저녁 식사와 디저트, 음료를 얼마나 잘 서빙하는지에 신경 쓰지 않을 미래의 고용주들과의 신뢰를 손상할까 봐 걱정된다. 그리고 그에게 돈이 '절실하다'는 것도 그렇다. 그가 공부를 연기하고 집에서 생활하면서, 일할 필요 없이 매일 학교에 가는 데 필요한 돈을 저축만 하는 편이 그에게 더 맞을 것이다.

　여러분 중에는 아마도 대학에 다니면서 풀타임으로 일하는 사람들이 있을 것이다. 그것이 엄청 힘든 길이라는 것을 내가 구태여 말하지 않아도 누구나 안다. 나는 그럴 수밖에 없을 때가 있음을 안다. 여러분의 경우, 여러분이 특출나게 명석하거나, 수업이 비정상적으로 쉽거나, 또는 전업 일터가 공부할 시간을 '많이' 주지 않는 한, 수업에서 낙오하거나 중요한 책임이나 가족에 대한 의무를 놓칠 가능성이 매우 크기 때문에 나는 풀타임 일로 학업에 부담을 주는 것을 권장하지 않을 것이다.

　가능한 한 빨리 학위를 따야 한다면, 아마도 가을, 봄, 여름에 두세 과목을 들어라. 공립전문대학에서 들을 수 있는 모든 수업을 활용하여 비용을 절약하라. 만약 여러분이 정말로 계속 이렇게 나가고 싶다면, 여름방학 중 계절 수업을 두 차례 하는 학교들이 있다. 가능하면 연중 계속 수업을 듣되, 한 번에 두세 개 이상은 수강하지 말라. 그건 단지 내 제안일 뿐이다. 여러분은 아마 여전히 60시간 (또는 그 이상)을 쓰려 할 것이다. 이상적이지는 않지만, 그 학위를 따기로 했으면, 아마 그럴 것이지만 그렇게 될 것이다. 여러분에게 건투를 빈다.

　다른 모든 사람을 위해, 나는 학기 중에 비학문적인 일을 가능한 한 적게 할 것을 강력하게 권한다. 비현실적으로 들릴 수도 있다는 걸 안다. 그러나 생각해 보라. 한 학기는 많아야 15주에 기껏해야 마지막 한주가 더 있다. 그건 가을과 봄학기를 포함하면 총 32주이다. 여러분이 1년에 일할 수 있는 20주가 남아 있다. 2주를 빼면 18주이다.

　매주 40시간씩 일하여 시간당 10달러를 번다고 가정하면 연간 7,000달러가 조금 넘는 돈을 벌 수 있다. 그리고 팁이 있는 일자리는 이보다 훨씬 더 많이 번다. 1년에 7,000달러를 버는 것은 1달에 600달러를 버는 것과 같다. 그것으로 기분 전환이나, 옷, 외식에 대해 꽤 큰 비용을 낼 수 있다. 학기 중에는 가능한 한 공부에 전념하고 휴식 시간을 충분히 할애하여 돈독한 우정을 형성하고 유지하도록 한다.

그리고, 생각만큼 많은 돈을 쓸 필요가 없을 수도 있다. 사실 많은 학우가 즐기지만 그다지 필요하지 않을 수도 있는 것을 하기 위해 심각한 빚을 지고 있는 것이 사실이다.

제2부 제3장에 나오는 다니엘의 이야기를 기억하는가?

6. 재정

나는 부모님이 돈 관리라는 주제에 대해 여러분과 조금이라도 토론하셨기를 바란다. 아마도 여러분 중에는 내 아내처럼 고등학생 때부터 일해 자신의 옷값을 낸 사람도 있을 것이고 아니면 나처럼 돈 관리에 완전히 무지한 채 대학에 들어갔을 수도 있다. 적어도 나는 내 인색한 성향으로 어떤 면에서는 도움을 얻었다.

가장 먼저 알아야 할 것은 카드사가 매년, 보통 매 학기 초에 '여러분'을 표적으로 삼는다는 것이다. 마스터카드나 비자카드, 아메리칸 익스프레스 카드, 디스커버카드가 여러분에게 가입을 권한다. 그리고 그것도 모자라 베스트바이(Best Buy, 미국 대형 유통업체) 같은 개별 상점들도 새로운 노트북을 사고 그다음 해 6월까지 대금을 낼 필요가 없도록 하는 그들만의 신용카드를 운영하고 있다.

카드사들은 학기 초에 캠퍼스에 와서 피자와 티셔츠를 무료로 나눠 주며 학생들에게 가입을 유혹하곤 했지만, 이후 그 관행이 불법인 것으로 드러났다.[3] 이건 자선 임무가 아니었다. 내 친구들과 나는 그들에게 중요

---

[3] Connie Prater, "Obama Signs Credit Card Reforms into Law," *CreditCards.com*, May 22, 2009, http://www.creditcards.com/credit-card-news/obama-signs-credit-card-law-1282.hp.

한 영업 대상이었으며 여러분도 마찬가지다.

이유는 다음과 같다. 신용카드를 발급받을 수 있는 최소 나이는 18세이다.[4] 여러분이 완벽한 인구통계 학자라고 하자. 여러분은 물질적 필요와 욕구가 있지만, 일반적으로 현금 흐름은 많지 않다. 플라스틱 카드를 한 번 긁기만 하면 '지금' 돈을 받을 수 있다. 여러분이 그들의 서비스를 더 빨리 사용하면 할수록 그들은 평생 여러분을 지배할 가능성이 크다. 그리고 여러분이 젊으므로, 연구에 따르면 여러분이 점점 더 엉망이 되어 갈수록 그들은 더 많은 돈을 벌 가능성이 있다는 것을 보여 준다.

캐시백 우대제와 광고 운동은 두 가지 다 신용카드를 일상생활의 일부로 사용하도록 만들어 주고 있다.

기름이 필요한가?

여러분은 신용카드로 3퍼센트 할인을 받을 수 있다.

식당에서 식사하고 싶은가?

많은 카드가 단골손님에게 마일리지와 미래의 할인을 쌓을 수 있는 포인트 제도를 선보이고 있다. 그리고 TV의 신용카드 광고는 사람들이 식당에서 친구들과 즐겁게 보내고, 그림 같은 여행지를 여행하며, 사랑하는 사람을 위해 선물을 사는 등의 모습을 주로 보여 주고 심지어 '현금 전용' 상품을 사도록 잔액이 없어도 현금 서비스를 받을 수 있게 해 주는 신용카드도 많이 있다.

---

4   내가 알기로는 2009년도의 법 기준으로 21세 미만이면 충분한 월 소득이 있는지를 증명할 수 없으면 21세 이상의 사람이 신청서에 서명해야 한다는 것이다. 부모님이 자기 자녀들을 위해 신용카드 연대보증을 원하지 않는 데는 여러 가지 이유가 있다. 연대보증을 서는 사람도 있을 것이다. 이것은 별도로 다뤄야 할 큰 사안이다. 잠언 17:18 같은 구절들은 보증을 강하게 말린다. 근본적인 문제는 부모님이 보증하면 자녀가 카드 대금을 내지 않을 때 부모님께 책임이 있다는 것이다. 부모님이 여러분을 신뢰할지도 (그리고 여러분을 훈련할 의향이 있을지도) 모른다. 아니면 "이봐, 21살이 될 때까지 기다려"라고 말씀하실 수도 있다.

여러분도 알고 있겠지만, 그들이 여러분에게 보내는 월 청구서에는 총액과 그보다 훨씬 적은 이번 달 납부액의 두 가지 금액이 기재되어 있다. 이 최소금액만 내면 어떻게 될까?

여러분은 그들에게 계속 남은 금액을 계속 빚지는 것이며, 그들은 15~20퍼센트의 이자를 붙인다. '그게' 그들이 진짜 돈을 버는 방법이다. (더 많이 뭘 사면) 다음 달에는 낼 금액이 눈덩이처럼 커지게 된다. 이자는 복잡하다. 결국, 이자에 대한 이자까지 빚지게 된다. 어느새 여러분은 머리가 그 빚을 감당치 못할 지경에 이르고 만다. 요즘 고용주들은 아마도 고용 여부를 결정할 때 여러분의 신용 점수를 확인할 것이다. 이를 상상해 보라.

> 요즘 고용주들은 아마도 고용 여부를 결정할 때 여러분의 신용 점수를 확인할 것이다.

흥미로운 사실

최근의 한 연구에 따르면, 대학생 4명 중 1명이 매달 신용카드 대금을 "거의 혹은 전혀" 납부하지 않는다고 한다.[5]

다음은 여러분이 저지르지 않았으면 하는 다섯 가지 재정적 실수 목록이다.

- 청구서를 제때 납부하지 않는 것
- 신용카드를 최대한도까지 쓰는 것(월 한도)

5　Melissa Korn, "Students Take Chances with Finances. Gulp," *Wall Street Journal*, May 8, 2009.

- 카드 대금을 일부만 납부하는 것
- 급여담보대출을 이용하는 것
- 신용카드를 빌리는 것

위의 모든 것은 다루고 싶지 않은 금리로 이어진다. 이것은 마치 오늘은 10달러를 빌렸지만, 내일은 12달러를 갚아야 하는 것과 같다. 반복해서 몇백 번이고. 그리고 무서운 것은 대학생의 75퍼센트가 지난 6개월 동안 위의 다섯 가지 중 한 가지 이상을 저지른 것이다. 조사 당시 학생 8명 중 1명은 이런 잘못을 네 가지 혹은 다섯 가지 전부를 범했다.[6]

여러분은 어떤가?

금전을 다루는 올바른 방법은 무엇인가?

월 예산에서 시작하라. 시간 관리를 극대화하기 위해 완전한 일정이 필요한 것처럼, 좋은 금전 관리를 위해서는 월별 예산이 필수적이다. 예산은 매 1달러가 어디에 쓰이는지 보여 준다. 그리고 그 돈이 어디 쓰이는지 기록하지 않으면, 여러분은 그 돈이 다 어디 갔을까 하고 궁금해할 것이다. 그건 그렇고, 여러분이 돈이 많아지고 쓸 곳이 많아지면 이 문제는 더 힘들어진다.

> 예산은 매 1달러가 어디에 쓰이는지 보여 준다. 그리고 그 돈이 어디 쓰이는지 기록하지 않으면, 여러분은 그 돈이 다 어디 갔을까 하고 궁금해할 것이다. 그건 그렇고, 여러분이 돈이 많아지고 쓸 곳이 많아지면 이 문제는 더 힘들어진다.

감사하게도 예산을 세우는 것은 생각보다 쉽다. 여러분이 알아야 할 것은 주어진 기간에 얼마나 많은 돈을 벌 거나 받는지와 그 액수보다 적은 돈을 쓰는 것이다. 파트타임 일(들), 부모님에게서 받는 고정 용돈, 장학금 등, 여러분의 수입은 다양한 출처에서 나올 수 있다.

---

6 Ibid.

마이크로소프트 엑셀과 같은 스프레드시트에 수입원을 각각의 행에 배치하고 나서 관리해야 할 돈이 얼마인지 확인하기 위해 합산하라. 물론, 다 쓸 필요는 없지만, 그 이상의 돈을 쓸 수도 없다. 왜냐하면, 다른 사람이 뭐라고 하든 '그게 여러분이 가진 전부니까'.

이제 본인 생활에서 모든 지출 종류를 확인하라. 음식, 의류, 세탁, 주유, 전화, 오락(영화, 비디오게임, 음원 다운로드), 의약품, 세면도구, 책, 학용품, 그리고 (캠퍼스 밖에 거주하는 경우) 인터넷, 가스, 전기까지. 되도록 그 종류를 많이 생각해 내라.

다음 단계는 이런 종류 각각에 대해 최대 월 금액을 설정하기 위해 '목표' 난을 만드는 것이다. 최선을 다하라. 나중에 금액을 조정하게 되더라도 괜찮다. 또한, 기부할 금액과 저축할 금액을 할당하는 것이 좋다. 이것들은 지금 시작하기에 좋은 습관이다. 그것들은 현재뿐만 아니라 앞으로도 시행해야 할 훈련이다.

다음으로, 한 달 동안 쓴 모든 비용을 스프레드시트의 '실제' 난에 기록한다. 월말에 '목표' 난을 '실제' 난과 비교하게 된다. 신용카드를 사용해야 하는 경우, 카드를 하나만 사용하면 추적하기가 더 쉽다. 그러나 '가능한 한 적게' 사용한다. 그리고 (신용카드, 주유, 전기, 베스트 바이 등) 모든 청구서를 납부해야 하는 기한에 완납한다. 이것은 절대적으로 중요하다. 특히, 처음 사용할 때는 월말에 모든 청구서를 납부할 수 있는 충분한 돈을 확실히 갖고 있도록 가능한 한 적게 사용한다. 좋다. 한 달 동안 예산을 집행한 후에는 표의 예와 같이 나와야 한다.

소득		
수입원	총액	
데니에게서 일하고 받은 돈	$ 350	
할아버지에게서 받은 돈	$ 150	
합계	$ 500	

예산		
지출	목표	실제
음식	$ 100	$ 96.75
의류	$ 75	$ 83.68
세면도구·세탁물	$ 25	$ 21.35
전화	$ 50	$ 49.88
인터넷	$ 25	$ 24.95
오락	$ 50	$ 72.05
주유	$ 25	$ 23.06
기부	$ 50	$ 50.00
잡비	$ 50	$ 60.78
합계	$ 450	$ 483
저축한 금액	$ 50	$ 17

 이 학생의 경우 450달러를 목표로 했지만, 결국 483달러를 썼기 때문에 실제 합계가 목표 합계와 일치하지 않았다. 결과적으로, 그녀는 50달러를 목표했으나 17달러만 저축할 수 있었다. 그녀는 수입에서 10퍼센트를 기부하고 10퍼센트를 저축하는 목표를 세웠다는 것을 알 수 있는데 이

것들은 두 가지 모두에서 좋은 시작이다.
　한 달 동안 이렇게 한 후 실제로 돈을 어떻게 썼는지 생각해 보라.

예를 들어, 여러분이 돈을 쓴 것에 대해 지금 후회하는 것들이 있는가?
액수를 벗어난 부분은 없는가?
여러분은 다음 달에 바꿔야 할 것이 있는가?

　위의 예에서 학생은 상당히 잘 관리하고 있다. 그녀는 몇몇 부분에서는 더 많은 돈을 썼지만, 주유와 음식에서는 조금 덜 소비해 딱 그만큼밖에 저축할 수 없었다. 다음 달에 그녀는 몇 가지 지출을 줄여 저축을 늘릴 수 있을 것이다. 그러면 애슐리가 요청한 신부 들러리가 되어 드레스와 신부 파티를 위해 돈을 들일 준비가 되어 있을 것이다.

> 대학은 여러분이 가진 수단 내에서 사는 법을 배우고, 필요할 경우 만족감 얻기를 늦추기도 하며, 정기적으로 기부하고 저축하는 것을 배우기에 좋은 시기이다.

대학은 여러분이 가진 수단 내에서 사는 법을 배우고, 필요할 경우 만족감 얻기를 늦추기도 하며, 정기적으로 기부하고 저축하는 것을 배우기에 좋은 시기이다. 그리고 학생 할인 혜택을 이용하고 재미있는 활동에 대한 계획을 찾는 것을 잊지 말라.

7. 결론

　대학에서 얻을 좋은 기회를 낭비하지 말라. 학업 능력의 우선순위를 정하되 발전시킬 뿐만 아니라, 인턴십, 단기 선교 여행, 학생 단체, 특별행사와 같은 과외 활동 성격의 성장 기회를 활용하라. 어떤 것들은 학문적 발전을 더하고, 또 다른 것들은 영적 및 인간관계 발전을 더할 것이다.

모두 중요하다.

또한, 시간과 자금 관리 능력을 향상하여 대학과 그 이후에 하나님이 주신 책임을 성공적으로 수행할 수 있도록 하는 것을 목표로 한다.

> 우리는 그의 만드신 바라 그리스도 예수 안에서 선한 일을 위하여 지으심을 받은 자니 이 일은 하나님이 전에 예비하사 우리로 그 가운데서 행하게 하려 하심이니라 (엡 2:10).

주님이 여러분에게 주신 능력에 따라 그리고 그 이름과 명성을 이 땅에 널리 퍼뜨리기 위한 그의 세계적 목적에 따라, 주님께서 여러분을 믿음이 충만한 삶을 살아갈 능력을 갖춘 훌륭한 그릇으로 빚어 주시도록 하라.

토론

1. 인턴 경험이 있다면, 그 경험이 여러분에게 어떤 영향을 미쳤는가?
   그것이 여러분의 직업적인 목표를 형성했는가?
   인턴을 하지 않았다면 한번 해 볼 생각인가?

2. 만약 여러분이 단기 선교 여행을 가 본 적이 있다면, 그 경험이 여러분에게 어떤 영향을 미쳤는가?
   지금부터 10년 뒤에도 그 경험이 여러분에게 계속 영향을 끼치기를 바라는가?

3. 여러분이 하기로 선택한 과외 활동은 무엇이며 그 이유는 무엇인가?

4. 여러분은 파트타임 일을 하고 있는가?
   그 결과 여러분의 학업이 어려움을 겪은 적이 있는가?
   대학생활을 우선시하면서도 빈털터리가 되지 않기 위해 어떤 조처를 할 수 있는가?

5. 여러분은 신용카드를 사용하고 있는가?
   청구서를 제때 내지 않거나, 카드의 최대치 사용, 카드 대금을 일부만 내거나, 급여담보대출을 사용하거나, 신용카드를 빌리는 등 내가 언급한 잘못을 한 적이 있는가?

6. 예산을 세워 본 적이 있는가?
   어땠는가?
   여러분은 자신에 대해 무엇을 배웠는가?

결론

대학 시절을 허비하지 말고, 현실 세계를 준비하라

우리는 대학생활의 네 가지 영역을 탐구했다. 즉, (신앙유지 및 성장, 고등학교에서 대학에 적응까지의) 일반적 문제, (학우, 교수, 이성, 엄마, 아빠와의) 관계, 성격(성실, 공부와 여가의 균형), 학업(전공 선택, 성적을 위한 노력, 인턴십과 과외 활동 기회). 이제 이 모든 것을 종합해 보자.

현실 세계를 위한 준비는 어떤 모습일까?

그리고 이 네 가지 대학생활 영역은 어떻게 서로 작용하고 관련되는가?

1. 조셉(그리고 사만다)

조셉은 4학년의 절반가량을 지나고 있다. 로스앤젤레스 캘리포니아대학교(University of California)에서 평균 성적이 높은 생물학 전공자 조셉은 의대 입학시험에 대해 진지하게 생각하기 시작했다. 그의 입학 첫해는 힘들었지만 좋았다. 그는 기독교를 경시하는 교수들과 기숙사의 부도덕한 상황과 기회에 직면했다. 그러나 그는 든든한 교회와 훌륭한 그리스도인 친구들을 발견했다. 그는 시간이 날 때마다 기독교와 과학이 어떻게 상호 강화되고 있는지에 관한 책을 탐독했다. 지적이고 도덕적 공격에 단호하게 맞서면서 그의 신앙은 점점 더 튼튼해지고 깊어졌다. 그는 분명한 태도를 보이고 흐름에 맞서야 하는 방법뿐만 아니라 그 이유도 배웠다.

1학년 때는 때때로 우물쭈물하기도 했지만, 그 후로는 미리 계획을 세우고 규칙적이고 체계적인 방식으로 자기 일을 끝내는 것을 배웠다. 시험을 위해 공부하는 것에 덜 애태우게 되었고, 1학년을 마친 이후 그는 다시는 밤을 새울 필요가 없었다.

대학생활 처음 2년 동안, 교수들은 그가 총명하다는 것을 알았고, 그를 조교로 고용하기를 원했지만, 그를 다소 괴짜로 여겼다. 그들은 그가 훌륭한 학생이지만 전반적으로 까다로우므로 그를 채용하는 것이 수고로울 것으로 생각했다. 그러나 그의 공부 습관이 점점 더 단련되면서, 그는 또한 신뢰와 가치의 중요성을 점점 인식하게 되었다.

그는 교수들을 덜 괴롭히면서 보다 독립적이고 수단 좋게 공부하는 법을 배웠다. 이를 본 교수들은 그를 고용하는 것에 대한 반감을 극복하고, 그들 중에서 한 명이 조셉을 연구조교로 뽑았다.

성격과 학문 사이의 관계에 잠시 주목하라. 조셉은 영리한 사람이었다. 하나님은 그에게 많은 지적 재능을 주셨고, 그의 이전 교육은 그에게 상당히 도움이 되었다. 그의 성격은 형편없지 않았다. 거짓말을 하거나 해롭게 하거나, 정직하지 않은 사람 같지는 않았다.

그러나 그는 꾸물대는 사람이었고, 성숙함을 보여 주지 못했다. 그는 일을 처리하기보다는 질문과 변명으로 교수를 수렁에 빠뜨리는 경향이 있었다. 그런 성격의 결함은 잠재적 기회들을 놓치게 했기 때문에 그의 학문적 진보를 제한했다. 조셉의 이야기로 다시 돌아가 보자.

고등학교 때 조셉은 해안가에 살았다. 그의 친구들은 나쁜 영향을 미치지도 않았지만, 그들이 그를 더 강하게 몰아붙이지도 않았다. 그러나 조셉이 대학교 1학년 때 내린 가장 좋은 결정 중 하나는 교회와 그리스도인 친구들과의 강력한 네트워크를 선택한 것이었다. 그가 이 교회를 찾은 것은 단지 '운이 좋은' 정도가 아니었다. 그는 여러 교회를 방문하여 사람들에게 조언을 구했다. 그와 그의 새 친구들은 서로가 경쟁할 수 있었으며 지배적인 기숙사 풍조에 거스르는 문화를 만들어 낼 수 있었다. 그들은 함께 수업에 집중하고, 공부 일정을 정하고 유지하며, 돈 쓰는 것에 신중하고, 충분히 잘 수 있도록 서로 도왔다.

그러나 그들은 또한 서로에게 정신적 규율에 충실하고 특히 쉬는 시간에는 마음을 넓히고 기독교에 대한 지적 문제와 씨름하는 데 도움이 되는 중요한 독서를 위해 시간을 마련하도록 추진했다. 이들 중 몇 명은 2학년을 마친 이후 함께 선교 여행을 떠났다. 그러나 그들은 또한 함께 즐거운 시간도 보냈다. 밥은 조셉에게 수상스키를 가르쳐줬으며, 조셉과 대런은 윈드서핑 수업을 듣고, 자주 토요일 아침을 파도를 타면서 보냈다. 그들은 각각 좋은 추억을 가지고 졸업할 것이다.

조셉의 친구 선택은 그가 고등학교에서 대학으로 진학하는 과정과 공부와 노는 것 간의 균형 및 영적 성장에 직접 영향을 미쳤다. 그의 성격 발달에도 영향을 미쳤음은 의심할 여지가 없으며, 첫 3년 동안 성숙도를 높여 주어, 이는 (학문 능력과 인격에 기초하여 부여되는) 연구조교의 기회로 연결, 그의 전문적인 발전으로 이어졌다.

조셉은 1년 전에 학교 동아리에서 사만다를 만났다. 그는 자기 일을 진지하게 받아들이면서도 모든 일에 자신을 다 태워 버릴 정도로 쏟아붓지 않는 그녀의 성숙함에 끌렸다. 사만다는 오케스트라에서 클라리넷을 연주했고 지역 고등학교에서 개인 지도를 했다.

그 둘은 각기 알고 지내는 친구들이 있었으며, 둘 다 바쁘게 지내 그들의 관계는 결코 건강하지 못하게 마음을 빼앗기는 쪽으로 발전하지 않았다. 그들은 각자 너무 빨리 가까워져서 마음에 상처를 입은 사람들을 알고 있어, 그것을 피하고 싶었다. 그러나 그들은 자신들이 점차 더 강한 유대감을 가지고 있으며, 둘 다 다음 해에 졸업하는 만큼 이에 대해 생각해 볼 필요가 있다는 것을 알았다.

그의 부모와 관련하여 조셉은 기능상 독립하여 성장하고 있었다. 그들이 함께 계획을 세운 덕분에, 조셉은 학자금 대출 상환할 단 10,000달러만 남기고 졸업할 것이다. 그는 의대에 가기 전에 1년간 쉬면서 취직해 돈을 덜 들이고 살면서 빚을 갚고 나서 새로 대출을 받아 시작할 계획이었다. 그는 부모님이 더는 경제적인 도움을 줄 수 없으리라는 것을 알고 있었고, 그는 그것에 대해 좋다고 여겼다.

그는 10,000달러를 갚으려면 집으로 돌아가는 것이 편하지만 만일 사만다에게 청혼하게 되면 계획대로 되지 않을 것이다. 그는 자신의 미래를 위해 재정적인 책임을 지는 것, 부채에 대한 현실적인 관점, 사만다와의 결혼 가능성 사이에서 균형을 맞출 필요가 있다는 것을 알고 있었다.

조셉은 대학에서 성장 중인 잘 갖춰진 청년 그리스도인의 예이다. 그의 경험은 완벽함이 아니라 지속적인 성장이 특징이다. 그는 학교에서 멋진 시간을 보내고 있지만, 그의 인생을 즐거움의 추구라고 규정할 수는 없다. 지평선 너머를 내다보면서 자신의 미래가 도전의 연속일 것이라는 것을 알고 있지만, 그는 그간 잘 훈련을 받았고 폭넓은 지식과 균형 잡힌 시각으로 중대한 결정을 신중하게 접근하고 있다.

조셉과 사만다는 큰 결혼식 대신, 화려한 저녁 식사에 들어갈 비용으로 조셉과 사만다의 대학 학자금 대출을 갚는 데 사용하도록 부모님께 부탁했다. 조셉은 결국 의대를 가기 전에 2년 동안 일을 했다. 사만다가 임신하게 되었을 때 전적으로 힘들지 않기 위해 적은 액수이지만 비상금을 마련해 주기도 했다. 조셉과 사만다가 대학 시절에 발전시킨 성숙함, 유능함, 지혜는 그들이 대학 졸업 이후의 삶에 발을 잘 들여놓을 수 있도록 해 주었다.

니콜라스와 대조해 보자.

2. 니콜라스

조셉처럼 니콜라스도 대학에서 잘 지냈다. 그러나 조셉과 달리 니콜라스는 '그의 인생의 시간'을 가져야 할 필요성을 분명하게 인식했다.

'내가 대학에 다니는 건 한 번뿐이야. 나는 내 남은 평생 제대로 성장하고 진지하게 살아야 해.'

그는 웨이터로 돈도 잘 벌었고 기숙사에 있는 모든 남자의 부러움을 샀던 거대한 오락 기계도 샀다. 서라운드 사운드 시스템만으로도 배선 설치에 종일 걸렸으며, 건물 전체를 음악이나 영화 오디오로 채울 수 있었다.

1학년이 끝날 무렵, 니콜라스는 다른 전공보다 과정 요구 사항이 적어 보였기 때문에 많은 학문 분야와 관련된 연구를 전공으로 정했다. 그는 커뮤니케이션이나 마케팅 분야에서 뭔가 할 수 있다고 생각했다. 그러나 니콜라스의 진짜 '전공'은 친구들과 어울리고 즐겁게 지내는 데 있는 것 같았다. 주말여행, 수업 빼먹기, 새벽 2시까지 비디오 게임, 그밖에 뭐든지.

그의 일에도 불구하고, 니콜라스는 2학년 중반까지 좀 심각한 빚에 시달렸다. 그는 부모님께 깊이 사죄했고, 부모님은 자신들이 카드에 공동 서명했기 때문에 자신들의 신용등급이 계속 손상되지 않도록 그를 구제해 주었다. 니콜라스는 영리했고, 그 같은 나날 속에서도 2.6의 평점을 유지할 수 있었다. 그것 때문에 그는 학업 보호 관찰을 받지 못했고 그의 부모님은 그에 대한 지원을 (거의) 끊었다.

니콜라스의 친구들도 역시 포부가 크지 않았다. 그들이 '나쁜' 영향을 끼친 것이 아니라 단지 '좋은' 영향을 미치지 않았을 뿐이다. 그들은 모두 그리스도인이었고, 이를 각자 자신의 구원이 안전하다는 것을 나타내는 표시로 받아들였으며, 그들이 삶을 사는 방식에 대해 계획적으로 애쓸 필요가 없다고 본 것이다. 기독교에 대한 지적 도전에 대해서 니콜라스와 그의 친구들은 그저 그것들을 무시해 버렸다.
 예수님이 우리가 어린아이와 같은 믿음을 가져야 한다고 말씀하지 않으셨는가?
 그는 자신이 무엇을 믿었으며, 왜 그것을 믿었는지, 그것 때문에 어떻게 살아야 하는지, 어떻게 하면 다른 사람들에게 가장 잘 전해 줄 수 있는지에 대해 깊게 이해하기 위해 성장할 필요가 없다고 보았다.
 여자아이들에 관한 한, 니콜라스는 많은 여학생과 어울리는 것을 좋아했다. 그들은 니콜라스가 자주 참석했던 각종 파티나 축구 경기 같은 캠퍼스 행사, 기독교 사역 행사에서 만났다. 그는 가끔 그들 중 한 명과 강한 유대감을 느낄 때도 있었지만, 그녀에게 그런 마음을 표하는 어색한 행동을 하고 싶지 않았다.
 그는 문제를 제대로 이해하지 못했다. 결국, 그는 그녀에게 대단한 화술을 사용하지 않고도, 그녀가 불편한 기분 없이 자신과 함께하자고 요청할 수 있었다. 그는 자신이 괜찮은 남자이므로, 항상 여자와 남자 친구들이 있을 것으로 생각했고, 그게 그에게 필요한 전부였다.
 졸업식을 마치고 나서도 언젠가 결혼한다는 생각은 먼 '이야기' 같고 조금도 흥미를 느끼지 못했다. 그는 직장을 구해야 했고 적어도 생활비 마련을 어떻게 해야 할지 궁리할 필요가 있었다. 그러는 동안, 그는 임대료 없이 엄마, 아빠 집으로 다시 들어갈 계획을 세웠다. 그의 부모는 그가 오락시스템을 설치할 수 있도록 넓은 지하실을 제공해 줬다.

3. 비교 연구

조셉과 니콜라스는 극단적으로 보일 수 있다. 그러나 나는 두 사람 다 알고 있다.

이 사람 중에 누가 여러분과 많이 닮았는가?

조셉이 정말로 자신을 위해 지향한 것은 그의 삶의 '일관성'이다. 그의 기독교 신앙은 좋은 학생이 되며, 그의 일에 생산적이고 유익하며, 경건한 성격의 특성을 발달시키고, 그의 일과 놀이의 균형을 이루고자 하는 그의 열망을 깨우쳐 주었다. 그의 훌륭한 연구는 결국 그에게 연구 경험의 문을 열어 주었으며 그것은 의과대학 지원이라는 차이를 가져다준 기회였다.

니콜라스는 다음과 같은 성경 말씀에 비추어 살지 못했다.

> 무엇을 하든지 말에나 일에나 다 주 예수의 이름으로 하고 그를 힘입어 하나님 아버지께 감사하라(골 3:17).

> 네 손이 일을 얻는 대로 힘을 다하여 할지어다(전 9:10).

조셉은 성경 말씀대로 현명한 동료들을 선택했다.

> 악한 동무들은 선한 행실을 더럽히나니(고전 15:33).

> 지혜로운 자와 동행하면 지혜를 얻고(잠 13:20).

그 결과 그의 정신적, 지적 성장을 격려하는 친구들과 함께했으며, 그들 중에서 그는 미래의 아내를 만났다. 니콜라스의 친구들은 더 나쁠 수도 있지만, 더 나을 수도 있었다. 부모님과의 관계에서도 마찬가지로 조셉은 성장하고 있지만, 니콜라스는 단지 나이를 먹어 갈 뿐이었다.

> 여러분의 경우는 어떤가?
> 여러분은 지금 어느 쪽으로 가고 있는가?
> 여러분이 필요로 하는 변화는 무엇인가?

4. 네 가지 영역 중 두 가지

나의 대학생활을 돌이켜 보면, 나는 네 가지 영역 중 두 가지에 전념했다. 나는 본서의 네 가지 영역 중 두 가지 영역에서 잘했다. 내 인생은 일관되어야 했는데 그렇지 못했다. 한편으로 나는 신앙을 팽개치지 않았고, 전반적으로 하나님께 더 가까워졌다. 나는 대학을 고등학교처럼 대하는 것이 아니라 과제와 프로젝트를 수행하면서 공부량에 빠르게 적응했다. 나는 학업에 뛰어났고 인턴도 많이 했다. 졸업할 때 내 이력서는 꽤 탄탄해 보였다.

그러나 나는 성격과 관계성에서는 취약한 편이었다. 일과 삶의 균형 척도에서, 나는 일 쪽으로 기울어져 있었다. 돌이켜보면 더 끈끈한 관계를 모색하고 추구했으면 좋았을 텐데 그렇지 못했다. 친구들이 있었는데, 수업의 모든 점을 짜내기보다 그들에게 더 많은 투자를 했더라면 좋았을 것이다. 나는 이제 학생들에게 양자택일은 삶의 어느 곳에서나 있다고 말하고 싶다.

나는 공부에 시간 제한을 둘 것을 권고한다. 그리고 나서 시험, 논문, 과제에서 어떤 성적을 받든 다 받아 보라. 그것은 여러분이 '할 수 있는' 최상의 것이다.

그게 무슨 뜻인가?

만약 지구상에서 공부가 여러분에게 유일하게 중요한 것이라면, 이 방식이 여러분이 할 수 있는 것의 최상은 아니었을지도 모른다. 그런데 그렇지 않다. 그래서 아마 A- 대신 B+를 받을 수도 있겠지만, 여러분은 멋진 친구들과 우정, 즉 공유된 경험들 때문에 지속 가능성이 더 크고 멋진, 고무적인 시간을 보냈을 것이다.

동시에 다른 사람들은 반대쪽에서 실수하는 경향이 있다. 휴식, 오락, 페이스북 사용에 대한 시간 제한을 설정하면 도움이 될 것이다. 여러분 자신과 여러분의 성향을 알아라. 우리가 논의했던 네 가지 영역 모두 하나님과 크게 상관이 있으며, 졸업 후 여러분의 행복과 성공에 모두 영향을 미칠 것이다.

5. 인생의 궤도

자신을 책임감 있고 알찬 성인 그리스도인이 될 수 있도록 궤도에 올려놓아라. 잠시 시간을 내어 지금부터 5년 후의 자기가 원하는 삶이 어떤 모습인지 적어 보라.

의지할 수 있고 믿을 수 있는 사람으로 알려지기를 원하는가?
겸손하고 친절한 사람으로?
다른 사람들에게 공손한 사람으로?
미루고 싶은 유혹을 뿌리치고 열심히 일하여 끝내는 사람으로?

> 성령의 열매(사랑, 희락, 화평, 오래 참음, 자비, 양선, 충성, 온유, 절제)로 인생을 장식하는 사람?[1]
> 깊고 멋진 우정을 가진 사람?
> 조심스럽고 계획에 따라 이성을 대하는 사람?
> 우리 주 곧 구주 예수 그리스도의 은혜와 그를 아는 지식 속에서 자라가고 있는 사람?(벧후 3:17-18)

이제 거기에 도달하기 위해 취해야 할 몇 가지 변화를 알아보자. 내가 본서를 위해 다룬 (신앙, 관계, 성격, 학문의) 네 가지 영역으로 여러분의 삶을 분류해 보면 도움이 될 수 있다. 그 작고 오래된 구절은 너무 정확하다.

"생각을 심고 행동을 거두어라, 행동을 심고 습관을 거두어라. 습관을 심고 인격을 거두어라. 인격을 심고 운명을 거두어라.",

"사람이 무엇으로 심든지 그대로 거두리라"(갈 6:7)라는 원칙은 성경적이고 피할 수 없다.

내가 영화에서 가장 좋아하는 인용구 중 하나는 고전 영화 〈글래디에이터〉(*Gladiater*, 2000)에서 러셀 크로우(Russell Crowe)가 맡은 역인 막시무스(Maximus)가 말한 "우리가 인생에서 하는 일은 영원 속에 메아리친다"이다. 여러분이 아직 신입생이라 할지라도, 지금 당장 '영원'이 중요하다. 왜냐하면, 여러분은 (하늘의 영원한 기쁨이나 지옥의 영원한 불행 속에서) 영원히 살 것일 뿐만 아니라, 여러분의 영향력과 평판은 수많은 다른 사람을 도울 수도 있고 돕지 않을 수도 있기 때문이다.

더 나아가 여러분의 세대를 넘어서 여러분의 미래의 아이들과 그들의 아이들이 여러분이 어떤 남자나 어떤 여자가 되느냐에 따라 깊이 있게 형성되리라는 것을 생각하라. 여러분은 아직 태어나지 않은 사람들의 조상이다.

---

1 [갈 5:22-23].

그들이 여러분을 어떻게 기억할까?

여러분은 인생의 출발선에 서 있다. 지금 내리는 결정은 장기적인 영향을 미칠 것이다. 여러분의 좋은 습관이 더 깊이 뿌리내릴수록, 그것들을 유지하는 것은 더 쉬워질 것이다. 나쁜 습관은 더 깊이 뿌리내릴수록, 그것들을 바꾸기가 더 어려워질 것이다. 그러나 하나님의 도움으로 그것들을 바꿀 수 있다. 이제 바꿀 결심 하라. 우리 문화에서 많은 사람이 하듯이 여러분은 자신의 이십 대를 낭비할 필요가 없다.

> 지금 내리는 결정은 장기적인 영향을 미칠 것이다. 여러분의 좋은 습관이 더 깊이 뿌리내릴수록, 그것들을 유지하는 것은 더 쉬워질 것이다. 나쁜 습관은 더 깊이 뿌리내릴수록, 그것들을 바꾸기가 더 어려워질 것이다.

잠언은 이렇게 말하고 있다.

> 의인의 길은 돋는 햇살 같아서 크게 빛나 한낮의 광명에 이르거니와 (잠 4:18).

여기서 "길"이라는 말은 여러분 삶의 도덕적 지향을 가리킨다. 올바른 자세로 사는 것은 여러분의 삶에 더욱 큰 명석함과 아름다움, 매력을 가져와 더 나은 결정을 내릴 수 있게 하여 장기적으로 여러분을 성공으로 이끌어 줄 것이다. 이것은 여러분을 원래 좋아하지 않는 사람들 사이에서도 상관있는 사실이다.

> 올바른 자세로 사는 것은 여러분의 삶에 더욱 큰 명석함과 아름다움, 매력을 가져와 더 나은 결정을 할 수 있게 하여 장기적으로 여러분을 성공으로 이끌어 줄 것이다.

> 사람의 행위가 여호와를 기쁘시게 하면 그 사람의 원수라도 그와 더불어 화목하게 하시느니라 (잠 16:7).

그리고 이것은 직업적으로도 사실이다.

… 손이 부지런한 자는 부하게 되느니라(잠 10:4).

부지런한 자의 경영은 풍부함에 이를 것이나 … (잠 21:5).

그렇다고 해서 하나님께 복종만 하면 하나님이 여러분에게 엄청난 부를 준다고 약속하신 것은 아니다. '일반적으로' 근면은 일과 관련되고 따라서 금전적 축복으로 이어진다는 것을 의미한다. 그 반대의 경우 혼란을 초래한다. 잠언 4:19은 다음과 같이 말씀한다.

악인의 길은 어둠 같아서 그가 걸려 넘어져도 그것이 무엇인지 깨닫지 못하느니라 (잠 4:19).

하나님이 주시는 삶 속에서 성장하라. 그 하루하루가 그분을 위해 온전히 살아내야 할 선물이다. 대학 시절을 낭비하지 말라. 대학생활의 모든 면에서 성장하는 것을 목표로 하라. 여러분의 대학 경험은 하나님께 중요하다. 왜냐하면, 그 경험의 모든 측면이 예수 그리스도가 여러분의 최고의 보배이거나 어떤 영역에서 여러분의 마음이 세상의 가치에 사로잡힌 사실을 반영하거나 하기 때문이다.

물론, 우리 중 누구도 완벽하지는 않지만, 19세기 작가 찰스 브리지스(Charles Bridges)가 말했듯이, "기독교적 완벽함은 완벽함을 지속적으로 하는 것이다."[2]

---

2 Charles Bridges, *Commentary on Proverbs* (Carlisle, PA: The Banner of Truth Trust, 1998), 51. 찰스 브리지스(1794-1869)는 잉글랜드국교회의 복음주의 지도자였으며, 1823년부터 1849년까지 서포크(Suffolk) 올드 뉴턴(Old Newton)의 교구 목사였다.

…뒤에 있는 것은 잊어버리고 앞에 있는 것을 잡으려고 푯대를 향하여 그리스도 예수 안에서 하나님이 위에서 부르신 부름의 상을 위하여 달려가노라(빌 3:13-14).

상은 하늘에서 우리를 기다리는 그리스도와의 완전한 교제다. 우리 거기서 만나자. 그때까지 그를 소중히 바라보는 방식으로 살아가면서 하나님의 도우심에 힘입어 매일 예수님과 더 닮아 가고 이 세상에서 그를 잘 나타내며 소금과 빛이 되기 위해 우리 자신을 밀어붙이자. 그런 식으로 대학생활을 하자. 그런 식으로 인생을 살자.

부록 1

대학 선택 과정

대학 선택 과정은 학생과 학부모 모두에게 스트레스를 주는 경험이 될 수 있다. 그 주제에 관한 온갖 종류의 핸드북이 나와 있고, 나는 그것들이 말하는 모든 것을 되풀이하지 않고 단지 대학 결정에 영향을 미칠 수 있는 두 가지 중요한 기준, 학문적 고려와 일반(비기독교) 대학 대 기독교 대학에 다니는 문제에 대해 간략하게 설명하겠다.

내 관점은 나 자신의 이야기로 설명하겠다. 나는 평생 공립학교에 다녔고, 고등학교 때 그리스도인이 되었으며, 학부와 대학원 모두 일반대학을 다녔다. 일반대학에서 강의를 좀 하고 나서, 지난 6년 동안 나는 기독교 대학에서 전임교수로 일했다.

캠퍼스, 기숙사, 식당, 주변 마을을 걸어 다니는 여러분의 기분, 가족과의 거리 등 여기에 포함하지 않을 주관적 요소들이 분명히 많이 있다.

또한, 오늘날 지역의 공립전문대학에서 시작해서 전통적인 4년제 대학으로 전학하는 대학생들이 많아지고 있다. 그것에 대해 몇 가지만 언급하고자 한다. 이것은 비용 면에서 매우 효율적인 방법이 될 수 있지만, 시도하기 전에 예상치 못한 문제가 있는지 조사하라.

예를 들어, 일부 대형 주립대학은 편입 신청 비율을 제한할 수 있다. 또 다른 학교들은 공립전문대학에서 편입하기 어렵게 되어 있어 1년 더 비용이 들 수 있다. 여러분이 고려하고 있는 길을 간 학생들의 실적이 입증된 공립전문대학을 찾아보라. 공부하는 동안 등록 및 학업 상담 인력이 변경될 수 있으므로 가능한 한 문서로 많이 갖춰 두라.

그리고 이제 학문 분야와 일반대학 대 기독교대학 고찰로 넘어가자.

1. 학문적 고려

학교의 학력을 평가하는 가장 좋은 방법은 무엇인가?

놓치기 쉬운 방법이 많이 있다. 많은 부모가 『유에스 뉴스 앤 월드 리포트』(U.S. News and World Report)와 같은 기관의 지표들을 매우 신뢰한다. 이것들이 도움이 될 수도 있지만, 학교들이 이런 종류의 등급에서 인위적으로 순위를 끌어올리기 위해 많은 계략을 쓴다는 것에 유의하라.

미국 대학입학학력고사(ACT, American College Test) 및 대학수능시험(SAT, Scholastic Aptitude Test) 점수 같은 입학요건 등도 눈여겨볼 수 있다. 나는 성적 인플레이션 추세 때문에 점점 더 무의미해지는 고등학교 성적 평균 점수보다는 그런 것들을 살펴볼 것이다. 선발 비율도 유의할 가치가 있다.

그들이 신청하는 모든 사람을 받아들이는지 주목하라. 물론, 그렇다고 해서 그 학교의 모든 학생이 열등할 것이라는 의미는 아니다. 그러나 단지 학생들을 붙들어 두기 위해 학업 수준을 낮추지 않도록 교수진에 압력을 가해야 할 것이다. 학교 졸업생들의 성공은 학교의 평판을 말해 주기도 한다.

1) 겸임교수

또 하나 물어볼 가치가 있는 질문은 겸임교수가 가르치는 수업의 비율이다. 겸임교수는 대학으로서는 비용이 적게 든다. 그들은 명성으로 보수를 받는데, 액수는 매우 적다. 거의 모든 학교가 일부 과정(특히, 저학년 과정)에 이들을 쓴다.

비용의 문제 외에, 이 제도의 또 다른 근거는 학교에 대한 헌신이나 책임에 한계가 있다는 것이다. 겸임교수는 학기별로 채용되지만, 전임교수들은 상임이기 때문에 재직 기간 중 더욱 안전하다는 기대감을 누린다. 겸임교수들을 특정 분야에서 일정 비율 가르치게 함으로써, 학교는 필요성이 상당할 때까지 전임교수를 채용하는 것을 늦출 수 있어, 그들은 (법적인 연관을 가질 수 있는 과정인) 그 자리를 그만두지 않아도 된다고 확신하게 된다.

전임교수들은 가르치는 일 외에도 위원회에서 활동하고 학문 분야에서 다양한 연구를 수행할 뿐만 아니라 다른 활동도 수행할 것으로 기대된다. 당연히 전임교수들은 애초에 더 좋은 교육을 하여 그들의 자리를 제안받았으므로 일반적으로 겸임교수들보다 더 잘 가르친다. 따라서 대학에서 겸임교수들이 가르치는 수업의 비율을 확인하라.

2) 수업 규모

소규모 학교는 수업 규모가 작다는 점에서 대규모 학교와 비교해 장점이 있다. 이것은 더 나은 학습을 촉진하는 데 도움이 된다. 또한, 앞서 언급했듯이 규모가 큰 대학 중 많은 대학이 1, 2학년 과정 상당량을 겸임교수나 수업 조교들에게 맡기고 있다.

반면, 특성화와 집중도 측면에서는 대형 대학이 더 많은 기회를 제공해준다. 예를 들어, 소규모 학교는 3개의 공학 전공수업을 제공할 수 있지만, 대규모 학교는 10개를 제공할 수 있다. 다른 분야에서는 다른 곳에서 얻을 수 없는 전공 내에서의 많은 집중 연구 기회(예를 들어, 단순한 '역사'가 아닌 '라틴 아메리카의 역사')를 찾을 수 있다.

3) 연구 중심인가 아니면 교육 중심인가

어떤 학교들은 교수진에게 많은 연구를 하라고 강요하는 반면, 어떤 학교들은 가르치는 것을 강조한다. 이것을 판단하는 빠른 방법은 교수가 연간 몇 단원을 가르쳐야 하는지 알아내는 것이다. 대학원을 다녔던 버클리 소재 캘리포니아대학교(University of California at Berkeley)에서 교수는 대체로 한 학기에 한 과목을 강의했다.

짐작하겠지만, 이 대학은 연구에 치중하기 때문에 (평균적으로) 대학원생들이 학부생들보다 더 많은 관심을 받는다. 다른 많은 학교에서 교수들은 한 학기에 거의 서너 과목을 감당한다. 이들 학교는 연구에 대한 강조는 적고 수업에 대한 부담은 크다. 이는 해당 학교의 교수진이 수업에 더 많은 시간과 노력을 기울이고 학생들에게 더 많은 책임을 진다는 것을 의미한다.

그렇더라도 연구 중심 대학 교수의 '일부'가 탁월한 교사라는 점에 주목할 필요가 있다. 게다가 그들의 연구는 그 가르침에 활기를 불어넣어, 자신들이 맡은 분야의 최신 발전 상황에 대해 더욱 자신 있게 가르칠 것이다. 또한, 이 학교들은 우수한 학생들에게 연구 기회를 제공할 가능성이 크다. 반면에 학생들이 많아질수록 그 자리들에 대한 경쟁이 더 치열해진다는 것이다.

고려해야 할 또 다른 통계는 잔존율이다.

그 학교의 신입생 중 2학년으로 올라간 학생은 몇 퍼센트나 되는가?

이 수치는 학생들이 그 학교를 얼마나 좋아하는지뿐만 아니라 그들이 적어도 약간의 학업 성공을 이룰 수 있는지에 대한 척도이다.

간단히 말해서, 헤맬 일이 없는 곳에서 교수님과 더 개인적인 차원에서 정말로 친해지고 싶고 일반적으로 더 친밀한 대학 경험을 하고 싶다면, 규모가 작은 대학이 더 맞다. 선택할 수 있는 종잡을 수 없이 복잡한 학문적, 사회적 기회를 모두 얻고 싶고, 개인적인 관심을 덜 받는 것을 개의치 않는다면, 규모가 더 큰 대학이 여러분에게 맞을 것이다.

나는 규모가 큰 학교에서는 그렇게 많은 일이 돌아가고 있고 학문적 익명성이 더 크다는 것 외에 더 큰 자율성이 요구된다고 생각한다. 내가 가르치는 캘리포니아침례대학교와 같이 규모가 작은 대학에서는 학생이 수업에 연달아 몇 번 결석하면 이메일을 보내곤 한다. 나는 학생에게 학업 진도가 걱정되는 것을 알린다. 아마도 큰 주립대학에서는 그런 일이 일어나지 않을 것이다.

나는 학부과정을 위해 작은 학교로 가기로 했다. 내가 거대한 수업(수백 명이 들어가는 규모의 강의실은 큰 대학에서 드물지 않다)에서 배울 준비가 되어 있는지 확신할 수 없었기 때문에 학문적으로 정말 도움이 되었다. 그러나 대학원 공부를 위해서 큰 규모의 대학에 진학하기를 정말 잘했다. 왜냐하면, 내가 다니던 학교의 대학원 수업 규모가 별로 크지 않았고(약 25~30명), 대부분의 소규모 기관에는 없을 광범위한 연구 기회를 얻어 활동할 수 있었기 때문이다.

4) 일반대학 vs. 기독교대학

내가 여기서 하는 말을 가능한 한 공평하게 하도록 노력하겠다. 사실 이것은 많은 선의의 그리스도인들이 강한 의견을 가지고 있는 사안이다. 그리스도인들이 홈스쿨링, 기독교 학교 교육, 공립학교 교육의 장점에 대해 논하듯이, 그리스도인들은 기독교 대 일반 교육의 장점을 논한다.

기독교 학교는 사립이고 일반적으로 일반 '공립'학교보다 비용이 많이 들지만, 일반 '사립'학교와 비교하면 꼭 그렇지는 않다. 그렇기는 하지만, 나는 훌륭한 학생들이 기독교 대학에서 상당한 장학금과 다른 지원을 받아 최종적으로 비용이 인근 주립대학과 대등한 결과를 가져온 사례들을 본 적이 있다. 따라서 초기 등록금 액면가에 충격을 받지 않도록 하라.

사립, 비기독교 학교(또는 최상위 공립대학)들은 때때로 기독교 학교보다 학문적으로 더 권위 있는 것으로 인식된다. 그러나 일부 기독교 대학들은 상당히 엄격하며 풍부한 지적 및 영적 경험을 제공하려고 힘쓴다. 분명히 기독교 대학들은 학문적 엄격함에서 차이가 있다. 일부는 선발하려는 수준이 높고 까다로운가 하면, 일부는 덜 까다롭기도 하다. 그것은 일반 학교도 마찬가지다.

그러나 일반대학들은 학생들을 거의 전적으로 학문적이며 전문적인 근거로 끌어들이는데, 그들은 그런 조건들에서 자신들의 정체성을 확인하기 때문이다.[3] 이에 반해 기독교 학교는 학문적 측면과 영적 측면을 동시에 고려하여 학생들을 끌어모으는 경향이 있다. 내가 이미 학문적 엄격성에 대해 논했으므로, (내가 보기에) 여러분이 기독교 대학을 고려하고자 하

---

3 내가 아는 몇몇 기독교인은 고등학교 상급생일 때 그리스도를 다른 사람들과 나누기 위해서 일반대학에 가고 싶다고 주장한다. 의심할 여지 없이 훌륭한 생각이지만, 이렇게 말하는 사람 중 일부가 예수님에 대해 말하는 것이 그리스도를 찬미할 수 있는 유일한 방법인 것처럼 복음주의적 측면에서 자신의 결정을 정당화해야 한다고 느끼는 것은 아닌지 솔직히 궁금하다. 내가 본서의 다른 곳에서 다루듯이, 이것은 우리의 일상적인 일에서 하나님을 찬미하는 본질에 대한 불완전한 견해를 나타낸다.
기독교인 대부분은 예수님에 대해 말하는 것보다 다른 일을 하며 대부분의 삶을 보내는데 그것이 잘못된 것은 아니다. 졸업 후 하나님은 우리 대부분을 성실하고 모범적인 회계사나 의사, 변호사, 역사 교사, 언론인으로 부르신다.
그렇다면 우리가 대학을 선택할 때 왜 이 점을 고려하지 않는가?
하나님의 영광을 위해 행해지는 모든 정당한 학문적 추구(및 직업)는 그분께 영광을 돌리며 그분의 목적을 달성한다. 일반대학에 갈 수 없다는 말이 아니다. 그런 대학에 가는 것을 정당화하기 위해 복음주의를 적용해야 한다고 느끼지 말라는 것이다. 삶의 일을 위한 확실한 기반을 확보하라. 그리고 만약 여러분이 일반대학에서 우연히 그것을 하게 되었다면, 반드시, 적절한 방법으로 그리스도를 다른 사람들과 나누라. 그러나 그것이 여러분의 대학 선택을 근본적으로 이끌어야 한다고 생각하지 않는다. 자신의 필요와 목표를 고려해야 한다. 만약 여러분이 대학 내 사역에 소명을 느낀다면, 그것은 여러분이 졸업한 후에도 언제든지 복귀할 수 있다. 우선 삶의 일에 대한 확실한 기반을 확보하라.

는 '비학문적' 이유에 대해 몇 가지를 이야기해 보자. 네 가지를 들겠다.[4]

(1) 일반학계, 특히 더 엘리트적이고 선별적이며 명성 있는 기관에서 기독교 신앙에 대해 공격하는 것은 부인할 수 없다

일반학계 반열에 그리스도인들이 많이 있으며 우리는 그들에게 감사해야 한다. 그들은 그들의 특별한 직책에 대한 하나님의 부르심을 감지하고 있고, 그들의 일은 중요하며 하나님께 영광을 돌리는 일이다. 그런데도 일반대학 교수진 사이에서 무신론자나 불가지론자를 만날 가능성이 넓은 바깥세상에서보다 훨씬 더 높다는 것은 증명된 사실이다.[5] 그 결과 일반학계의 많은 그리스도인이 조롱이나 계약종료를 우려해 자신들의 신앙에 대해 함구해야 한다는 압박감을 느끼고 있다.

그들의 두려움은 근거 없는 것이 아니다. 많은 일반 학자들은 기독교인들을 고지식하고 순진해 재교육이 필요한 얼간이들로 간주한다.[6] 어떤 사람들은 기독교인들에게 '관용'의 미덕을 깨우친다며 뻔뻔스럽게 구는데, 이는 절대주의를 부정(즉, 상대주의)하려는 것이다. 윤리적이거나 종교적인 문제에 대해서는 나는 당신이 틀렸다고 생각하지 않으며, 당신도 내가

---

4 내가 나열하는 이유는 James Dobson, "Choosing a College," *Life on the Edge* (Word, 1995)에 있는 내용과 비슷하다(『인생의 길을 묻는 그대에게』, 프리셉트 刊).

5 Neil Gross and Solon Simmons, "How Religious Are America's College and University Professors?" (working paper, October 5, 2006) and *U.S. Religious Landscape Survey*, The Pew Forum on Religion & Public Life, February 2008.

6 불행한 결과 중 하나는 역사를 통틀어, 예를 들어 철학, 문학, 역사 교육과정에서 기독교 사상가들에게 '말할 기회'를 덜 줄 수 있다는 것이다. 나는 청교도들이 하나님이 사람들을 지옥으로 보낸다고 항상 이야기하기를 좋아하는 비열하고, 현실과 동떨어진 사람들이었다고 배웠다. 그들이 자주 하나님의 사랑과 연민, 다른 사람에게 선을 행하는 것의 중요성을 말하고 설교했다는 사실에 신경 쓰지 말라. 마찬가지로 무신론적 철학 교수는 아우구스티누스(Augustine)나 아퀴나스(Aquinas)의 공헌을 그럴싸하게 설명할 수도 있다. 공정하게 보면 기독교 기관의 일부 기독교 교수들이 비기독교인 유력사상가들과 섞이지 못하는 예도 있다. 학교에 다니기 전 개별 교수진의 자격(학력, 경력, 수업 기여도 등)과 함께 해당 기관에 관해 그런 것들을 조사해야 할 것이다.

틀렸다고 생각하지 않을 것이다. 오히려 "나에게 진리인 것이 당신에게도 진리일 필요는 없다."

일반 교육기관은 우리에게 종교적 '진리'가 개인적인 것이라고 믿게 하려 할 것이다. 그들은 (예수 그리스도의 죽음에서의 부활과 같은) 역사적 사건에 뿌리를 두고 있지 않으며, (왜 다른 사람들에게 '그들'의 생각과 삶의 방식을 '여러분'의 생각과 삶의 방식으로 바꾸라고 말하느냐며 전도를 불필요할 뿐만 아니라 오만하다고 말하면서) 비기독교인들에게 영향을 끼치고 있지 않다.

그러나 진정한 관용은 절대적 진리의 부정이 필요하지 않다. 실로 절대적인 진리가 존재하지 않는다고 하는 주장이 절대적 진리에 관한 주장이다. 아니, 진정한 관용은 사람들이 '어떤 특정한 문제에 대해 잘못되었다고 믿으면서도' 친절과 존중으로 사람들을 대하는 것을 의미한다. 기독교는 신학적이고 도덕적인 절대성을 전제로 하므로 윤리적 상대주의와 기독교는 공존할 수 없다.

(2) 많은 일반 기관의 도덕적 풍토는 성경에 기초한 기독교에 적대적이다

종교적 상대주의는 윤리적 상대주의와 같은 보조를 취한다. 상대주의에 입각한 도덕은 어떤 종교도 하나님께 유일한 길이라고 주장할 수 없듯이, 어떤 개인의 도덕 체계가 다른 사람들 것보다 숭배되어서는 안 된다고 말한다.

예를 들어, '안전한' 성은 표준적이고 정치적으로 올바른 표현이다. 이는 "성병에 걸리거나 원치 않는 임신을 하지 않도록 콘돔을 착용하라"라는 뜻이다. 성적 관계와 결별이 일으키는 정서적 피해에 대해서는 상대적으로 별로 고려하지 않고 있다. 성은 특별하고 결혼을 위해 유보해야 한다는 견해는 조신한 체하고 억압적이며 건강하지 못한 것으로 간주한다.

이에 따라 많은 일반대학이 학생들의 주거 배정을 단순화하기 위한 노력의 하나로 여학생 두 명이 있는 방이 남학생 두 명이 있는 방 옆에 있을 수 있는 남녀공용 기숙사로 한 지 오래되었다. 여기서 자연스럽게 더 나아가 (개별 샤워 대와 커튼이 설치된) 남녀공용 욕실이 급속히 보편화하고 있다.

나는 18세에서 22세의 대부분 남성이 매력적이고 벌거벗은 여성들이 몇 발자국 떨어진 커튼 뒤에서 샤워하고 있다는 것을 안다면 적어도 유혹을 받을 것이라고 말해도 무방하다고 생각한다. 한편, 그런 시설에 불편함을 표현하는 여성들은 조신한 체하는 여자로 간주당하는데, 한 여성은 이 같은 사실을 심지어 "앨리스에게 물어보라"라는 조언란에 토로하기도 했다.[7] 그런 환경에서 난잡함이 만연하고 스토킹이나 지인 강간과 같은 공격적 행동도 흔하다는 것은 놀라운 일이 아니다.

(3) 기독교 대학은 기독교 교수진만을 채용하는 경향이 있다

이 점에서 일부 학교들은 교리상으로 다른 학교들보다 엄격하지만, 기독교 교수진만을 고용하는 원칙은 기독교 기관들, 적어도 이중 북미에는 110개가 있으며 24개국에 75개의 제휴기관이 있는 기독교 대학협의회 (CCCU, Council for Christian Colleges and Universities)에 속한 학교들에는 중요하다.

젊은이들에게 대학 시절은 감수성이 예민한 시기이다. 자랄 때의 신앙에 의문을 제기하고는 한동안 그것을 완전히 버리는 사람이 많이 있을 것이다. 연구에 따르면 고등학교 때 최소 1년 동안 규칙적으로 개신교 교회에 다녔던 청년의 약 70퍼센트가 18세에서 22세 사이에 최소 1년 동안 규

---

[7] "Concerned over Co-ed Bathrooms," *Go Ask Alice!* http://www.goaskalice.columbia.edu/3277.html.

칙적으로 교회에 다니는 것을 중단할 것이라고 한다.[8]

기독교 학교에서는 성공할 수 있지만 다른 곳에서는 성공하지 못하는 사람들이 있다는 것을 확신한다. 그들은 18세에는 갖지 못했던 성숙도를 가지고 22세에 졸업할 것이다. 그리고 비록 그들이 22세에 부모님들이 좋아할 만큼 견실하지는 못하더라도, 많은 일반대학 캠퍼스들에서 발견되는 '집중적인' 반기독교적 영향력을 직장에서 혹은 문화 전반에서 절대 경험하지 않을 수도 있다. 중요한 대학 시절 기독교인들이 주시와 보살핌을 받는다는 것은 부인할 수 없는 이점이다.

(4) 많은 기독교 대학에서 학생의 대다수가 기독교인임을 고백한다

어떤 기독교 학교에서는 모든 학생이 신앙성명서에 서명할 것을 요구하고, 또 다른 학교들에서는 (예수 그리스도의 복음을 접하는 수단으로써) 비기독교인들에게 개방적이다. 특히, 전자의 경우는 물론, 후자도 대부분 그리스도인 학생들과 교류하게 될 것이다. 이런 의미 있고 영향력 있으며, 나아가 평생 걸친 우정은 일생에 단 한 번뿐인 환경 속에서 형성될 수 있다.

기독교 대학에 다니는 많은 사람이 남편이나 아내를 그런 상황에서 만나는 것도 놀라운 일이 아니다. 일반적으로 그리스도인들은 비기독교인들보다 다소 일찍 결혼하고, (적어도 이론적으로) 결혼과 정절에 대해 더 높은 시야를 가지고 있으므로, 그리스도인들로 가득 찬 캠퍼스의 학생들이 결혼하는 경향이 더 높다는 것은 놀라운 일이 아니다. 경건한 배우자를 만나는 것은 장기적으로 여러분에게 힘과 안정, 그리고 깊은 행복을 가져다줄 큰 축복이다.

---

[8] "LifeWay Research Uncovers Reasons 18 to 22 Year Olds Drop Out of Church," LifeWay Research, http://www.lifeway.com/article/165949/.

알다시피 기독교 고등교육 현장에는 뚜렷한 장점이 있다고 생각한다. 그렇기는 하지만 일반 학교에 갈지 기독교 학교에 갈지는 기독교인의 자유에 달린 문제라는 점을 강조하고 싶다. 여러분은 큰 공립대학 근처에 살고 있고 이미 훌륭한 교회에 속해 있을 수 있다. 그리고 가까운 기독교 학교에는 관심 있는 학업 프로그램이 없을 수도 있다.

각 학생은 개인적, 학문적 열망과 지리적 선호나 한계, 가용 자원 등을 고려하여 자신의 특정한 처지에서 장단점을 따져볼 필요가 있다. 그것은 분명히 부모님과 상의하고 지혜를 빌어야 할 종류의 결정이다. 그리고 여러분을 알고 있거나, 여러분이 고려하고 있는 학교에 실제로 다니는 사람들, 특히 여러분의 가치관과 열망을 공유하는 사람들과 이야기하는 것은 분명히 할 만한 가치가 있다.

부록 2

여러분은 자신만의 기독교 신앙이 있는가?

열여섯 살이 되었을 때 부모님의 차를 빌리기 시작했다. 일하러 가고 친구들을 만나고 집에 올 수 있었다. 아주 훌륭했다. 내가 해야 할 일은 기름을 채우는 것뿐이었다. 새 브레이크나 타이어가 필요하면 부모님이 처리해 주셨다. 대학에 다니다가 한 학기를 쉬고 테네시(Tennessee)에서 8개월 동안 일했다.

부모님은 나에게 차를 사주셨다. 나는 '정말 멋지다'고 생각했다. 윤활유 교환, 브레이크 패드, 타이어 등 모든 유지 관리 비용을 지급하기 전까지는 그랬다. 소유하는 것보다 빌리는 편이 더 좋았다. 모든 특전이 있었지만, 책임은 없었기 때문이다.

기독교 가정에서 자랐다면 태어난 날 부모님에게서 기독교 신앙을 물려받기 시작했을 가능성이 크다. 그것은 한동안은 적절했다. 그러나 성인기로 접어들면서 부모님과 목회자들이 여러분에게 바라는 것은 스스로 자신의 신앙에 대해 소유자가 되는 것이다.

이 부록에서 나는, 믿음을 빌려서 자랐지만, 자신이 아직 신앙이 있는지 확신 없는 사람들에게 이야기하고 싶다. 어쩌면 여러분 마음속에 있는 예기치 않은 반란이 쏟아질 수도 있다. '단 한 번의 대학생활이라서' 꿈에도 생각하지 못했던 것을 시도하는 것일 수도 있다. 여러분은 때때로 그것들이 여러분과 하나님 사이 어디쯤 있을까 궁금해하기도 한다.

엄연한 사실은 이렇다. 이 범주에 속한 여러분 중 일부는 대학을 졸업하면서 가까운 시일 내에 하나님도 졸업하게 된다. 이렇게 떠나는 사람 중 일부는 결혼하고 아이를 낳으면 다시 돌아올 것이고 또 다른 사람들은 영원히 사라질 것이다.[1]

이것을 어떻게 설명해야 할까?

요한일서 2:19에 답이 있다.

> 그들이 우리에게서 나갔으나 우리에게 속하지 아니하였나니 만일 우리에게 속하였더라면 우리가 함께 거하였으려니와 그들이 나간 것은 다 우리에게 속하지 아니함을 나타내려 함이니라(요일 2:19).

여러분 자신이 기독교인이라고 생각하지만, 나중에 기독교를 버릴 수도 있다. 여러분이 끝내 신앙을 버리면 애초에 신앙을 최우선에 둔 적이 없다는 것을 증명하는 것이 된다. 여러분은 그냥 자신을 (그리고 다른 모든 사람을) 속인 것이다. 여러분은 결코 기독교 신앙을 내면화하거나 가진 적이 없다. 여러분은 단지 다른 사람의 신앙을 빌렸을 뿐이다. 신앙이 더는 흥미롭거나 쓸모없자 반품한 것이다.

그러나 여러분은 그렇지 않기를 바란다. 대학 시절이 여러분의 삶에서 하나님이 여러분을 진정으로 붙잡아 믿음을

> 대학 시절이 여러분의 삶에서 하나님이 여러분을 진정으로 붙잡아 믿음을 굳건히 하고 행동, 생각, 동기에서 경건함을 향해 큰 발걸음을 내디딜 수 있는 시기가 되기를 기도한다.

---

[1] 연구에 따르면 전체 개신교 신자의 약 70퍼센트가 18세에서 22세 사이에 규칙적으로 교회에 다니던 것을 최소 1년 동안 중단할 것으로 나타났다. 이 중 3명 중 2명만이 향후 10년 이내에 규칙적 출석으로 돌아온다. 이 데이터는 2007년 라이프웨이리서치(LifeWay Research) 연구에서 가져온 것으로, 아래에서 확인할 수 있다. http://www.lifeway.com/article/165949

굳건히 하고 행동, 생각, 동기에서 경건함을 향해 큰 발걸음을 내디딜 수 있는 시기가 되기를 기도한다.

여러분 중 일부는 기독교 신앙을 빌리고 있지만, 자신이 기독교 신앙을 소유하고 있다고 '생각한다.' 시간과 시험을 통해 여러분의 신앙이 허울이라는 것이 드러날 것이다. 여러분 중 또 다른 사람들은 정말 기독교 신앙을 소유하고 '있지만', 그 사실을 확신하지 못한다. 시간과 시험을 통해 여러분의 신앙이 진짜배기임이 드러날 것이다. 이 두 가지 경우 다 필요한 것은 구원을 '받는' 것이며 동시에 구원받았다는 것을 '아는' 것, 그리고 '올바른 이유로' 구원을 받았다는 것을 아는 것이다.

기독교인들은 '구원받는 것'에 대해 이야기한다.

이 문구는 무엇을 의미하는가?

이는 하나님을 불순종한 결과'에서' 탈출하는 (또는 구원받는) 것을 의미한다. 또한, 새로운 마음과 하나님을 사랑하고 기쁘시게 하려는 내적 갈망으로, 그의 호의를 얻기 위해서가 아니라 이미 영원히 그것을 받은 것에 부응하여 올바른 동기를 가지고 그의 의지를 행하도록 하나님께 순종하는 것을 의미한다.

우리는 허물과 죄로 죽었던 우리가(엡 2:1-3) 거듭나는 것은 (전적으로) 하나님께 속한 일이라고 들었다(요 3:3, 5; 벧전 1:3). 구약성경은 "새 마음"과 "새 영"(겔 36:24-28), 즉 죽은 것같이 냉담하기보다는 마음 속으로부터 하나님을 향해 반응하는 영이 우리에게 필요함을 비슷하게 말하고 있다.

맹목적인 확신은 위험하다. 고린도후서에서 사도 바울은 다음과 같이 말한다.

> 너희는 믿음 안에 있는가 너희 자신을 시험하고 너희 자신을 확증하라(고후 13:5).

사도 베드로는 하나님이 우리를 구원하셨을 때 우리가 경건하게 성장하는 데 필요한 모든 것을 주셨음을 인정한 후 다음과 같이 권고하고 있다.

너희가 더욱 힘써 너희 믿음에 덕을, 덕에 지식을, 지식에 절제를, 절제에 인내를, 인내에 경건을, 경건에 형제 우애를, 형제 우애에 사랑을 더하라(벧후 1:5-7).

왜?

이런 것이 너희에게 있어 흡족한즉 너희로 우리 주 예수 그리스도를 알기에 게으르지 않고 열매 없는 자가 되지 않게 하려니와(벧후 1:5-8).

10절에서 이런 자질의 중요성에 대해 더 알게 된다.

그러므로 형제들아 더욱 힘써 너희 부르심과 택하심을 굳게 하라 너희가 이것을 행한즉 언제든지 실족하지 아니하리라(벧후 1:10, 강조 추가됨).

"부르심과 택하심을 굳게 하는 것"은 우리가 "믿음 안에"(고후 13:5) 있는지 확인하는 것이다. 우리는 점점 더 경건한 삶을 살아가면서 시간이 지남에 따라 이런 확신을 얻는다. 열매를 보면 뿌리가 있다는 확신이 생긴다. 그리고 우리의 확신은 그 근거가 충분하다.

"비그리스도인만큼이나 이혼할 가능성이 큰 거듭난 그리스도인" 같은 표제들이 있다. 또는 교회에 헌금을 드리는 '그리스도인'이 얼마나 되는지, 또는 결혼 전 성적 친밀감을 충실히 자제하는 비율이 몇 퍼센트인지에 대한 냉정한 조사 보고도 있다. 그러나 이런 조사로 분명히 파악하지 못하는 것은 거듭났다고 해서 단순히 그렇게 되는 것은 아니라는 것이다. 그 증거는 우리의 삶이다. 의를 행하는 자마다 거듭났으며(요일 2:29), 계속 죄 가운데 사는 자는 거듭날 수 없다(요일 3:9).

그리스도인이라고 비난을 받는다면 그런 판결을 내릴 만한 증거는 충분한가?

선한 행위가 우리를 구원하는 것은 아니지만, 구원받은 사람은 항상 선한 행위를 한다. 여기서 '완벽함'에 대해 이야기하려는 것이 아니다. 진로, 추진력, 삶의 전반적인 목표 등 '방향'에 관해 이야기하고 있다.

> 선한 행위가 우리를 구원하는 것은 아니지만, 구원받은 사람은 항상 선한 행위를 한다. 여기서 완벽함에 관해 이야기하려는 것이 아니다. 진로, 추진력, 삶의 전반적인 목표 등 방향에 관해 이야기하고 있다.
> 그것이 하나님을 기쁘시게 하고 싶은 마음속 깊은 소망인가?

그것이 하나님을 기쁘시게 하고 싶은 마음속 깊은 소망인가?
여러분의 생활에서 죄와 싸우는 것을 아는가?
여러분은 하나님을 노엽게 한다는 것을 알고 있는 습관, 태도, 동기와 전쟁을 벌이고 있는가?

우리는 선한 행위를 하는 것으로 하나님의 자녀가 '될' 수는 없지만 그를 믿는다면 하나님과 그분이 하신 일을 소중히 여길 것이기 때문에 하나님을 사랑하게 될 것이다. 그리고 하나님을 사랑한다면 하나님께 순종할 것이다. 그렇지 않다면 하나님을 정말 믿거나 사랑하지 않는 것이다.

오해하지 말라. 다음과 같은 신조를 지닌 거짓 복음이 있다.

신앙 + 행위 → 구원

그러나 성경이 가르치는 신조는 이것이다.

신앙 → 구원 + 행위

'행위'는 구원의 열매 또는 '증거'이다.

1. 구원의 증거

1) 내적 동기와 외적 동기

조와 샘은 모두 일요일에 교회에 간다. 조는 진정으로 예배하고 있다. 샘은 찬양을 하고 있지만, 사람들이 자신을 바라보고 있는지, 그리고 자신이 정확한 때 손뼉을 치고 있는지가 궁금하다. 설교가 시작되고 조는 성경을 펼친다. 그는 하나님의 말씀을 듣는 데 열심이다. 샘도 성경을 펼친다. 그는 그게 자신이 해야 할 일이라는 것을 알고 있다. 그는 자다가 놀라서 깨지 않고 깨어 있으려 한다.

교회에서 조와 샘을 본다면 누가 누구인지 알 수 없었을 것이다. 이유야 어떻든 옳게 행동할 수 있다. 겉으로 보기에는 올바르게 보이지만 속으로는 멀리 떨어져 있을 수 있다. 그러나 구원을 받고 거듭났다는 것은 마음속에 하나님을 기쁘시게 하려는 새로운 내적 동기를 부여한다. 세 가지 측면을 살펴보자.

(1) 영적 애정 vs. 마지못해서 하기

'애정'은 느낌, 호감, 성향이다. 여러분은 부모님과 가까운 친구들에 대한 애정을 품고 있을 것이다. 그들이 죽는다면 너무 슬퍼서 슬픈 시늉을 하거나 쇼를 할 필요가 없을 것이다.

마태복음 13:44은 다음과 같다.

> 천국은 마치 밭에 감추인 보화와 같으니 사람이 이를 발견한 후 숨겨 두고 **기뻐하며** 돌아가서 자가의 소유를 다 팔아 그 밭을 사느니라(마 13:44, 강조 추가됨).

구원을 찾은 사람은 자신의 모든 재산을 합친 것보다 내적으로 더 많은 기쁨을 누린다.

예수님은 여러분에게 소중한가?

구원의 보화를 즐거워하는가?

하나님에 대한 기쁨의 요소가 있거나 적어도 하나님에 대한 기쁨을 갈망해야 한다. 우리 중 누구도 하나님을 한껏 기뻐하지 않고 있으므로 이 두 가지가 함께 어울린다.[2]

그러나 시편 27:4은 어느 정도 모든 그리스도인의 기도이다.

> 내가 여호와께 바라는 한 가지 일 그것을 구하리니 곧 내가 내 평생에 여호와의 집에 살면서 여호와의 아름다움을 바라보며 그의 성전에서 사모하는 그것이라 (시 27:4).

---

[2] 하나님에 대한 사랑은 감정이 아닌 의지의 행동이라고 말하는 선의의 기독교인들이 있다. 하나님이 명령하시는 것은 순종이다. 하나님에 대한 긍정적 감정(애정)은 중요하지 않으며 가지고 있다면 좋지만, 꼭 필요한 것은 아니다. 나는 이 말에 동의하지 않는다. 나는 하나님이 우리에게 다른 모든 순종의 표현 가운데서 그분 안에서 기쁨을 추구하라고 명령하신다고 믿는다. 기독교인의 하나님에 대한 기쁨 추구는 성경에서 지엽적인 것이 아니라 성경 전체에 나타나 있다.

우리는 오직 정의를 행할 뿐만 아니라 인자를 사랑한다(미 6:8). 우리는 긍휼을 베풀 뿐이지만 즐거움으로 그렇게 할 수 있다(롬 12:8). 우리는 소유를 빼앗기는 것도 "기쁘게" 당하고(히 10:34), "즐겨" 내며(고후 9:7), 다른 사람의 기쁨에서 "기쁨"을 찾는다(고후 2:3). 그렇다. 하나님은 우리에게 순종하라고 명령하시지만, 그분의 명령 범위에는 우리의 애정이 포함된다. 이 입장을 책으로 설명한 John Piper, *Desiring God*(『하나님을 기뻐하라』, 생명의말씀사 刊)과 그의 다른 작품을 참조하라.

베드로전서 1:6은 다음과 같다.

> 그러므로 너희가 이제 [여러분의 구원과 여러분을 기다리는 천국의 미래 영광 속에] 여러 가지 시험으로 말미암아 잠깐 근심하게 되지 않을 수 없으나 오히려 크게 기뻐하는도다(벧전 1:6).

베드로는 극심한 고통을 겪고 있는 사람들에게 편지를 보내고 있었지만 "크게 기뻐하는도다"라고 자신 있게 썼다.

어떻게 기뻐할 수 있을까?

그들은 예수님과 함께 고난을 겪는 것이 예수님 없이 편안함을 누리는 것보다 낫다고 진정으로 믿었기 때문이다. 이런 우선순위 때문에 그리스도인들은 세상이 어리석다고 생각하는 일을 하게 된다.

(2) 기도 : 하나님과의 대화 vs. 다른 사람을 위해 수행하는 것

교회에서 자란 사람이라면 기도하는 방법을 알고 있을 것이다. 여러분은 매 식사 전에, 그리고 아마도 학교 수업 전에 기도하며 자랐다. 여러분은 신학 어휘를 알고 있다. 어떤 문구를 조합해야 하는지 알고 있어 "예수님의 이름으로 기도합니다. 아멘"으로 끝낼 줄 안다.

> 그러나 기도할 때 여러분은 정말 하나님과 이야기하고 있는가?
> 그와 연결이 닿아 있다는 인식을 하고 있는가?
> 기도하지 않을 때, 뭔가 놓치고 있어 하나님과 함께하기를 갈망하는 것을 느끼는가?
> 하나님에 대한 욕구, 하나님에 대한 의존, 하나님에 대한 감사의 관점에서 자신의 삶을 생각하고 있는가?

우리가 우주의 하나님과 교감하려고 하지 '않는다면', 어떤 근거로 그를 우리의 아버지라고 부를 수 있는가?

성령은 모든 그리스도인 속에 자리를 잡고 계신다. 그리고 성령이 하시는 일 중 하나는 우리를 하나님께로 움직여 그분을 "아빠"라고 부르게 하시는 것이다(롬 8:15). 이제 우리는 기도 없는 것을 통해 성령을 근심하시게 할 수 있지만(엡 4:30, 살전 5:17, 19), 그것은 그리스도인을 위한 하나님의 교정적 징계하심을 불러일으킬 뿐이다(히 12:3-11 참조).

그것은 지속되지도 않을 것이며 '될 수도 없다.' 기도는 우리 삶 속에서 하나님 은혜의 열매이며, 하나님은 우리 안에서 기도를 가꾸어 주실 것이다.

우리 중 상당수는 너무 바쁘거나 피곤해서 기도하지 않는다. 그러나 그것이 바로 우리가 하나님의 도움이 필요한 이유이며 이런 신호는 실제로 기도에의 '초대'이다. 기도하지 않는 또 다른 경우, 우리의 무의미함이나 죄악에 죄책감이나 당혹감을 느끼기 때문이다. 다시 말하지만, 하나님은 이미 그것을 알고 계시므로 우리는 있는 그대로 그에게 갈 수 있다.

폴 밀러(Paul Miller)가 그의 훌륭한 저서 『일상 기도』(*A Praying Life*)에서 다음과 같이 썼다.

> (기도는) 당신의 실상에서부터 시작되어야 한다. 예수님은 의인을 위해 오신 것이 아니라 죄인을 위해 오셨다. 그러므로 우리는 모두 자격이 된다.[3]

여러분의 절박함이 여러분을 하나님께로 이끌게 하라.

---

3 Paul Miller, *A Praying Life* (Colorado Springs: NavPress, 2009), 33 (『일상기도』, CUP 刊).

(3) 하나님을 기쁘시게 하는 것 vs. 권위를 기쁘게 하는 것

모든 사람은 권위를 기쁘게 하고 싶어 한다. 그것은 우리에게 연결되어 있다. 구체적인 상(돈, 칭찬)이든, 처벌 회피든, 권위를 기쁘게 하는 데서 오는 즉각적 보상이 있다.

그러나 하나님을 기쁘시게 하는 것은 다르다. 우리는 그분을 볼 수 없고, 우리는 그분의 음성을 들을 수 없으며, 성경에서 그분의 음성을 들을 뿐이다. 하나님의 계율이 적절하고 합리적이라고 생각하며, 하나님을 기쁘시게 할 때 하나님과 더 깊은 우정과 기쁨을 느끼고 있으므로 하나님께 소속된 사람들은 그분을 기쁘시게 하기를 갈망한다. 우리는 하나님을 즐겁게 하는 것이 무엇인지 알게 되어 감동하고, 그 일을 하게 된다. 우리는 아무도 보지 않는 상황에서도 옳은 일을 하기를 원한다.

아직 기독교인이 아닌 열두 살 때 기독교 캠프에서 일주일을 보냈던 기억이 난다. 거기에는 경기당 1달러의 미니 골프 코스가 있었다. 우리 숙소는 그 끝에 있었고, 골프채와 공들은 있었으나 담당자는 없었다. 게임을 하려면 돈을 깡통에 남겨 두라는 표지만이 있었다.

훌륭하게도 나는 우리 숙소 친구들에게 아무도 우리가 돈을 내지 않았다는 사실을 알 수 없으므로 무료로 골프를 칠 수 있다고 알렸다. 친구들은 킥킥대며 웃었고 지도 선생님은 내게 몸을 기울여 "다른 사람이 없어도 하나님은 지켜보고 계신다"고 말씀하셨다. 그리스도인은 다른 사람의 칭찬이 아니라 하나님의 칭찬을 위해 산다.

앞서 나는 죄와의 싸움에 대해 언급했다. 갈라디아서에서 다음과 같이 말씀한다.

> 육체의 소욕은 성령을 거스르고 성령은 육체를 거스르나니 이 둘이 서로 대적함으로 너희가 원하는 것을 하지 못하게 하려 함이니라(갈 5:17).

여러분 안에서 이 싸움을 느끼고 있는가?

열두 살 때 나는 그렇지 않았다. 골프채와 공이 거기에 있었고 이것은 아무 문제가 되지 않고 운은 좋은 날이었을 뿐이다. 아무런 고심도 느끼지 못했다.

왜 안되는가?

내 안에는 내 육체의 죄악 된 성향에 맞서 싸우는 하나님의 영이 살고 있지 않았다. 내면의 이 갈등을 느끼고 있다면, 하나님의 영이 여러분에게 사악한 소욕과 성향에 맞서 싸우라고 외치고 있다는 표시이다.

여러분은 죄가 여러분을 죽이지 않도록 계속해서 죄를 죽이는 싸움에 전념하고 있는가(롬 8:13)?

"정욕을 위하여 육신의 일을 도모하지 않는 것"(롬 13:14)이 여러분의 갈망인가?

2) 예수님과의 동일시

그리스도인은 예수님을 부끄러워하지 않는다. 우리는 예수님과 그분의 사람들을 동일시한다. 여기에는 두 가지 질문이 있다.

첫째, 예수님을 믿는다는 이유로 조롱을 기꺼이 감수할 것인가?

이것은 중요하다.

어떤 사람이 여러분이 그리스도 추종자라는 사실을 알게 되면 그 자리에서 여러분을 비웃을 것임을 안 상황에서 겁이 나 물러선 적이 있는가?

나는 그런 적이 있다. 그러나 하나님은 내가 다른 방향으로 나아갈 수 있도록 도와주셨다. 즉, 공개적으로 예수님과 동일시하기 위해 다른 사람들의 반대를 기꺼이 받아들이는 것이다.

둘째, '하나님의 백성'과 동일시하는가, 아니면 가장 가까운 사람들은 모두 예수님과 아무 관련이 없는 사람들인가?

그렇다면 왜 그런지 그 이유를 자신에게 물어본 적이 있는가?

이론적으로 부모님과 가정 교회에서 흡수한 가치가 아니라 '여러분이' 개인적으로 소중히 여기고 붙드는 가치가 '실제' 가치를 더 잘 표현하는 것일 수도 있다.

그리스도인이 비그리스도인들과 우정을 맺어서는 안 된다는 말이 아니다. 우리는 하나님이 우리를 어디에 두시든지 소금과 빛이 되어 우리의 말과 행동으로 다른 사람들이 하나님을 향하도록 영향을 미쳐야 한다. 그러나 우리가 진정으로 하나님께 속해 있다면 하나님을 기쁘시게 하는 방식으로 살고자 하는 열망을 공유하는 사람들과 연결과 우정을 추구하게 될 것이다.

여러분이 아는 그리스도인들은 결함이 있는가?

동아리에 가입하라. 여러분도 그들과 똑같다. 여러분은 어렸을 때 부모님이 교회에 가셨기 때문에 교회에 갔을 것이다. 여러분은 그분들의 기대에 부합했으며 그러는 것이 자연스러웠고 좋았다. 그러나 진정한 신앙의 소유자가 되는 데 있어서 자신의 영혼에 얼마나 필요한지 알고 스스로 신앙공동체를 찾아야 하며, 그렇게 함으로써 여러분은 다른 사람들에게 격려가 될 수 있다.

2. 활동 계획

대학 시절에 자신의 신앙을 회복하라. 부모님의 신앙에 기대거나 단지 친구들과의 체면을 차리기 위해 옳다고 생각하는 것을 하는 것에 만족하지 말라. 예수 그리스도를 여러분 삶의 보화나 최우선순위로 삼아 다른 사람들에게 여러분이 그의 뜻에 따라 산다는 것을 볼 수 있도록 하라.

베드로후서 1:3-7에 나오는 성품의 자질을 위해 기도한 다음 그것을 찾도록 가까운 친구들에게 도움을 요청하라. 본심으로 살아가라. 그리고 여러분은 "썩어질 씨로 된 것이 아니요 썩지 아니할 씨"(벧후 1:23)로 거듭나 그분의 소유이며 절대 떨어지지 않을 것이라는 인식 속에서 깊은 안식을 찾을 것이다.

3. 자세한 내용 보기

1. John Piper, *Desiring God* (Sisters, OR: Multnomah, 2003; 『하나님을 기뻐하라』, 생명의말씀사 刊).

2. John Piper. *Finally Alive* (Tain, Scotland: Christian Focus, 2009; 『존 파이퍼의 거듭남』, 생명의말씀사 刊).

3. Karl Graustein and Mark Jacobsen, *Growing Up Christian* (Phillipsburg, NJ: P&R Publishing Company, 2005).

4. R. C. Sproul, *Can I Be Sure I'm Saved?* (Orlando: Reformation Trust, 2010; 『구원의 확신』, 생명의말씀사 刊).

5. Jonathan Edwards, *Religious Affections* (Carlisle, PA: Banner of Truth Trust, 1997; 『신앙감정론』, 부흥과개혁사 刊).

청년·청소년을 위한 CLC 도서

❶ 청년의 때에 예수를 만나라(복음이란 무엇인가? 5)
임덕규 지음 | 크라운판변형 | 88면

❷ 청년아 이 세대를 본받지 말라
박길웅 지음 | 신국판 | 224면

❸ 청년들을 위한 결혼생활 안내서
김환동 지음 | 크라운판 | 120면

❹ 교회와 청소년 교육
로이 주크 지음 | 박영호 옮김 | 신국판 | 508면

❺ 기독교 청소년 상담자 핸드북
이승재 지음 | 국판 | 372면

❻ 뉴 에이지와 청소년 문화
박영호 지음 | 신국판 | 340면

❼ 나는 크리스천 청소년이다
김맥 지음 | 국판변형 | 192면

❽ FACT 체크를 위한 동성애에 관한 10가지 질문
아가청(아름다운 결혼과 가정을 꿈꾸는 청년 모임) | 사륙배판 | 16면

❾ 동성애와 동성혼에 대한 21가지 질문
아가청(아름다운 결혼과 가정을 꿈꾸는 청년 모임) | 국판변형 | 72면

❿ 신학생의 지성과 영성
폴 E. 페티트, R. 토드 맹굼 지음 | 김장복 옮김 | 사륙변형 | 216면

사람들에게 여러분이 그의 뜻에 따라 산다는 것을 볼 수 있도록 하라.

베드로후서 1:3-7에 나오는 성품의 자질을 위해 기도한 다음 그것을 찾도록 가까운 친구들에게 도움을 요청하라. 본심으로 살아가라. 그리고 여러분은 "썩어질 씨로 된 것이 아니요 썩지 아니할 씨"(벧후 1:23)로 거듭나 그분의 소유이며 절대 떨어지지 않을 것이라는 인식 속에서 깊은 안식을 찾을 것이다.

3. 자세한 내용 보기

1. John Piper, *Desiring God* (Sisters, OR: Multnomah, 2003; 『하나님을 기뻐하라』, 생명의말씀사 刊).
2. John Piper, *Finally Alive* (Tain, Scotland: Christian Focus, 2009; 『존 파이퍼의 거듭남』, 생명의말씀사 刊).
3. Karl Graustein and Mark Jacobsen, *Growing Up Christian* (Phillipsburg, NJ: P&R Publishing Company, 2005).
4. R. C. Sproul, *Can I Be Sure I'm Saved?* (Orlando: Reformation Trust, 2010; 『구원의 확신』, 생명의말씀사 刊).
5. Jonathan Edwards, *Religious Affections* (Carlisle, PA: Banner of Truth Trust, 1997; 『신앙감정론』, 부흥과개혁사 刊).

청년·청소년을 위한 CLC 도서

❶ 청년의 때에 예수를 만나라 (복음이란 무엇인가? 5)
임덕규 지음 | 크라운판변형 | 88면

❷ 청년아 이 세대를 본받지 말라
박길웅 지음 | 신국판 | 224면

❸ 청년들을 위한 결혼생활 안내서
김환동 지음 | 크라운판 | 120면

❹ 교회와 청소년 교육
로이 주크 지음 | 박영호 옮김 | 신국판 | 508면

❺ 기독교 청소년 상담자 핸드북
이승재 지음 | 국판 | 372면

❻ 뉴 에이지와 청소년 문화
박영호 지음 | 신국판 | 340면

❼ 나는 크리스천 청소년이다
김맥 지음 | 국판변형 | 192면

❽ FACT 체크를 위한 동성애에 관한 10가지 질문
아가청(아름다운 결혼과 가정을 꿈꾸는 청년 모임) | 사륙배판 | 16면

❾ 동성애와 동성혼에 대한 21가지 질문
아가청(아름다운 결혼과 가정을 꿈꾸는 청년 모임) | 국판변형 | 72면

❿ 신학생의 지성과 영성
폴 E. 페티트, R. 토드 맹굼 지음 | 김장복 옮김 | 사륙변형 | 216면